절제 수업

내 안의 충동에서 자유로워지는

절제 수업

Discipline Is Destiny

라이언 홀리데이 지음 | 정지인 옮김

다산
초당

선으로 다가가려 노력할 때, 악에서 멀어지려 자신을 통제할 때
두 단어를 마음으로 받아들이고 따라야 한다.
떳떳하고 평온한 삶을 확보해줄 그 두 단어는 바로
'지속하라'와 '저항하라'이다.

— 에픽테토스(고대 로마의 스토아 철학자)

촘촘히 연결된 세상은 이제 더는 넓어만 보이지 않습니다. 많은 것이 자동화되는 사회에서 우리가 할 일도 많이 남아 있지 않은 것 같습니다. '저성장'이라는 단어가 우리 주변에 보이기 시작한 지도 꽤 시간이 흘러, 이제 저성장은 문제가 아니라 현실로 다가오고 있습니다.

최단기간에 산업화가 진행된 우리의 근현대사는 절대 빈곤의 악순환을 끊고 풍요의 시대를 선사했습니다. 하지만 그만큼 커졌어야 할 우리의 '만족'은 그 성장률에 비례해 커지지 않아 당혹감을 느끼게 됩니다.

이 책에서는 우리보다 먼저 삶을 겪어온 사람들의 현명함, 때로는 실수를 통해 만족감이 결코 물질에서 오는 것이 아님을 친절히 설명해줍니다. 그리고 자신에 대한 통제력을 되찾을 때 우리의 일이 생존을 위한 수단을 넘어 삶의 주요한 중심으로 자리잡을 수 있음을 진중하게 일깨워 줍니다. 제 책 『시대예보: 핵개인의 시대』속 한 문장이 떠오릅니다.

"사람들이 기대하는 것은 당신만의 서사입니다.
당신이 그 일을 얼마나 사랑하는지
그 기여가 얼마만큼 치열했는지"

더 길어진 자신의 삶을 잘 살아가기 위해 같은 고민을 하고 계신 모든 분들께 일독을 권합니다.

— 송길영(마인드 마이너, 『시대예보: 핵개인의 시대』 저자)

원하는 것을, 원할 때마다, 원하는 방식으로 갖는 풍요의 시대지만 그 풍요가 진정한 자유를 가져다주지는 않는 불행한 시대이기도 하다. 오늘날 우리가 '절제'에 주목해야 하는 이유도 여기 있다. 자제력, 극기, 겸손함, 몰입, 질서를 가능케 하는 절제는 자신을 다스려 진정한 평온의 기쁨에 이르는 지혜를 가르치기 때문이다.

이 책은 고대 그리스 스토아 철학의 핵심 미덕인 절제를 소환하여 예전이나 지금이나, 어쩌면 오늘날 더욱 절실하게 절제가 중요한 미덕이라는 사실을 웅변한다. 책에서는 '절제만이 우리를 자유롭게 한다'는 단순하고 간단한 진리가 역사 속의 수많은 이야기를 통해 생생하게 전해진다.

절제를 연습해야 하는 이유는 간단하다. 육체의 욕망이든 내면의 기질이든 자신을 지배하지 못하는 자는 진정한 자기 자신의 주인이 아니기 때문이다. 자기 삶의 주인이 되고 싶은 사람에게 격려와 영감을 주는 이 책은 그리스 시대의 철학이 삶의 지혜였음을 일깨워준다.

— 이진우(철학자, 포스텍 인문사회학부 교수)

매 순간 흔들리는 현대인을 위한
네 가지 미덕

아주 오래전 헤라클레스는 운명의 갈림길에 섰다. 그리스 신화의 이 위대한 영웅은 언덕 사이에서 자라난 울퉁불퉁한 소나무 그늘이 드리운 조용한 갈림길에서 처음으로 자기 운명을 마주했다. 거기가 정확히 어디인지, 그때가 정확히 언제였는지는 아무도 모른다. 다만 소크라테스의 이야기를 통해 이 순간의 이야기를 전해 들을 수 있을 뿐이다.

'헤라클레스의 선택' 혹은 '갈림길의 헤라클레스'라 불리는 이 이야기는 다양한 예술 작품으로 재탄생했다. 르네상스 시대의 화가들은 이 순간을 포착해 아름다운 그림을 남겼고 바흐의 칸타타에서는 헤라클레스의 약동하는 힘과 건장한 근육 그리고 괴로운 심정까지 느낄 수 있다.

헤라가 지시한 열두 가지 과업을 치러내고 세상을 바꾸어 불멸의 명성을 얻기 전에 헤라클레스는 바로 그 갈림길에서 누구도 마주해본 적 없는, 삶을 송두리째 바꿔놓을 엄청난 위기에 봉착했다.

헤라클레스는 어디를 향해 가고 있었을까? 어디로 가려던 참이었을까? 그것이 이 이야기의 핵심이다. 당시 헤라클레스는 혼자였고, 무명이었으며, 아무런 확신도 없었다. 수많은 사람이 그렇듯 헤라클레스도 자기가 어디로 가고 있는지를 몰랐다.

갈림길 중 한쪽에는 아름다운 여신 한 명이 누워 있었다. 화려한 옷과 장신구로 치장한 그 여신은 상상할 수 있는 모든 방법을 동원하여 헤라클레스를 유혹했다. 자기를 따르기만 하면 결핍도 불행도 공포나 고통도 절대 맛볼 일 없이 인생의 모든 욕망이 충족되리라고 헤라클레스에게 속삭였다.

다른 쪽 길에는 길고 새하얀 옷을 입은 여신이 서 있었다. 엄격해 보이는 그 여신은 더 작은 목소리로 말을 걸었다. 이 여신은 헤라클레스에게 고된 노력의 결과로 얻을 보상 외에 그 무엇도 약속해주지 않았다. 자신을 따라 이 길을 선택한다면 아주 길고도 긴 여정이 되리라고 말했다. 이 여정을 걷노라면 때로는 자기를 희생해야 할 것이며 때로는 두려운 순간에 맞닥뜨릴 것이라고도 했다. 하지만 그것이야말로 신에게 어울리는 길이었다. 헤라클레스는 그 여정에서 비로소 자신에게 걸맞은 운명의 인물로 완성될 터였다.

전설에 지나지 않는 것 같은 이 이야기가 지금 우리에게 왜 중요할까? 바로 우리 자신의 이야기기도 하기 때문이다. 우리가 마주하는 딜레마, 우리 앞에 놓인 갈림길에 관한 이야기다. 헤라클레스는 악덕과 미덕, 쉬운 길과 어려운 길, 많은 이가 이미 다녀서 잘 다져진 길과 먼저 지나간 사람이 별로 없어서 험한 길 중에서 하나를 고르는 선택을 내려야 했다. 그리고 우리는 모두 이러한 선택을 해야만 하는 순간에 직면한다.

　몇 초 정도 망설인 뒤 헤라클레스는 인생을 바꿀 선택을 내렸다. 그가 선택한 것은 미덕이었다. 아마 누군가에게는 '미덕'이 구닥다리처럼 보일지도 모른다. 하지만 고대 그리스어로 아레테(arete)라고 하는 미덕은 아주 단순하면서도 시간을 초월한 가치로 육체와 정신을 아우르는 도덕적 탁월성을 뜻한다.

　고대 세계에서 미덕은 용기, 절제, 정의, 지혜 등 네 가지 핵심 요소로 이루어져 있었다. 고대 로마의 '철인왕' 마르쿠스 아우렐리우스는 이 네 요소를 가리켜 "선(善)의 시금석"이라고 불렀다. 기독교 및 대부분 서양철학에서는 이 네 가지 미덕을 보편적인 이상으로 꼽으며, 불교와 힌두교를 비롯한 거의 모든 철학 학파에서도 역시 가치 있게 여겨진다. 영국의 중세학자 C.S. 루이스는 용기, 절제, 정의, 지혜가 기본 미덕으로 불리는 까닭이 추기경 같은 교회의 권력자들에게서 전해졌기 때문이 아니라 '경첩'을 뜻하는 라틴어 카르도(cardo)에서 기원했기 때문이라고 설명했다. 즉, 중추적 덕목이라는 말이다. 그 덕목들은 좋은 삶으로 가는 문을 여닫을 수 있게 달아놓은 경첩이다. 그리고 이 네 가지 미덕을 주제로 한 시리즈를 네 권의 책에 담았고, 이 책은 그 시리즈에서 두 번째 '절제'에 관한 책이다. 이 시리즈의 목적은 하나, 당신의 선택을 돕는 일이다.

용기, 기개, 기백, 명예, 희생…
절제, 자제, 중용, 평정, 균형…
정의, 공정, 봉사, 동료애, 선량, 친절…
지혜, 지식, 교육, 진리, 성찰, 평화…

이러한 미덕은 명예로운 삶, 영광스러운 삶, 탁월한 삶으로 가는 열쇠다. 미국의 소설가 존 스타인벡은 미덕이란 "그것을 지닌 자에게 즐거움과 바람직함을 안겨주며, 그가 스스로 자랑스러워하고 기뻐할 수 있는 행동을 하게 이끄는 것이다"라고 말했는데, 그야말로 완벽한 정의다. 여기서 '그'는 모든 인류를 의미한다고 생각해야 한다. 고대 로마에서 미덕을 뜻하던 라틴어 단어인 비르투스(virtus)에는 여성형이 없었다. 미덕은 남성적이거나 여성적인 가치가 아니라 그냥 미덕이었다.

지금도 여전히 그렇다. 남자인지 여자인지는 중요하지 않다. 강한 육체를 타고난 사람이든 극도로 수줍어하는 사람이든 뛰어난 천재든 평균적인 사람이든 상관없다. 미덕은 누구나 따라야 할 보편적 원칙이기 때문이다.

네 가지 미덕은 서로 연결되어 있고 불가분의 관계기는 하나, 그래도 각자 뚜렷이 구별된다. 정의롭게 행동하려면 언제나 용기를 내야 한다. 무엇을 고르는 것이 가치 있는 선택인지를 판단할 지혜가 없다면 절제할 수도 없다. 정의를 실천하지 않는다면 용기가 무슨 소용이며, 우리가 절제할 수 있게 돕지 않는다면 지혜는 또 무슨 소용이겠는가?

동, 서, 남, 북에 해당하는 네 가지 미덕은 일종의 나침반이다. 나침반의 네 점을 기본 방위라고 부르는 데는 다 이유가 있다. 그 네 가지 미덕은 우리를 안내하여 우리가 지금 어디에 있는지 그리고 무엇이 진실인지를 보여준다.

아리스토텔레스는 미덕을 일종의 기술이라고 생각했다. 직업에 능통하고 솜씨가 능란해지려고 노력하듯이 미덕도 능숙해지도록 갈고닦아야 한다고 했다. "건물을 세워야 건축가가 되고, 하프를 켜야 하프 연주자가 된다. 마찬가지로 올바르게 행동해야 정의로운 사람이 되고, 언행을 삼가야 절제하는 사람이 되며, 용감하게 행동해야 용기 있는 사람이 된다"라고 썼다. 미덕은 우리가 실행하는 것이며 선택하는 것이다.

미덕을 실천하고 선택하는 일은 한 번으로 끝나지 않는다. 헤라클레스의 갈림길도 한 번 마주하는 것으로 끝이 아니었다. 우리도 끊임없이, 반복적으로 매일 도전에 직면할 것이다. 그때 우리는 어떤 선택을 해야 할까? 이기적으로 행동하는 것과 이타적으로 행동하는 것, 용감하게 나서는 것과 겁먹고 물러서는 것, 강한 사람이 되는 것과 나약한 사람이 되는 것, 지혜롭게 사는 것과 어리석게 사는 것, 좋은 습관을 키우는 것과 나쁜 습관을 들이는 것, 용기 내서 나아가는 것과 비겁하게 물러나는 것, 아무것도 모르는 채 행복하게 지내는 것과 새로운 생각에 도전적으로 맞서는 것 사이에서 말이다.

분명한 것은 우리의 선택이 우리가 성장할 것인지 성장을 포기할 것인지를 결정한다는 점이다. 쉬운 길을 택할 것인가, 올바른 길을 택할 것인가? 삶은 우리의 선택을 기다린다.

삶의 주인이 되기 위한 절제 수업

위대한 제국을 세우고자 하는가? 그렇다면 너 자신을 지배하라.

– 푸블릴리우스 시루스(고대 로마의 작가)

우리는 바로 앞 세대의 사람조차 상상도 할 수 없었을 만큼 풍요롭고 자유로운 시대에 살고 있다. 선진국에 사는 평범한 사람이 과거의 가장 힘 있는 왕도 누릴 수 없었던 풍족함과 새로운 기회를 마음껏 누린다.

겨울에는 따뜻하고 여름에는 시원하게 지내며, 굶주려서 배고플 때보다 배가 불룩해질 때까지 포식할 때가 더 많다. 가고 싶은 곳이 있다면 갈 수 있고, 하고 싶은 일을 할 수 있으며, 믿고 싶은 것을 믿을 수 있다. 손가락 하나 까딱하는 것만으로 쉽게 즐거움을 느끼고 기분을 전환한다. 원하는 것을 원할 때마다 원하는 방식으로 갖는다. 이는 우리가 인간으로서 마땅히 누리는 권리다. 그런데 이 모든 것을 얻은 지금 우리의 모습은 어떤가? 살고 싶은 대로 살아갈 수 있고, 군주나 종교의 속박에서 벗어났으며, 즐길 거리가 넘쳐나는 축복을 받았는데도 우리는 왜 이렇게 지독히 불행한 것일까? 그것은 우리가 자유를 방종으로 착각하기 때문이다.

미국의 제34대 대통령 아이젠하워가 남긴 유명한 말처럼, "자유는 절제할 기회"일 뿐이다. 더 많은 자유에는 더 많은 절제가 필요하다. 우리가 목적지 없이 표류하거나 수많은 자극에 휘둘리거나 취약해지거나 무질서해지거나 단절되기를 원하지 않는다면, 자신을 책임져야 한다. 발전된 기술의 혜택을 누리는 것, 성공하는 것, 권력을 얻고 특권을 누리는 것은 스토아 철학의 네 가지 기본 미덕 가운데 두 번째로 언급할 덕목인 '절제'가 있을 때만 얻을 수 있는 특권이자 축복이다.

라틴어로 '템페란티아'와 '모데라티오', 고대 그리스어로 '엔크라테이아'와 '소프로쉬네', 불교 용어인 '마지마빠띠빠다', 유교 용어인 중용(中庸), 아리비아어로 '와사트'는 모두 같은 미덕을 가리키는 말이다. 아리스토텔레스에서 헤라클레이토스, 성 토마스 아퀴나스와 스토아학파까지, 『일리아스』부터 성경, 불교와 유교, 이슬람교에 이르기까지 고대인들은 여러 단어와 상징을 활용해 우주의 영원한 법칙이라 할 만한 지혜를 전하고

자 했다. 그 메시지는 바로 자신을 절제하지 않으면 멸망하거나 불안정해지거나 다른 것에 종속된 삶을 살 위험이 있다는 것이었다.

물론 삶의 모든 문제가 풍요 때문에 발생하는 것은 아니다. 삶의 여건이 부족한 상황에서도 절제는 이로움을 선사한다. 인생은 공정하지 않고, 선물은 공평하게 분배되지 않는다. 그리고 이러한 불평등한 현실 때문에 풍족하지 못한 환경에 처한 사람이 기회를 얻으려면 더욱 절제가 필요하다. 누릴 수 있는 자유가 더 제한적인 사람들도 매일같이 어떻게 행동할 것인지, 자신에게 무엇을 허용하고 무엇을 금지할 것인지, 어떤 욕구를 우선적으로 해결해야 할지 등 수많은 선택에 직면한다. 실수가 용납될 여지가 더 적은 가혹한 현실 앞에서 절제의 가치는 더욱 빛을 발한다.

우리는 모두 같은 배를 타고 있다. 가진 게 많은 사람이든 가진 게 별로 없는 사람이든 상관없이 모두가 자기감정을 어떻게 다룰 것인지, 무엇을 절제할 것인지, 어떤 기준을 따라 살 것인지 생각하고 선택해야 한다. 우리가 다른 누군가에게 또는 다른 무언가에 지배되지 않기를 바란다면 스스로 우리 자신을 지배해야 한다.

누구에게나 더 높은 자아와 더 낮은 자아가 있으며, 두 자아는 항상 서로 싸운다. '할 수 있다'와 '해야 한다'의 대립이다. 우리 삶에는 빠져나갈 여지가 있는 일이 있고, 최선을 다해야

하는 일이 있다. 강한 집중력이 필요할 때가 있는가 하면 쉽게
주의가 분산되기도 한다. 애써서 반드시 이루려 하다가도, 굽혀
서 타협하는 것을 선택하기도 한다. 균형을 추구하는 면도 있
고, 혼돈과 과잉을 사랑하는 면도 있다.

　고대인은 내면에서 벌어지는 이러한 싸움을 가리킬 때 자
제력이 없다는 의미의 '아크라시아'라는 단어를 썼지만, 사실
이런 혼란스러운 상황이 헤라클레스가 도달한 바로 그 갈림길
이다. 우리가 어떤 사람으로 살고자 하는지를 결정하는 그 갈림
길 말이다.

품격 있는 삶을 만드는 절제의 힘

　스토아 철학의 네 가지 기본 미덕을 다룬 이 시리즈의 첫
책『브레이브』에서 '용기'란 무언가를 위해, 누군가를 위해, 자
기가 반드시 해야만 하는 일을 위해 위험한 자리에 기꺼이 나아
가려는 의지라고 정의했다. 자제(自制), 즉 절제는 용기보다 더
중요하다. 바로 그 위험한 자리에 계속 남아 있게 하는 능력이
기 때문이다.

　열심히 일하는 능력, 아니라고 말할 수 있는 능력, 좋은 습
관을 들이는 능력, 경계를 설정하는 능력, 훈련하고 준비하는
능력, 유혹과 도발을 무시하는 능력, 감정을 통제하는 능력, 고

통스러운 난관을 견디는 능력…. 자기 절제는 모든 것을 쏟아부어야 하는 것이며, 또한 무엇을 억제해야 하는지 아는 것이다. 이 말이 모순적으로 들리는가? 절대 그렇지 않다. 다만 균형 잡는 법을 알면 된다.

절제를 실천할 때 우리는 저항해야 할 것에는 단호히 저항하고 추구해야 할 것은 끝까지 추구하며, 무슨 일을 하든 그 일에 지나치게 매몰되지 않도록 중용을 지키고 원래의 의도를 놓치지 않도록 합리적으로 일을 추진할 수 있다. 자제는 박탈이 아니라 자기 육체와 정신과 영혼을 지배하는 일이며 아무도 보고 있지 않을 때조차, 그러지 않아도 괜찮을 때조차 자신에게 최고를 요구하는 것이다. 이렇게 자제하며 살기 위해서는 용기가 필요하다. 그것은 단지 절제가 어려운 일이어서만이 아니다. 절제가 부족한 오늘날의 세계에서 자제하며 살면 남다른 존재로 여겨질 만큼 튀기 때문이다.

절제란 예언인 동시에 결정이다. 절제는 당신이 성공할 가능성을 더 높여주며, 성공이든 실패든 어떤 일이 일어나더라도 상관없이 당신이 훌륭하다는 사실을 보증한다. 그 반대 역시 참이다. 절제하지 않으면 위험한 상태에 놓이게 된다. 절제는 그렇게 당신이 어떤 사람인지, 어떤 존재인지를 결정한다.

자유는 자기 절제의 기회라는 아이젠하워의 말을 다시 생각해보자. 아이젠하워는 자기 삶으로써 몸소 그 말을 증명했다. 아이젠하워는 장군 계급장을 달기까지 약 30년 동안 평범한 직위에 머물렀다. 세계 각지의 전장에서 활약하여 훈장과 찬사를 받는 다른 동료들을 미국 본토에서 지켜봐야만 했다. 그러다가 1944년 제2차 세계대전에서 연합군을 이끄는 최고사령관으로 임명되면서 갑자기 300만 군사를 통솔하게 되었고 최종적으로는 5000만 명 이상의 병력을 지휘했다.

총 7억 명 이상의 시민으로 이루어진 다국적 연합을 이끌어야 하는 자리에서 아이젠하워는 자기 자신에게 규칙을 그 어느 때보다 더 엄격히 적용해야 한다는 사실을 깨달았다. 남들을 이끄는 가장 좋은 방법은 그들을 강제하거나 명령하는 것이 아니라 설득하고 타협하며 인내심을 발휘해 자기 성미를 통제하고 무엇보다 모범을 보이는 것이었다.

전쟁이 끝났을 때 아이젠하워는 어떤 군인도 도달한 적 없고 앞으로도 다시 도달할 수 없는 수준의 승리를 이뤄낸 승리자 중의 승리자였다. 그 후 대통령으로서 핵무기라는 새로운 무기를 감독하던 아이젠하워는 세상에서 가장 큰 권력을 쥔 사람이 되었다. 어느 누구도 그 무엇도 아이젠하워에게 무엇을 하라고 명령하거나 그가 하려는 일을 막을 수 없었으며, 모두가 존경심을 가득 담고 그를 우러러보거나 두려워하며 피했다.

그런 아이젠하워의 임기 동안에는 새로운 전쟁이 일어나지 않았고 무시무시한 핵무기도 사용되지 않았으며 나라간 갈등이 깊어지지도 않았다. 그리고 아이젠하워는 임기를 마치면서 이른바 군산복합체라 불리는, 전쟁 무기를 만드는 군수 산업 단지와 군대가 공모하여 전쟁을 일으키려는 움직임에 엄중한 경고를 남겼다. 아이젠하워가 대통령으로 재임하면서 군대를 동원한 일은 학교에 처음으로 등교하는 흑인 어린이들을 보호할 때뿐이었다.

그렇다면 추문은 없었을까? 나라의 세금으로 부당하게 부를 축적한 일은? 지키지 못한 공약을 내세운 적은 없었을까? 전혀 없었다. 모든 진정한 위대함이 그러하듯 아이젠하워의 위대함은 공격성이나 자부심이나 욕망이나 거대한 부에서 기인한 것이 아니라 소박함과 자제, 즉 자기 자신을 다스리는 방식에 뿌리를 둔 것이었다. 그리고 그 방식은 아이젠하워가 다른 이들을 다스릴 자격이 있는 존재가 되게 했다. 결국 오래도록 남는 것, 우리가 진정으로 경탄하는 것은 야망이 아니라 자신을 다스리는 극기며 자기 인식이고 절제다.

아이젠하워의 어머니는 젊은 시절 그에게 『잠언』의 한 구절을 읽어주었다. "쉽게 화내지 않는 사람이 용감한 군인보다 낫고, 자기 마음을 다스리는 사람이 한 나라를 정복한 사람보다 낫다." 어머니가 아이젠하워에게 가르친 것은 고대 로마의 철학자 세네카가 통치자들에게 조언할 때 심어주려 했던 것과 똑같은 교훈, 바로 "가장 강력한 사람은 자기 힘으로 자신을 제어하는 사람"이라는 지침이었다. 그러니까 아이젠하워는 말 그대로 자기를 먼저 정복함으로써 세계를 정복한 셈이다.

전차를 모는 마부처럼

여전히 우리 안에는 록 스타, 유명인, 악당처럼 많은 것을 방탕하게 누리며 자신에게 낮은 기준을 적용하여 제멋대로 행동하는 자를 좋아하고, 부러워하기까지 하는 마음이 한구석에 남아 있다. 그렇게 사는 것이 더 쉽고 더 재미있어 보인다. 심지어 때로는 앞서 나갈 방법처럼 보이기도 한다.

그런데 정말 그럴까? 절대 아니다. 그것은 착각이다. 게으른 자보다 더 힘든 시간을 보내는 이는 없다. 폭식하는 사람보다 더 큰 고통을 경험하는 이는 없다. 경솔한 자나 야망이 넘치는 자의 성공보다 더 빨리 사그라지는 결과도 없다. 자기 잠재력을 완전히 실현하지 못하는 것은 끔찍한 형벌이다. 탐욕은 계속 골대를 옮기며, 본인이 이미 가진 것조차 즐기지 못하게 방해한다. 세상이 그들을 찬양한다 해도, 그들의 내면에는 비탄과 자기혐오와 의존성뿐이다.

절제를 말할 때 고대 그리스인은 '전차를 모는 마부'의 모습과 비교해 설명하곤 했다. 경주에서 이기려면 말들이 더 빨리 달리게 해야 할 뿐 아니라 말을 통제하고 말의 긴장과 불안을 진정시킬 줄 알아야 하며, 가장 어려운 상황에서도 엄밀하고 정확하게 원하는 방향으로 이끌 수 있을 만큼 고삐를 단단히 쥐어야 한다.

전차의 마부는 엄격함과 다정함, 부드러운 손길과 억센 손길 사이에서 균형을 잡을 줄 알아야 한다. 자신과 말들의 속도를 잘 조절해야 하며, 결정적인 순간에 최대치의 속력을 끌어내야 한다. 말들을 통제할 줄 모르는 마부는 속력을 빠르게 낸다고 해도 결국에는 넘어지기 마련이다. 특히 경기장에서 급격히 꺾이는 구간을 돌 때, 구불구불하고 움푹 팬 구멍이 가득한 길을 달릴 때는 쉽게 균형을 맞추기 어렵다. 게다가 관중들은 경기장이 떠나갈 듯 환호와 야유를 보내고, 상대를 이기고 싶은 경쟁심이 마음속 깊은 곳에서 솟아올라 무모하게 속력을 내도록 부추긴다면 특히 더 그렇다.

모든 일을 가능하게 할 뿐 아니라 모든 일을 나아지게 하는 것이 절제다. 자기 절제 없이 진정한 위대함을 이룬 이를 대보라. 참담한 몰락이 무절제의 결과가 아닌 경우가 있다면 꼽아보라. 삶에서 중요한 것은 재능보다는 기질이며, 자제력이다.

마르쿠스 아우렐리우스, 엘리자베스 2세, 루 게릭, 앙겔라 메르켈, 마틴 루서 킹 주니어, 조지 워싱턴, 윈스턴 처칠 등 우리가 이 책에서 살펴볼 사람들은 몸소 자제와 헌신을 보여줌으로써 우리에게 영감을 준다. 나폴레옹, 알렉산드로스대왕, 율리우스 카이사르, 조지 4세 등 되풀이해서는 안 될 일을 벌인 인물들은 스스로 불러온 파멸을 보여줌으로써 우리가 정신을 바짝 차리게 한다. 사람은 누구나 여러 가지 측면이 있는 존재이므로 때론 한 사람에게서 과도한 모습과 절제하는 모습이 둘 다 보이기도 하는데, 우리는 두 모습 모두에서 교훈을 얻을 수 있다.

절제할 때 비로소 우리는 자유롭다. 그렇게 절제는 우리를 자유롭게 한다. 절제하는 사람만이 자유로우며 위대하다. 절제는 피할 수 없는 우리의 운명이다. 당신 손으로 절제의 고삐를 쥐겠는가?

차례

추천의 글 · 5

스토아 철학 4부작 시리즈 발문 | 매 순간 흔들리는 현대인을 위한 네 가지 미덕 · 8

여는 글 | 삶의 주인이 되기 위한 절제 수업 · 14

1부

육체

01 참을성을 도둑맞은 시대 · 32

02 적게 가질수록 더 강력하다 · 38

03 거절의 미덕 · 43

04 새벽은 오직 당신만의 시간이다 · 50

05 강철을 단련하듯 몸을 단련하라 · 56

06 탐욕의 대가 · 76

07 쾌락이 악몽이 될 때 · 84

08 중독을 끊어내는 유일한 방법 · 90

09 주변을 정돈하면 인생이 관리된다 · 96

10 반복이 주는 복리 효과 · 102

11 사소한 습관이 게임의 승패를 결정한다 · 107

12 지체 없이 덤벼들기 · 111

13 천천히 서두르기 · 116

14 오랜 시간에 걸쳐 완성된 제2의 본성 · 121

15 몰입한 사람은 성과를 계산하지 않는다 · 125

16 성공하는 사람의 옷차림 · 131

17 한 번의 승리보다 더 중요한 것 · 137

18 수면도 훈련이 필요하다 · 144

19 기회는 기다리는 자의 것이다 · 149

20 모든 선택은 육체에 새겨진다 155

2부

기질

21 몰입의 축복 · 162

22 복수할 기회를 거절하라 · 168

23 돈의 주인이 되는 법 · 174

24 여왕이 자신을 다스린 원칙 · 183

25 화를 잠재우는 법 · 199

26 인내의 보상 · 205

27 완벽주의라는 덫 · 210

28 가장 어려운 일부터 시작하라 • 216

29 패배자로 남지 않는 법 • 220

30 중독과 몰입의 차이 • 227

31 열정에 비상 브레이크 걸기 • 234

32 강한 자는 적게 말한다 • 241

33 결정적인 순간이 올 때까지 기다리라 • 246

34 야망을 경계하라 • 253

35 성장의 복리를 쌓는 방법 • 260

36 일을 위임해야 하는 이유 • 266

37 시간을 내편으로 만드는 법 • 273

38 에너지 뱀파이어와 경계선 긋기 • 279

39 지미 카터를 대통령 자리까지 이끈 질문 • 286

40 몸과 정신이 균형을 이룰 때 잠재력이 발휘된다 • 291

3부

영혼

41 절제는 전염된다 • 298

42 아들 잃은 슬픔을 견딜 수 있었던 이유 • 320

43 자기중심성 벗어나기 • 326

44 절제의 파급효과 • 333

45 특권에는 책임이 따른다 • 338

46 너그러울 때 성장한다 • 342

47 권력의 유혹을 거절하라 · 347

48 비폭력이 폭력보다 더 강력하다 · 353

49 후퇴할 때는 소크라테스처럼 · 358

50 삶의 끝자락에서 붙잡아야 할 것 · 365

51 인격을 완성하면 성공은 저절로 따라온다 · 370

52 유연함이 강함이다 · 376

53 절제는 더 많은 절제를 요구한다 · 382

54 평온에 이르는 유일한 길 · 387

마치는 글 | 해방이자 기쁨의 절제 · 393

1부

육체

육체는 우리의 영광이자 장애물이며 근심거리다.

－ 마사 그레이엄(현대무용의 개척자)

물리적인 형태의 몸에서 시작해보자. 성경에서 성 바울은 코린토스 사람들에게 복음을 전파하고자 편지를 썼는데 그 편지는 이렇게 시작한다. "자신의 육신을 통제하고 지배해야 삶에서 난파하지 않는다."

스토아 철학자들에 따르면 로마는 전통적으로 인내, 검소한 식사 그리고 물질적 소유물의 소박한 사용을 중시했다고 한다. 로마인은 편안한 의복과 신발을 착용하고, 투박한 그릇에 음식을 담아 먹고, 실용적인 유리잔에 음료를 적당량 따라 마시며, 고대 삶의 일부였던 의식에 진지하게 임했다. 이렇게 생활하는 이들이 불쌍하게 여겨지는가? 아니면 그 검소함과 위엄에 존경심이 샘솟는가?

풍요로운 세계에 사는 우리는 각자 자기 욕망 및 충동과 씨름해야 하며, 삶의 우여곡절에 대비해 자신을 단련하고자 끝없이 전투를 치러야 한다. 이는 배에 왕(王) 자가 새겨지도록 복근을 단련하라는 이야기도, 쾌락을 주는 일이라면 뭐든지 피하라는 이 야기도 아니다. 그보다는 우리가 선택한 길을 걸어가려면 반드시 있어야 할 굳건함을 길러야 한다는 것이다. 아무리 먼 길이라도 갈 수 있는 능력, 길을 걷다가 만나는 막다른 골목이나 신기루를 피하는 능력을 길러야 한다.

우리가 자기 육체를 장악하지 못한다면, 누가 그리고 무엇이 우리 육체를 장악하게 되겠는가? 외부 세력이, 게으름이, 역경이, 불확실성이 그리고 쇠퇴가 잠식하고 말 것이다. 지금뿐 아니라 앞으로도 계속 우리가 우리 몸을 지배하고자 하는 이유는 그것이 바로 우리가 이 세상에 온 까닭이기 때문이다. 쉬엄쉬엄하는 것 이 편해 보이고 쾌락에 빠져드는 것이 더 즐거워 보이더라도, 길 게 보면 쾌락을 좇는 것이 훨씬 더 고통스럽다.

01

참을성을 도둑맞은 시대

세네카는 부자였다. 부친에게 재산을 물려받았고, 투자를 잘한 데다 당대 최고의 철학자로서 황제를 보필하며 더욱 큰 부를 축적했다. 하지만 그는 종종 며칠에 걸쳐 아주 빈약한 식사를 차려 먹고 가장 거칠고 허름한 옷을 입고 지냈다. 비참한 가난과 엄혹한 생활환경을 흉내 내며 일부러 불편함을 추구한 것이다. 땅바닥에서 잠자고 빵과 물 외에 모든 것을 스스로 박탈했다.

이런 행동이 얼음 목욕이나 야영처럼 특권층 사람들이 생색내며 하는 희귀한 취미 정도로 여겨질지도 모르겠다. 하지만 세네카의 이 행동에는 훨씬 깊은 의미가 있었다. 우선 세네카는 자기가 겪는 고통이 한 번 경험하는 특이하고 가벼운 경험에 그치는 것이 아니라 반드시 심각한 정도가 되도록 각별히 신경을 썼다. 친구에게 자기처럼 자발적으로 불편한 생활을 실천하라고 충고하는 편지에는 이렇게 썼다. "짚으로 만든 잠자리는 반드시 진짜여야 하네. 덧옷도 마찬가지고 빵도 딱딱하고 더러운 것이어야 하지. 이런 것들을 한 번에 사흘이나 나흘 동안, 때로는 그보다 더 오래 참아내야 이 불편한 생활이 단순히 재미있는 놀이가 아닌 진실한 삶의 경험이 될 수 있네."

자기 권리나 도덕적 순수성을 뽐내는 것이 그의 목적은 아니었다. 세네카는 로마 시민 절대다수가 열악한 환경에서 불평하지 않고 조용히, 매일매일 살고 있다는 것을 알았다. 이것이 그가 그런 일을 한 핵심이다. 그것을 견디는 것이 가능하며, 오히려 일반적인 삶이라는 것을 절절히 자각하고 싶은 것이었다. 세네카는 자신의 부유한 친구들이 질색하고 꺼리며 혹시라도 그렇게 살게 될까 불안해하는 일을 자처함으로써 자기 자신에게 이렇게 말할 수 있었다.

'이게 네가 두려워했던 것이냐?'

이런 실천은 몇 차례 세네카에게 도움이 되었는데 결국 한 번은 그의 목숨까지 구했다. 로마제국의 제5대 황제 네로가 광기에 사로잡히자 그의 철학 스승이었던 세네카는 망설이지 않고 황제 곁을 떠나겠다고 하며 자유의 몸이 되는 대가로 자기 재산 전부를 내놓겠다고 했다. 이 말에 네로는 충격을 받았다. 그 누가 그 모든 것을 포기할 수 있단 말인가? 그 누가 돈보다 명예를 더욱 가치 있게 여길 수 있단 말인가? 격분한 네로는 후에 시골집에 간 세네카를 독살하라고 명령했다. 하지만 그 시도는 실패했는데, 나무에 열린 작은 열매와 물만 먹는 세네카의 소박한 식습관 때문에 독살할 방법이 없었기 때문이라고 전해진다.

우리 대부분은 불쾌한 모든 것과 우리 사이에 벽을 쌓아 올리는 일로 일생을 보낸다. 그런 행동이 자신을 얼마나 의존적 존재가 되게 하는지 이해하지 못한 채 말이다. 우리는 성공의 목적이 오로지 '절대 고생할 일이 없는 것', '우리에게 필요한 것뿐 아니라 우리가 원하는 모든 것을 원하는 즉시 갖게 되는 것'이라고 생각한다. 사시사철 알맞은 온도의 물을 마음껏 쓰고 좋은 옷을 입으며 약간의 허기만 느껴져도 최고급 레스토랑에서 최고급 재료로 만들어 몇 분 안에 우리 집까지 배달되는 음식을 먹는 삶 말이다.

이런 것들을 적절한 정도로 누리는 것은 아무런 문제가 되지 않는다. 편안한 삶을 누리지 말아야 할 이유가 어디 있겠는가? 그래도 편리한 현시대가 아주 작은 어려움조차 못 견디도록 우리의 참을성을 앗아가려고 힘을 모아 공모한다는 것을 알아야 한다. 익숙한 편안함은 우리를 망쳐놓는다. 편안한 삶에서 벗어나지 못하는 노예의 삶을 살게 한다. 우리가 쉬운 길을 고르는 것은 쉬운 길이 눈앞에 있기 때문이다. 강렬한 추위의 고통을 일부러 느끼려는 사람이 있을까? 에어컨을 켤 수 있다면 더운데 참을 이유가 있을까? 물건을 가져다 달라고 시킬 사람이 있는데 왜 구태여 몸소 무거운 것을 나르겠는가? 차를 몰 수 있는데 누가 걸어가겠는가?

자기 절제의 가치를 이해하는 사람, 불편한 것이 아무렇지 않은 사람은 그렇게 할 것이다. 마라톤을 뛰거나 바닥에서 자거나 무거운 물건을 들어 올리는 것, 몸소 육체노동을 하고 차가운 호수에 뛰어드는 것은 익숙함에서 벗어나려는 몸짓이다.

성공은 나약함을 키우고, 두려움도 키운다. 우리는 편리한 문명의 이기에 중독되었다. 그러고 나서 그것들을 잃을까 봐 두려워한다. 세네카도 매일 불편함을 추구하지는 못했지만, 스스로 겪어 보았으므로 꼭 그래야 하는 때가 오면 그럴 수 있다는 것을 상기하고자 했다.

일부러 불편함을 경험함으로써 우리는 더 강인해진다. 우리가 매일 철저히 스파르타식으로 살아가지는 않더라도 최소한 그런 삶을 두려워하지 않을 만큼은 정기적으로 강인함을 훈련하는 것이 좋다. 인도의 민족운동 지도자 간디가 비폭력 저항운동을 벌이며 많은 도전을 이겨낼 수 있었던 것은 가난한 법학과 학생으로 살았던 젊은 시절의 경험 덕이었다. 간디는 아주 적은 것만을 취하며 살아가는 데 익숙했다. 배가 고프거나 추운 것에도 이골이 났다. 나중에 감옥에 투옥되었을 때는 책을 읽었다.

간디는 아무것도 없이 지내는 일에 단련되어 있었으므로 사람들은 그에게서 무엇 하나도 앗아갈 수 없었다.

모든 자기 절제는 몸에서 시작되지만, 무슨 마술처럼 단박에 갖춰지는 것은 아니다. 소크라테스는 자기 통제력을 기르기 위해 일부러 여러 과제를 찾아 나섰다. 그는 훈련을 통해 절제의 근육을 키웠다. 석가모니 역시 거친 누더기를 걸치고 수많은 밤을 길에서 잠자며 자기 절제를 수련했다. 검을 단련할 때 아주 뜨거운 온도로 달구었다가 차가운 물에 식히는 일을 반복하며 담금질하는 것과 같다. 최고가 되는 사람들 역시 똑같은 도전을 수없이 통과하고, 강제로 자기 몸이 변화하고 적응하게 함으로써 가장 높은 자리에 오른다.

우리는 자기를 보호하는 한 가지 방식으로서 극기를 훈련해야 한다. 삶은 언제나 우리가 마주해야 할 불편함을 준비하고 있기 때문이다. 그것을 두려워할 것인가? 아니면 그냥 대비할 것인가? 미국의 인권 운동가 W.E.B. 두보이스는 자기 딸에게 보낸 편지에 이렇게 썼다. "용감하게 냉수 목욕을 해라. 일부러 불쾌한 일을 찾아서 행한다면 너 자신의 영혼을 지배하는 사람이 될 수 있기 때문이다."

자기 영혼을 지배하는 사람은 외적인 소유에 연연하지 않는 사람, 변화나 불편이나 갑작스러운 불운도 두려워하지 않는 사람이 아닐까? 이런 사람은 패배시키기도 어렵다. 또한 이들은 더 행복하고 더 균형이 잘 잡혔으며 더 건강하다.

우리는 지금 이 풍요의 시대에 절제를 연습해야만 한다. 미래에 무엇이 우리를 기다릴지는 모르지만, 풍요가 영원히 지속되지 않는다는 것은 알고 있으니 말이다.

02

적게 가질수록 더 강력하다

고대 로마의 정치가이자 재무관 대(大) 카토는 아주 값싼 옷 밖에 입지 않았다. 자기 노예와 똑같은 포도주를 마시고 종종 노예들과 함께 밭에서 일했다. 서민이 이용하는 시장에서 음식을 샀고 사회 고위층이 착용하는 사치스러운 장신구는 거부했다.

"필요하지 않은 것이라면 그 무엇도 싼 게 아니다."

카토는 필요한 것이 아니면 사지 않았다. 자기가 중시하는 것이 아니면 남들이 모두 중시해도 관심을 두지 않았다. 하지만 카토가 추구하는 검소함의 핵심은 '즐거움을 없애는 것'이 아니라 '의존하지 않는 것'이었다.

카토는 자신이 영웅으로 여기는 로마의 정치가 마니우스 쿠리우스를 본받아 소박한 집에서 살았다. 위대한 정복자 쿠리우스 또한 검소한 삶을 살았다고 한다. 그가 권력의 최정점에 있을 때 그를 매수하려고 찾아간 사람들은 부엌에서 순무를 삶고 있는 그를 발견했다. 그들은 곧바로 자신들의 임무가 헛수고라는 것을 알았다. 그렇게 작은 것에 만족하는 사람은 절대 유혹할 수 없는 법이다.

필요한 것 이상을 욕망할 때 우리는 취약해진다. 가진 돈보다 더 비싼 물건을 소비할 때, 능력보다 무리한 것을 추구할 때, 우리는 자족하지 못한다. 스파르타의 한 왕은 언젠가 그 나라의 시민들이 '스파르타식 습관'으로부터 무엇을 얻느냐는 질문을 받자 "우리는 이런 생활 방식에서 자유를 얻는다"라고 대답했다. 이것이 바로 카토가 비싼 선물을 거부하고, 정치를 하면서도 녹봉을 받지 않고, 소수의 노예만 데리고 소박한 소지품만 챙겨서 여행한 까닭이다.

미국의 권투선수 루빈 카터는 시합을 마치고 걸어가던 중 살인 사건 현장을 지나다가 범인으로 몰려 억울한 감옥살이를 19년이나 하고 살아남았다. 어떻게 그럴 수 있었을까? 카터를 버텨내게 해준 것은 풍족함이 아니었다. 오히려 정반대였다. 카터는 수감 생활에서 누릴 수 있는 가장 기본적인 편의도, 예컨대 베개도 라디오도 깔개도 텔레비전도 포르노도 다 의도적으로 자신에게서 박탈했다. 왜 그랬을까? 그 무엇도 빼앗기지 않기 위함이었다. 교도관이 그 무엇으로도 자신을 좌지우지할 수 없도록 말이다.

자기 자신에게 가혹해지면 남들이 우리에게 가혹하게 굴기가 어려워진다. 자기 자신에게 엄격해지면 타인이 우리에게 행사하는 힘은 무력화된다.

자기가 가진 것보다 소박하게 사는 사람은 그러지 못하는 사람에 비해 할 수 있는 일의 범위가 훨씬 넓다. 이탈리아의 미술가 미켈란젤로가 카토만큼 금욕적으로 살지는 않았지만 그래도 부유한 후원자들이 내미는 선물을 받지 않았던 것도 그 때문이었다. 미켈란젤로는 누구에게도 빚지고 싶지 않았다. 진정한 부는 자율이라는 것을 안 것이다.

카토나 미켈란젤로의 삶이 힘들게 보일지도 모르지만 여러 면에서 그렇게 사는 것이 더 편안하다. 걱정할 것도 더 적고, 굴종해야 할 사람도 더 적다. 부러워할 것도 없고, 자기를 부러워하는 이들에게 무언가를 빼앗길까 봐 두려워할 일도 없다.

한도 이상으로 무리하고 능력 이상으로 낭비해서 빚쟁이들이 문 앞에서 기다리는 삶, 또는 소득이 너무 높아서 절대로 이 직업을 그만둘 수 없다고 생각하는 삶보다 더 자신을 갉아먹는 삶은 없다. 러닝 머신에 묶여 점점 더 빨리 달리지만 언제나 제자리인 사람은 자유를 완전히 빼앗긴 사람이다.

"스마트폰 없이는 절대 못 살아." 우리는 농담하듯 이렇게 말한다. 검소하게 사는 사람을 볼 때면 "어떻게 저렇게 살 수 있지?"라고 묻지만, 이것은 그렇게 호들갑스럽게 과장할 만한 질문은 아니다. 어떻게 그럴 수 있냐고? 답은 간단하다. 그들이 우리보다 더 강하기 때문이다.

"더 강한 사람일수록 원하는 게 적다." 미국의 편집자 맥스웰 퍼킨스가 자기 외투에 새긴 말이다. 불필요한 것과 과잉을 제거하고 남는 것이 자기 자신이다. 그렇게 해서 남는 것이 무엇인지가 중요하다.

무언가가 쓸데없는지 아닌지는 어떻게 알 수 있을까? 다른 사람들이 우리에게 그것을 얼마나 열심히 강요하는지를 한 가지 신호로 삼을 수 있다. 불안정한 사람은 항상 자기처럼 되라고 우리를 압박한다. 또 한 가지는 남들에게 뒤처지지 않으려고 하거나 자기만 놓치게 될까 봐 두려워서 무언가에 관심이 생긴 것이라면 쓸데없는 것이라는 신호다.

이렇게 한 번 생각해보자. 인류는 이런 것 없이 아주 오랫동안 잘 살아남지 않았던가? 지난번에 너무 갖고 싶었던 물건을 샀을 때는 어땠더라? 갈망의 감정은 사고 난 뒤에 몰려오는 후회와 비교할 때 얼마나 오래 지속되었지? 그리고 그 물건이 실제로 삶을 더 편리하게 해줄지 어떻게 확신할 수 있을까? 지난번에 샀던 물건도 인생을 그리 편리하게 해주지 못했는데! 허섭스레기로 가득한 서랍이나 장롱 뒤쪽만 살펴봐도 그 증거는 넘쳐난다.

겨우 몇 년 전만 해도 우리는 더 적은 것만으로도 충분히 풍요로웠다. 그때는 지금 사려는 것 없이도 잘 지냈다. 더 적은 것을 가지고 더 검소하게 살았다.

힘들어도 열심히 살았던 지난 날을 돌아보면 뭔가 결핍된 듯이 보이는가? 그래서 씁쓸한 기분이 드는가? 대개는 그렇지 않을 것이다. 그때가 더 행복한 시절이었고, 우리는 대부분 그 때를 그리워한다. 그때는 모든 것이 더 단순하고, 더 깔끔하고, 더 명료했다. 미래에 누리게 될 호사는 대부분 알지도 못했다. 그런 것을 갖고 싶어 안달하지도 않았다. 우리는 그런 것들이 존재할 가능성조차도 알지 못했다.

호사는 우리를 덜 자유롭고 더 의존하게 할 것이다. 욕망하는 것이 적을수록 더 풍요롭고, 더 자유로우며, 더 강력해진다. 그렇게나 단순한 일이다.

03

거절의 미덕

미국의 교육자 부커 T. 워싱턴은 몹시 바쁜 사람이었다. 자기가 세운 터스키기대학교를 운영했으며 대중을 대상으로 연설하고 기부자들을 만나고자 쉴 새 없이 여행을 다녔다. 입법자들을 만나 은밀하게 교섭을 하고, 강연하고, 기금 조성 운동을 벌이고, 다섯 권의 책을 썼다. 워싱턴은 이 모든 일을 어떻게 다 해냈을까? 그것은 단순히 인내심과 활력만으로 되는 일은 아니었다. 누구나 말하기 어려워하는 '아니오'라는 말을 할 수 있는 절제력 때문이었다.

워싱턴은 말했다. "셀 수 없이 많은 사람이 완전히 무의미한 일로 한 사람의 시간을 잡아먹을 준비를 하고 줄지어 기다린다." 어떤 사람은 워싱턴을 냉담하다고 생각하고, 또 누군가는 이기적이라고 생각했으며 다들 등 뒤에서 워싱턴을 헐뜯었다.

워싱턴은 너무 바빠서 그런 일은 알지도 못했다. 워싱턴은 가장 중요한 일을 가장 중요하게 대해야 한다는 삶의 기준을 세웠고, 이를 실천했다. 특히 자신에게 가장 중요한 일이라 여긴 흑인들의 인권 운동을 할 때 더욱 그랬다. 그는 노예 생활을 한 마지막 세대였는데 흑인 사회의 대표적인 리더로 활동하는 일을 그의 삶에서 가장 중요한 일로 삼았다.

워싱턴에게 민권운동이 가장 중요했다면 우리에게 가장 중요한 일은 무엇인가? 이것이 가장 중요한 질문이다. 우리가 그 답을 모른다면 어떤 일에 '네'라고 대답하고 어떤 일에 '아니오'라고 대답할지 무슨 수로 알 수 있을까? 어떤 일에 나서야 하는지 말아야 하는지 어떻게 알까? 일찍 일어나야 할 이유를 어떻게 알며, 무엇을 견뎌내고 무엇을 훈련해야 할지 알 수 있을까? 알 수 없다. 그저 준비 없이 닥치는 대로 대처할 뿐이다. 자신에게 다가오는 모든 화려하고 흥미로운 것에, "이건 당신을 위한 잠재적 기회예요", "1분이면 돼요", "미리 감사드려요", "바쁘신 줄은 알지만…"과 같은 모든 말에 무방비 상태다.

"자기 인생을 명확한 목표 지점에 맞춰두지 않은 사람은 자기 행동 하나하나를 조화롭게 조직하지 못한다." 프랑스의 사상가 미셸 드 몽테뉴가 한 말이다. 스토아 철학자들은 이렇게 말했다. "자신이 어디로 항해하는지 모른다면 어떤 바람도 순풍일 수 없다."

이 말은 일단 한발 물러서서 생각해보는 절제가 필요하다는 뜻이다. '나는 무엇을 하는가? 내가 우선시해야 할 것은 무엇인가? 내 일에, 내 가족에게, 이 세상에서 내가 해야 할 가장 중요한 역할은 무엇인가?' 그다음으로는 그 밖의 모든 것은 무시하는 절제가 필요하다.

부커 워싱턴에게는 흑인 남녀를 교육한다는 강력한 목적의식이 있었고, 그 외에 다른 일이 자기 시간을 잡아먹는 상황은 모조리 거부해야 한다는 절박함이 있었다. 그런 기준이 없었다면 너무나 많은 사람이 그러하듯 워싱턴 역시 압도되었을 것이고, 여기저기서 요청이 들어오고 주의를 빼앗길 때마다 그의 시간과 힘은 분산되었을 것이다.

"세상 사람들이 어떻게 해서 오랜 시간이 필요한 일을 훌륭하게 해내면서 다른 모든 일, 예컨대 사교적인 일이나 경제적인 일까지 다 잘 해내는지 나도 그 방법 좀 알았으면 좋겠다." 존 스타인벡이 『에덴의 동쪽』을 쓰던 시기에, 장편소설을 쓰는 길고 고된 일에 관해 한 말이다. 정말로 사람들은 어떻게 그런 일을 해내는 것일까? 사실 그들은 그 모든 일을 잘 해내지 못한다! 나머지 모든 쓸데없는 일에 대해 '아니오'라고 말할 절제력이 없이는, 직업적인 일이든 개인적인 일이든 그 어떤 일에도 온전히 전념할 수는 없다.

인터뷰 요청, 활발한 소셜 미디어 활동, 화려한 만찬 파티, 이국적인 곳으로 떠나는 여행, 쏠쏠한 수입을 안겨줄 곁다리 사업, 흥미로운 최신 유행 등이 재미없다거나 잠재적 이득이 없다는 말은 아니다. 다만 그런 일에는 기회비용이 따르며 누구에게나 한정된 자원과 에너지를 앗아간다는 건 분명하다.

성공한 많은 사람들은 방해받지 않고 오롯이 집중하는 큰 뭉텅이의 시간 덕분에 성공할 수 있었다고 말한다. 하지만 이렇게 집중하는 시간을 길게 잡아둘 만큼 하루하루를 또는 자기 삶을 잘 계획하는 사람이 얼마나 되겠는가? 그러면서 사람들은 자신이 왜 탈진했는지, 왜 생산성이 떨어지는지, 왜 늘 압도되고 뒤처지는지 궁금해한다.

여기 피할 수 없는 논리가 있다. 우리가 무언가에 대해 '네'라고 말하는 것은 다른 무언가에 대해서는 '아니오'라고 말한다는 뜻이다. 그 누구도 동시에 두 장소에 있을 수 없다. 아무도 두 가지 이상에 모두 집중력을 쏟을 수 없다. 이러한 현실이 지닌 힘은 우리에게 유익하게 작용할 수도 있다. '아니오'는 또한 '네'일 수도 있다. 중요하지 않은 것에 '아니오'라고 대답하는 것은 정말로 중요한 것에 '네'라고 대답하는 것이다. 하나의 기회에 퇴짜를 놓는 것은 또 다른 기회를 키운다.

이것은 직업적 성공의 열쇠일 뿐 아니라 개인적 행복의 열쇠기도 하다. 누군가 '딱 몇 분만 내 달라'며 부탁하는 것은 곧 우리 주머니를 털어가는 짓이다. 게다가 그들은 우리한테서만 도둑질하는 것이 아니다. 그들은 동시에 우리 가족에게서도, 우리의 동료들에게서도, 우리 미래에서도 도둑질하는 것이다. 이 사실은 우리가 중요하지 않은 일을 하는 데 동의할 때, 또는 한 번에 너무 많은 일을 하겠다고 약속할 때도 적용된다. 이때 도둑은 바로 우리 자신이다.

아무도 우리를 억지로 전화 회의에 참석하게 하지 않는다. 아무도 우리에게 이 행사에 참석하라고 또는 저 상을 받으라고 강요하지 않는다. 모든 이메일에 답장해야 하고, 모든 전화를 받아야 하고, 모든 뉴스에 자기 의견이 있어야 한다고 규정하는 법률은 없다.

정보통신기술 업계에는 '기능 과부하'라는 말이 있다. 창업자나 프로젝트관리자가 어떤 구상의 핵심 개념에만 집중할 만큼 절제력이 충분하지 않아서 그 프로젝트에 너무 많은 것을 욱여넣는 현상을 일컫는 말이다. 모든 사람을 만족시키려고 노력하다가 결국 아무도 만족시키지 못하게 되는 것이다. 모든 것을 하려는 노력으로는 아무것도 성취하지 못한다.

시간을 내달라는 부탁을 거절하지 못하고 모든 사람과 잘 지내려고 노력하는 우리의 이 약한 부분을 깊이 들여다보면, 바로 그런 변명거리를 원하는 마음인지도 모른다. 우리가 그 요청을 모두 들어준다면 저조한 성과에 대한 책임을 모면할 수 있다. '내가 그렇게 바쁘지만 않았더라면…' 하고 변명할 수 있을 테니 말이다.

반면 스스로 절제할 줄 아는 사람은 영국의 여왕 엘리자베스 2세의 좌우명처럼 "안 그러는 것이 좋겠다"라고 말한다. 아니면 미국의 동화작가 E.B. 화이트의 재치 있는 말을 빌려 써도 좋겠다. 화이트는 어느 명망 높은 위원회에 들어오라는 요청을 받았을 때 "거절할 수밖에 없다"라고 말했다. 그리고 "이유는 말할 수 없다"라고 덧붙였다. 미국의 샌드라 데이 오코너 대법관과 일한 적이 있는 한 서기는 언젠가 존경심을 담아 이렇게 말했다. "샌드라는 내가 아는 여자 중 미안하다고 말하지 않는 유일한 사람이다. 많은 여자들은 '미안하지만 그것을 할 수 없다'고 말하지만 샌드라는 그냥 '안 한다'고 말한다."

안 한다고 말하라. 거부한다는 것을 떳떳하게 인정하라. 될 수 있으면 예의는 갖추되 떳떳이 말하라. 왜냐면 그건 당신 인생이니까. 그리고 결정할 권한은 자신에게 있으니까. 그 권한을 단단히 움켜쥠으로써 우리는 강력한 사람이 된다. 세상에서 가장 큰 권력을 쥐고도 자기 야망과 욕구의 노예가 되어버린 어떤 사람, 어마어마한 제국을 지배하면서도 회유와 간청의 노예가 된 정복자, 돈 벌 기회를 놓칠까 봐 전전긍긍하는 억만장자, 언제나 반짝거리는 새로운 것을 좇는 지도자보다 실제로 더 강력한 사람이 된다. 비범한 일을 이루었지만 매일같이 자유가 더 줄어드는 벌을 받는다면 그것이 다 무슨 소용인가?

자신이 선택한 것이니 자유로운 선택이었다고 생각할지 모르지만, 항상 '네'라는 답을 선택한다면 그것은 딱히 선택이라 볼 수도 없다.

매티스 장군이 미국의 국방부 장관으로 있던 시기의 한 일화가 그토록 범상치 않아 보이는 것도 아마 이 때문일 것이다. 사적인 시간을 좋아하고 임무에만 철저한 것으로 악명 높은 매티스는 워싱턴의 정치인들이 여물통 앞의 돼지처럼 줄지어 기다리는 일요일 아침 토크쇼에 출연하는 일에 관심이 없었다. 그는 자기 이름값을 높이는 일에 신경 쓰지 않았고, 정치 쇼를 하는 데도 관심이 없었다. 아니, 매티스는 그저 자기 일을 하고 싶었고, 실제로 일을 잘 처리해내고 싶었을 뿐이다.

메시지를 전하는 일에 협조하지 않는다며 매티스를 비판하던 정부 관료들이 그에게 애원하고 부추기고 짜증을 부리자, 마침내 매티스는 공보관에게 전화를 걸어 아주 차분하게 "안 하겠다"라는 의사를 다시 한번 명확히 했다.

매티스는 이렇게 설명했다. "나는 사람 죽이는 일을 생업으로 해왔소. 한 번만 더 전화하면 당신을 그 젠장맞을 아프가니스탄으로 보내버릴 거요. 알아들었소?" 그렇게 그 일은 단박에 마무리됐다.

명백한 남의 일에 대해 '아니오'라고 말하지 않는다면, 그 누구도 자기 운명에 '네'라고 말할 수 없다. 가장 중요한 일을 가장 중요하게 대하는 절제력 없이는 아무도 가장 중요한 일을 성취할 수 없다.

04

새벽은 오직 당신만의 시간이다

미국 흑인 최초로 노벨문학상을 수상한 작가 토니 모리슨은 글을 쓰고자 언제나 이른 새벽 시간에 잠자리에서 일어났다. 그리고 어둠 속에서 조용히 움직이며 그날의 첫 커피를 끓였다. 정신이 점점 맑아지고 태양이 떠오르고 아침 햇빛이 방 안을 채워가는 동안 작은 아파트의 책상에 앉아 글을 썼다. 모리슨은 수년간 이 일을 계속했다. 작가뿐 아니라 목표를 추구하며 바삐 살아가는 수많은 사람이 항상 활용해온, 종교와 상관없는 신성한 의식을 실천한 것이다.

나중에 모리슨은 이렇게 회고했다. "작가는 누구나 작품 속으로 빠져들 수 있을 것 같은 장소, 또는 자신이 하나의 통로가 되는 신비로운 과정에 참여할 수 있는 곳으로 다가갈 방법을 찾아낸다. 나에게 그곳으로 이동한다는 것을 알려주는 신호는 빛이다. 빛 한가운데에 있는 것이 아니라 빛이 도착하기 전에 거기에 있는 것이다. 어떤 의미에서는 그것이 내게 창작의 능력을 부여한다."

물론 그것은 정신적인 일인 만큼 실용적인 일이기도 했다. 경력 초기 모리슨은 어린 두 아들을 혼자서 키우며 일하는 엄마기도 했으니까. 랜덤하우스 출판사에서 편집자로 일하는 시간이 낮을 다 잡아먹고 나머지 모든 순간은 아이들이 차지하다 보니, 늦은 저녁이 되면 모리슨은 피곤해서 아무 생각도 할 수 없을 정도로 기력이 고갈된 상태가 되었다. 어둠이 물러가고 새벽이 밝아오는 사이의 그 소중한 아침 시간, 아이들이 '엄마'하고 부르기 전, 출근하기 전, 책상에 쌓여 있는 원고 더미가 그의 손길을 요구하기 전, 전화 통화를 하기 전, 청구서들이 손짓하기 전, 설거지할 그릇이 쌓이기 전, 바로 그때가 모리슨이 글 쓰는 사람이 될 수 있는 시간이었다.

이른 새벽 시간에 모리슨은 자유로웠다. 일찍 일어난 모리슨은 자신감 있고 머리가 맑고 기운이 넘쳤다. 이른 새벽에는 삶에서 해결해야 할 의무와 문제들이 현실이 아닌 목록으로만 존재했다. 그 시간에 중요한 것, 존재하는 것은 오직 이야기와 영감과 예술뿐이었다.

1965년 서른네 살의 나이에 이혼한 후 모리슨은 그렇게 첫 장편소설을 쓰기 시작했고, 말도 안 될 만큼 압도적으로 백인 남성이 주도하는 업계에서 극소수의 흑인 여성으로 살아남기 위해 고군분투했다. 하지만 모리슨의 마음속에서는 그 시절이 "삶의 정점"이었다. 더는 응석을 부릴 수 없는 나이가 된 모리슨에게 모든 문제는 상당히 단순했다. 아이들에게는 어른인 모리슨이 있어야 했다. 아직 끝내지 못한 소설 역시 어른인 모리슨이 끝맺어야 했다.

모리슨은 일어났다. 일어나서 자신이 있어야 할 바로 그 자리로 나아갔다. 거기에 온전히 존재했으며 자신의 모든 것을 쏟아부었다. 1970년 『가장 푸른 눈』이 출간되어 극찬받고 나서도 그는 멈추지 않았다. 모리슨은 그 뒤를 이어서 열 편이 넘는 장편소설과 아홉 편의 비소설, 다섯 권의 어린이책, 두 편의 희곡과 여러 단편소설을 발표했다. 그렇게 전미도서상과 노벨문학상, 대통령자유훈장을 받았다. 하지만 그 모든 갈채 중에서도 모리슨이 가장 자랑스러워하는 일은 좋은 엄마로서, 훌륭히 일하는 엄마 역할을 해내는 동시에 그 모든 것을 이뤄냈다는 점이었다.

일찍 일어나는 것이 딱히 즐거운 일은 아니다. 평생을 일찍 일어나고 그 시간에 많은 것을 이룬 사람들조차 일찍 일어나는 일을 항상 힘들어한다. 당신은 아침형 인간이 아니라고 생각하는가? 사실 아침형 인간인 사람은 아무도 없다. 하지만 일찍 일어나는 것은 무조건 이로운 건 아니라도 거의 모든 면에서 이롭다. 최소한 아침에 우리는 더 자유롭기 때문이다.

미국의 소설가 헤밍웨이는 "방해할 사람이 아무도 없고, 시원하거나 추운 상태로 일을 시작하면 글을 쓰는 동안 따뜻해지기" 때문에 일찍 일어난다고 말했다. 모리슨은 하루가 그날의 해야 할 일 목록을 내밀기 전에, 아직 정신이 개운한 아침에 자신이 더 자신감에 차 있다는 것을 알게 되었다. 우리가 대부분 그렇듯 모리슨도 자기가 "해가 진 뒤에는 그리 명석하지도 재치 있지도 창의적이지도 않다"는 것을 깨달았다. 누가 그럴 수 있겠는가? 진부한 대화와 좌절, 실수, 탈진으로 지친 하루를 보낸 뒤에 말이다.

아침에 일찍 일어나는 것이 모두 활발한 두뇌 활동 때문만은 아니다. 기업의 경영자들이 아침 일찍 헬스장에 가는 데는 이유가 있다. 그 시간에는 아직 의지력이 있기 때문이다. 사람들이 아침에 책을 읽고 생각하는 데도 이유가 있다. 나중에는 그럴 시간이 없을 수도 있음을 알기 때문이다. 코치들이 훈련장에 다른 누구보다 일찍 도착하는 데도 이유가 있다. 그렇게 해야 남들보다 먼저 시작할 수 있기 때문이다.

일어나서 행동하자. 아직 몸과 마음이 개운할 때, 할 수 있을 때 말이다. 그날의 빛이 밝아오기 전에, 차가 도로를 가득 채우기 전에 우리의 시간을 붙잡자. 아무도 우리를 쳐다보지 않는 시간에, 다른 사람들은 모두 아직 자는 시간에 새로운 기회가 있다.

마르쿠스 아우렐리우스가 자신에 대한 진지한 성찰을 기록한 『명상록』을 보면 세상에서 가장 큰 권력을 지녔던 그조차도 새벽에 본능적이고 필사적으로 이불 속에 머물기 원하는 자신을 일으키기 위해 끊임없이 자신을 설득했음을 알 수 있다. 아우렐리우스는 일어나기 싫어하는 자신에게 이렇게 묻는다. "내가 이런 것을 위해 창조된 것인가? 담요 밑에서 몸을 웅크리고 따뜻함 속에 머무르기 위해서?"

물론 이불 속에 머무는 것이 더 기분이 좋다. 하지만 그것이 우리가 태어난 이유일까? 좋은 기분을 느끼는 것이? 그것이 우리가 삶이라는 선물을, 절대 다시는 갖지 못할 지금 이 순간이라는 선물을 사용하는 방식인가? "식물이, 새가, 개미가, 거미와 벌이 각자 온 힘을 다해 자기 할 일을 처리하고 세상에 질서를 부여하는 것이 보이지 않는가?" 아우렐리우스는 자신에게 말했지만 이는 또한 우리에게 하는 말이기도 하다. "인간으로서 자기 일을 기꺼이 하지 않으려는 것인가? 왜 자기 본성이 요구하는 일을 하러 달려가지 않는가?"

수천 년이 지난 뒤 우리는 여전히 자명종이 울리면 몇 분 뒤에 다시 울리도록 알림을 설정한다. 하루 중에서 가장 생산적인 시간을 허비하면서 자신을 방해하는 일이 생기기 전, 정신을 산란하게 하는 일이 벌어지기 전, 나머지 세상 사람이 모두 일어나 활동하기 전의 이 순간을 밀어내는 쪽을 택한다. 우리의 잠재력이 피우는 꽃들이 아직 가장 생생할 때, 아침 이슬을 머금어 빛나고 있을 때 그 꽃을 모을 기회를 흘려버린다.

"그리스도가 무덤에서 이른 시간에 부활함으로써 아침 일찍 일어나도록 권한 거라고 생각한다." 1720년대에 조너선 에드워즈라는 미국의 신학자가 한 말이다. 그래서 조용한 아침이 그토록 신성한 느낌이 드는 것일까? 그것은 어쩌면 일찍 일어나 기도하고, 밭을 갈고, 강이나 우물에서 물을 길어오고, 태양이 너무 뜨거워지기 전에 사막을 건너는 우리 조상들의 전통을 이어가고 있기 때문인지도 모른다.

일어나기가 힘들거나 어렵다고 느껴질 때, 자신이 누구의 후손이며 어떤 전통을 이어받았는지, 자신에게 무슨 일의 성패가 달려 있는지를 떠올리자. 토니 모리슨이 절망을 느낄 때마다 더 많은 자식을 기르고 더 힘든 삶을 살았던 자기 할머니를 생각했듯이, 우리도 일어나기 싫을 때마다 일찍 일어나 책상에 앉았던 모리슨을 떠올리자.

우리는 모두 행운아다. 우리 모두에게 언젠가 깨어날 수 없는 날이 올 것이다. 그런 우리에게 또 하루가 시작되었고 사랑하는 일을 할 수 있음에 기뻐하자. 시간은 소중하다. 우리에게는 그런 소중한 하루를 잘 활용할 의무가 있다.

05

강철을 단련하듯 몸을 단련하라

열과 편두통에 시달리면서도 경기에 나갔다. 지독한 요통으로 움직이기 힘들 때도, 근육이 심하게 뭉치고 발목을 접질렸을 때도 뛰었다. 시속 230킬로미터의 강속구에 머리를 맞았는데, 그다음 날에도 경기복을 차려입었다. 부은 머리가 자기 모자에 들어가지 않자 같은 팀 선수의 모자를 빌려 쓰면서 말이다.

미국의 전설적인 프로 야구선수 루 게릭의 이야기다. 그는 뉴욕 양키스의 일루수로서 2130회의 경기에 연속으로 출장했는데, 엄청난 체력을 증명하는 이 기록은 이후 55년 동안 깨지지 않았다. 인간의 인내력이 이룬 이 굉장한 성취는 오랫동안 불멸의 기록으로 남아 있었던 탓에, 실제로 그것이 얼마나 대단한 일인지를 실감하기 어려울 것이다.

그 시절 메이저리그 야구의 정규 시즌은 152회의 경기로 구성되었는데 게릭이 소속된 양키스는 거의 매년 포스트시즌에 진출했고, 월드시리즈에도 무려 일곱 번이나 진출했다. 17년 동안 게릭은 4월부터 10월까지 한 번도 쉬지 않고 최고의 기량으로 경기를 치렀다. 비시즌에는 선수들이 지방을 돌아다니며 시범 경기를 했고 때론 시범 경기를 하고자 멀게는 일본까지 가기도 했다. 양키스와 함께한 세월 동안 게릭은 하루에 같은 팀과 두 경기를 치른 일이 350번 정도 있었고, 기차와 버스로 전국을 누빈 거리가 최소 32만 킬로미터에 달했다. 그런데도 게릭은 한 경기도 빠진 적이 없었다.

사람들은 게릭을 철마(The Iron Horse)라고 불렀다. 게릭이 다치거나 아팠던 적이 없어서가 아니라 멈추기를 거부하고, 다른 사람이라면 핑계로 삼았을 통증과 육체적 한계를 뚫고서 달려 나가는 사람이었기 때문이다. 언젠가 엑스선으로 게릭의 손을 촬영한 의사들은 최소한 열일곱 군데는 뼈가 부러졌다가 회복되었다는 것을 발견하고 아연실색했다. 선수로 뛰는 동안 게릭은 거의 모든 손가락에 골절상을 입었지만, 그 때문에 속도를 떨어뜨린 적도 없었고 그 일을 다른 누군가에게 말한 적도 없었기 때문이다.

또 다른 측면에서 보면 게릭의 놀라운 연속 출장 기록이 너무 잘 알려진 바람에, 그동안 그가 축적한 다른 기록들은 억울하게 묻힌 경향이 있다. 아무리 잘한다는 선수들도 한 시즌 내내 3할(0.300) 이상을 유지하기 어려운데, 게릭은 선수로 활동한 전 기간의 평균 타율이 3할 4푼(0.340)이었고, 포스트시즌의 기록만 계산하면 3할 6푼 1리(0.361)로 그마저 뛰어넘었다. 두 차례의 월드시리즈에서는 5할(0.500) 이상의 타율을 기록했다.

게릭은 495개의 홈런을 쳤고 그중 스물세 개는 만루홈런이었다. 그의 이 기록은 70년이 넘도록 유지되었다. 1934년에는 타율, 홈런, 타점에서 리그 선두를 달려 MLB(Major League Baseball) 3관왕을 달성했다. 또한 타점도 1995타점으로 역대 6위를 기록했으니, 말 그대로 게릭은 야구 역사상 손꼽을 만한 위대한 선수였다. 게릭은 최우수선수로 두 번, 올스타로 일곱 번, 월드시리즈 챔피언으로 여섯 번 선정되었다. 그리고 명예의 전당 헌액자이자 자기 등번호가 영구 결번된 최초의 선수다.

게릭은 어릴 때부터 헤라클레스 같은 인내력을 보였다. 1903년 뉴욕에서 독일 이민자의 자식으로 태어난 게릭은 네 아이 중 유아기를 넘기고 살아남은 유일한 아이였다. 게릭은 태어날 당시에도 무려 6.3킬로그램이 넘은 데다가 어머니가 해준 독일식 요리가 그를 계속 통통하게 살찌도록 했던 모양이다. 어린 소년 루는 학교 아이들의 놀림을 받다가 처음으로 굳게 마음을 먹고, 아버지가 속한 독일식 체조 협회인 투른페어아인에 들어갔다. 거기서 나중에 빠르게 달릴 수 있게 해준 강한 하체의 힘을 길렀다. 게릭은 어린 시절 한 친구가 그의 몸이 종종 "술취한 것처럼 움직인다"라고 말했을 정도로 신체의 협응능력이 떨어졌다. 게릭은 타고난 운동선수가 아니었지만 체육관에서 갈고 닦아 자기 자신을 스스로 운동선수로 키워냈다.

가난한 이민자로서 사는 삶은 평탄하지 않았다. 게릭의 아버지는 술꾼인 데다 게으름뱅이기도 했다. 게릭의 아버지가 매사에 변명을 늘어놓고 툭하면 병가를 내는 사람이었다는 이야기는 우리에게 무척 의외라는 느낌을 준다. 게릭은 아버지의 이런 면을 부끄럽게 여겼고, 그 영향을 받아 신뢰성과 강인함을 확고하게 자기 자산으로 삼겠다고 마음먹었다. 게릭이 학교에 하루도 결석하지 않았다는 사실도 하나의 전조로 보인다. 다행스럽게도 게릭의 어머니는 아들을 예뻐하기만 한 것이 아니라 게릭이 조용하면서도 끈기 있는 근면성을 기를 수 있도록 훌륭한 모범이 되어주었다. 어머니는 아들에게 더 나은 삶으로 가는 티켓을 마련해주겠다는 희망을 품고 요리사로, 세탁부로, 제빵사로, 청소부로 일했다.

그래도 가난은 항상 게릭의 곁을 떠나지 않았다. 한 급우는 이렇게 회상했다. "루와 함께 학교를 다닌 친구라면 추운 겨울날 카키색 셔츠와 카키색 바지에 무거운 갈색 신발만 신고 외투도 모자도 없이 학교에 오던 루를 잊지 못한다." 루는 가난한 아이였고 아무도 그런 운명은 원하지 않겠지만, 그래도 운명이 그를 만든 것만은 분명했다.

고대 그리스의 스토아 철학자인 클레안테스에 관한 이야

기가 하나 전해진다. 어느 추운 날 클레안테스가 아테네를 걷고 있을 때 돌풍이 몰려와 그의 얇은 외투가 활짝 벌어졌다. 그 장면을 보던 사람들은 몹시 추운 날인데도 클레안테스가 안에 아무것도 껴입지 않은 것을 보고 깜짝 놀랐다. 그러다 순전히 그 인내심에 감탄하는 박수가 서서히 터져 나왔다. 게릭도 마찬가지였다. 양키스에서 받은 돈으로 미국에서 무척 높은 수입을 올리는 운동선수가 되었을 때도 게릭이 뉴욕의 겨울날 모자를 쓰거나 심지어 조끼를 입은 모습도 거의 볼 수 없었다. 나중에 어느 친절하고 다정한 여인과 결혼하고 나서야 자신을 위해 코트를 입어달라는 아내의 설득을 받아들였다.

게릭은 누구보다 더 열심히 일했다. 한 팀 동료는 "건강은 게릭에게 거의 종교였다"라고 말했고, 게릭은 "나는 야구의 노예다"라고 말했다. 게릭은 기꺼이 노예가 된 사람으로 야구를 사랑하고 그저 경기할 기회가 주어졌다는 것에 영원히 감사하는 노예였다. 게릭은 야구라는 스포츠로 자신의 더 높은 차원의 이상을 추구했다. 야구는 육체를 통제해야 하는 일인 동시에 육체를 보살펴야 하는 직업이기도 했다. 육체가 성공을 막는 장해물이자 성공을 이루는 도구기 때문이다. 게릭은 육체를 통제하고 또한 육체를 보살폈다.

이런 식의 헌신에는 보상이 뒤따른다. 게릭은 타석에 오르면 신성한 무언가와 교감하는 것 같았다. 오늘날의 그 어떤 선수도 그것을 입고는 경기할 수 없을 만큼 무거운 모직 운동복을 입고서 고요히 타석에 섰다. 몸을 흔들며 두 발 사이에서 체중을 이쪽저쪽으로 옮기며 타격 자세를 잡았다. 날아오는 공을 향해 야구방망이를 휘두를 때, 방망이에 맞은 공을 멀리 더 멀리 경기장 밖으로 내보내는 일을 해내는 것은 게릭의 다리였다.

어떤 타자들에게는 방망이에 공이 맞으면 특히 잘 날아가는 자리가 있다. 게릭은 방망이의 어디에 공이 맞든 누가 던진 공이든 다 칠 수 있었다. 그리고 일단 공을 쳤다면? 그때는 달리는 거다. 한때 다리가 굽어 '피아노 다리'라는 놀림을 받았던 그가 십여 차례나 홈스틸에 성공했다는 것은 아주 놀라운 일이다. 게릭은 힘으로만 밀어붙이는 사람은 아니었다. 속도도 빠르고, 몸을 아끼지 않고 과감하게 분투하며, 정교한 기교를 선보였다.

재능과 개성이 뛰어나고 더 우수한 선수들도 있었다. 하지만 게릭보다 더 많이 훈련하거나 더 컨디션 조절에 신경 쓰거나 더 야구 경기를 사랑한 사람은 아무도 없었다.

자기 일을 사랑하면 그 일을 할 때 편법을 쓰지 않는다. 그 일을 추진하는 과정에서 가장 사소한 측면까지도 존중한다. 게릭은 한 번도 야구방망이를 아무렇게나 던져둔 적이 없고, 타격하자마자 방망이를 뒤로 내던져 버리고 출루한 적도 없다. 게릭이 구단 운영진과 드물게 갈등을 겪었던 사건을 하나 이야기하자면 동네 아이들과 골목에서, 때로는 양키스 경기가 끝난 뒤에도 야구와 비슷한 길거리 운동인 스틱볼 경기를 하며 놀았다는 것이 그들에게 알려졌을 때였다. 게릭은 경기하는 기회를 놓치고 싶지 않았던 것이다.

그런 게릭에게도 경기를 뛰고 싶지 않은 날이 분명 많았을 것이다. 그만두고 싶던 때도, 회의감에 시달린 날도 있었을 것이다. 도저히 움직이지 못할 것 같은 날도, 스스로 세운 높은 기준에 도달하지 못해 지치고 답답한 날도 있었을 것이다. 게릭은 초인적인 존재가 아니었다. 게릭의 머릿속에도 우리 모두의 머릿속에서 들리는 것과 똑같은 목소리가 들렸을 것이다. 다만 게릭은 그냥 그 부정적인 소리에 귀 기울이지 않을 수 있는 강한 힘을 길렀고, 그것이 습관이 되게 했다. 한번 타협하기 시작하면 그 타협으로 최적의 상태를 잃는 것은 자신이기 때문이다.

"나는 경기할 의지가 있다. 야구는 힘들고 어마어마한 압박감에 시달리기도 하는 일이다. 물론 즐거운 일이기도 하지만 힘난한 일이다"라고 게릭은 말했다. 누구나 자기한테 경기에 나설 의지가 있다고 생각할지 모르지만, 그것은 사실이 아니다. 우리 중 누군가는 타고난 재능으로 그럭저럭해내면서 그저 시험을 치를 일이 없기만을 바란다. 또 어떤 이들은 어느 정도까지는 몰두하다가도 너무 힘들어지면 그만두려 한다. 당시에도 그랬고, 지금도 그렇다. 심지어 엘리트 수준의 선수도 마찬가지다. 게릭이 활동하던 시기의 한 감독은 그것을 "알리바이의 시대"라는 말로 표현했다. 누구나 변명이 준비되어 있었다는 말이다. 최선을 다하지 못한 데도, 버티지 않은 데도, 제대로 준비되지 않은 상태로 훈련장에 나타난 데도 언제나 핑계는 있었다.

미국의 야구선수 조 디마지오는 신인 선수 시절 게릭에게 상대 팀 투수로 누가 나올 것으로 예상하는지 물었다. 아마도 '치기 쉬운 공을 던져줄 선수'라는 말을 기대했을 것이다. 게릭은 "그런 걱정은 절대 하지 말게, 조. 그들이 언제나 양키스를 위해선 최고의 선수를 아껴둔단 것만 기억하면 돼." 그 말은 곧 양키스의 모든 선수도 전력을 다해 싸우기를 기대한다는 뜻이기도 했다. 원래 그래야 하는 법이다. 많은 것을 누리는 사람은 기대도 많이 받는다. 챔피언의 의무는 챔피언처럼 행동하는 것, 증명해야 할 뭔가가 있는 사람처럼 열심히 일하는 것이다.

게릭은 술을 마시지 않았다. 여자들을 따라다니지도, 자극을 쫓지도, 빠른 차를 몰지도 않았다. 자기는 "쾌락을 좇는 사람"이 아니라는 말을 자주 했다. 그러면서도 "나는 설교가도 아니고 성자도 아니다"라고 분명히 말했다. 게릭의 전기를 쓴 작가로 그보다 겨우 몇 년 앞서 뉴욕시에서 성장한 폴 갤리코는 이렇게 썼다. "게릭의 깨끗한 생활은 잘난 척, 고상한 척하려 한 결과가 아니라 개인적으로 신성하기를 바라는 마음에서 나온 결과다. 게릭은 자기 야망을 고집스럽게 밀어붙였다. 그에게는 원하는 바가 있었다. 그리고 그것을 얻는 가장 분별 있고 효율적인 경로를 선택했을 뿐이다."

사람이 자기 몸을 보살펴야 하는 이유는 몸을 학대하는 것이 죄라서가 아니다. 신전을 더럽히는 것이 신을 모욕하는 일이

듯, 우리 자신을 모시는 신전인 몸을 학대하는 것은 우리 인생에서 성공할 기회를 모욕하는 것이기 때문이다. 게릭은 절제하는 삶이 몇 가지 즐거움을 놓치게 한다는 것을 순순히 인정했다. 동시에 빠른 삶 또는 쉬운 삶을 사는 사람들도 무언가를 놓치고 있다는 것도 알았다. 그런 사람은 자기 잠재력을 온전히 실현하지 못한다는 것을 말이다. 절제는 박탈하는 것만을 의미하지 않는다. 절제는 보상도 안겨준다.

게릭은 어쩌면 다른 방향으로 갈 수도 있었을 것이다. 마이너리그에서 뛰던 경력 초기에 슬럼프에 빠진 게릭은 어느 날 밤에 팀 동료들과 외출했다가 술에 만취했고, 그다음 날 아직 술이 다 안 깬 상태로 타석에 섰다. 그런데 어째서인지 그날 경기를 간신히 치러낸 수준이 아니라 지난 몇 달간의 그 어느 날보다 좋은 경기를 해냈다. 게릭은 경기 중간에 술을 몇 모금 홀짝거리는 것이 초조한 감정과 불필요한 생각을 기적적으로 없애준다는 것을 깨달았다.

노련한 코치가 이를 알아차리고 게릭을 불러 앉혔다. 그 코치는 전에도 이런 선수들을 본 적이 있었던 터였다. 코치는 그런 지름길이 단기적으로 문제를 해결해 준다는 것을 알았다. 하지만 코치는 게릭에게 계속 그 방법을 이용한다면 장기적으로 어떤 대가를 치러야 할 것인지도 설명했다. 더 지속해서 활용할 수 있는 대처기제를 마련하지 못한다면 앞으로 게릭이 어떤 미래를 맞이하게 될지를 명확히 말해준 것이다. 그리고 그 자리에서 게릭은 술을 끊었다. "술을 마시는 것이 죄라거나 나쁜 일이라는 꼬장꼬장한 생각 때문이 아니라 그에게는 위대하고 성공적인 야구선수가 되겠다는 강력하고 멈출 수 없는 야망이 있었기 때문에 술을 끊었다. 그 야망을 방해하는 모든 것은 게릭에게 독이었다."

　루 게릭에게는 자신이 야구선수라는 것, 양키스의 일원이라는 것, 1세대 미국인이라는 것, 아이들이 우러러보는 사람이라는 것이 의미 있는 일이었다. 게릭은 선수 생활 초반 열 번의 시즌 동안 계속 부모님과 함께 살았고, 경기장까지 자주 지하철을 타고 다녔다. 나중에 경제적으로 풍족한 수준을 넘어서자 뉴로셸에 작은 집 한 채를 마련했다. 게릭에게 돈은 기껏해야 일종의 도구일 뿐이었다. 그는 돈의 유혹을 경계했다. 양키스가 승승장구하자 구단은 스파르타식의 딱딱한 벤치 대신 패딩 깔개가 있는 벤치를 들여서 더 편하게 고친 선수 대기석과 더그아웃을 선수들에게 제공했다. 감독은 게릭이 벤치 하나에서 폭신한 깔개를 뜯어내는 모습을 보았다. 전성기를 구가하는 운동선수 게릭은 호화로운 삶을 이렇게 평가했다. "쿠션 위에 앉는 거 정말 지겨워요. 차 안에도 쿠션이 있고, 집안 의자들에도 쿠션이 있고, 어딜 가든 쿠션이 마련돼 있거든요." 게릭은 편안해지는 것이 해로운 적임을 알았다. 성공에는 편안해지라는 제안이 끊임없이 따른다는 것도 알았다. 가진 것이 없을 때는 절제하기가 쉽다. 그러면 모든 것을 가졌을 때는 어떨까? 재능이 너무 뛰어나 최선을 다하지 않더라도 무난히 넘어갈 수 있을 때는?

루 게릭의 특별한 점은 그가 절제를 선택했다는 것이다. 위에서 누가 또는 팀이 절제를 강요한 것이 아니었다. 게릭의 자제는 내면의 힘, 그의 영혼 깊은 곳에서 발산되는 힘이었다. 치러야 할 갖은 희생에도 불구하고, 다른 이들이 그런 고행을 마다하고도 아무 문제 없이 지낸다는 사실에도 불구하고 게릭은 절제를 선택했다. 사람들이 대개는 그런 게릭의 절제를 알아보지 못하더라도, 그가 떠나고 오랜 시간이 흐르고 나서야 그 절제를 알아보더라도 말이다.

'홈런왕' 베이브 루스는 1932년 10월 1일 시카고 컵스와의 월드 시리즈 경기 중 팔을 들어 한 지점을 가리켰고, 이어서 정확히 그곳으로 가는 '예고 홈런'을 쳤다. 그 후 타석에 들어선 루 게릭도 홈런을 쳤다는 사실을 아는가? 루스와 게릭이 보유한 리그 배팅 타이틀 수가 똑같다는 사실은 루 게릭은 108킬로그램까지 몸무게가 불어난 베이브 루스와는 달리 자기 몸을 절제로써 관리했을 뿐 아니라 자기 자아에도 절제를 적용했음을 보여준다. 한 기자는 게릭이 "무례한 구석이 하나도 없이 반듯한 사람, 자존심과 허영과 자만은 작은 흔적조차 찾아볼 수 없는 사람"이라고 썼다. 언제나 팀이 먼저였다. 심지어 자기 건강보다도 팀을 먼저 생각했다. 뉴스 머리기사는 원하는 누구에게나 양보했다.

게릭이 다르게 행동할 수도 있었을까? 물론 그렇다. 하지만 다시 생각해보면 그럴 수 없었을 것 같기도 하다. 그 자신이 다르게 행동하는 것은 절대 용납하지 못했을 테니까.

언젠가 게릭의 트레이너는 "모든 야구선수가 게릭 같다면 야구팀에서 트레이너의 일자리는 사라질 것"이라고 농담처럼 말했다. 비시즌에 게릭은 거의 종교에 임하듯 진지하게 자기 자신을 준비하고, 훈련도 스스로 알아서 하며, 안마받거나 재활해야 하는 일은 거의 없었다. 게릭이 운영진에게 유일하게 부탁한 일은 경기 전 자기 사물함에 껌 한 통을 넣어두라는 것, 같은 날 두 경기가 있는 날에는 두 통을 넣어달라는 것이었다. 게릭을 지켜본 한 사람은 그가 자기 명성은 가볍게 생각하지만 명성이 부여한 책임은 진지하게 받아들였다고 말했다.

스포츠는 단순히 근육과 재능만 있으면 되는 것이 아니다. 게릭처럼 고약한 성질 한 번 부리지 않고 그렇게 많은 경기를 연속으로 치른 선수는 아무도 없다. 한 번은 수비를 하던 중 삼루수가 공을 잘못 던지는 바람에 게릭은 땅바닥에 손을 부딪치며 공을 잡아내야 했고, 그때 엄지손가락이 바닥에 걸려 젖혀졌다. 삼루수는 더그아웃에 들어가면 한바탕 욕을 먹겠다고 각오했다. "골절된 거 같아." 게릭이 한 말은 그것이 다였다. "루한테서는 싫은 소리 한마디 들은 적이 없다. 내 멍청한 송구에 대해서도, 그 때문에 자기 엄지손가락에 부상을 당한 일에 대해서도 불평 한마디 없었다." 삼루수는 경이롭다는 듯 말했다. 그리고 물론 게릭은 그다음 날에도 경기에 나갔다.

"연속 출장 기록은 이제 끝난 것 같다." 1934년 6월, 게릭을 공으로 맞춰 기절하게 한 투수가 농담이랍시고 한 말이다. 오싹한 5분이 흐르는 동안 게릭은 그 자리에 쓰러진 채 꼼짝하지 않았다. 세상 사람들에게 게릭은 죽은 것이나 다름없었다. 야구 헬멧을 도입하기 전인 그 시절에는 공에 맞아 죽는 일이 실제로 일어날 수도 있었다. 사람들은 게릭을 황급히 병원으로 데려갔다. 게릭의 머리를 엑스선으로 촬영한 결과 머리뼈가 부러진 것은 아니라고 나왔지만, 대부분 그가 적어도 2주는 경기에 나오지 못할 것으로 예상했다. 하지만 이번에도 게릭은 그다음 날 타석에 섰다.

사람들은 게릭이 조금은 주저하리라고, 다음 공이 자기를 향해 날아올 때 조금은 움찔하리라고 예상했을 것이다. 그것이 바로 투수들이 때때로 타자의 머리를 겨냥해 공을 던지는 이유니까. 위협구는 1밀리미터가 큰 차이를 낼 수 있는 경기에서 타자가 몸을 사리도록, 자기 보호 본능으로 타자가 한 발 물러서도록 할 수 있다. 하지만 게릭은 더 적극적으로 경기에 임해 삼루타를 날렸다. 몇 회 뒤에도 또 한 번의 안타를 쳤다. 그리고 우천으로 경기가 중단되기 전에 세 번째 안타를 쳤다. 이 모든 것을 거의 목숨을 앗아갈 수도 있었던 뇌진탕에서 회복하는 동안 해낸 것이다. "그 정도 일로 우리 네덜란드인을 막을 수는 없다"라는 것이 경기 후 게릭이 남긴 유일한 말이었다.

이렇게까지 자신을 몰아가는 이유는 무엇이었을까? 몸에

게 누가 주인인지를 상기시키려는 시도였다. "그저 바른 방식으로 나 자신을 증명하고 싶었을 뿐이다. 내가 머리 한 번 세게 얻어맞았다고 타석에서 공을 두려워하는 사람이 되진 않는다는 걸 확실히 해두고 싶었다."

게릭이 스스로 신성한 존재가 되려고 하지는 않았을지 몰라도, 어쨌든 그는 결국 그런 존재가 되었다. "지구 위를 걸은 사람 중 게릭보다 더 훌륭한 사람은 없다. 게릭은 술을 마시지 않고, 담배를 피우지도 않았다. 그리고 매일 밤 9시 30분이나 10시면 잠자리에 들었다"라고 한 팀 동료가 말했다. 누구나 들일 수 있는 습관인데도 그 습관은 게릭에게 엄청난 존경을 안겨주었다. 왜일까? "사람이 자기 삶과 육체적 욕구와 본능적 자아를 통제할 수 있을 때, 그는 더 높은 상태로 고양된다." 후에 미국의 권투선수 무하마드 알리가 한 말이다.

게릭이 양키스와 함께한 첫 경기, 그의 연속 출장 기록이 시작된 날에 관한 오래된 이야기가 전해진다. 게릭은 그날도 공에 맞았던 모양이다. "우리가 자넬 경기장 밖으로 데리고 나가는 게 좋겠나?" 감독이 물었다. "말도 안 돼요!" 게릭은 소리를 질렀다. "내가 이 경기에 나오기까지 3년이 걸렸어요. 머리에 금이 간 정도로는 날 경기장에서 데리고 나가지 못할 겁니다."

17년 뒤 그가 앓으면서 '루게릭병'으로 더 많이 알려진 근위축측삭경화증으로 인해 그는 경기장을 떠났고, 이 병은 투수들이 그를 견제하기 위해 던졌던 수없이 많은 위협구보다 훨씬 더 심각한 것이었다. 오랫동안 자기를 통제하는 일에 익숙해진 사람으로서 자기 몸이 예전처럼 반응하지 않는 일은 게릭에게 엄청난 당혹감을 안겼을 것이다. 천천히 그러나 눈에 띄게 방망이를 휘두르는 속도가 느려졌다. 야구 장갑에 손을 밀어 넣는 것조차 쉽지 않았다. 바지를 입다가 넘어지고, 걸을 때는 발을 끌었다. 하지만 뭔가 잘못되었음을 눈치챈 사람이 거의 없을 정도로 게릭은 오직 엄청난 의지력만으로 자기를 다잡았다. 한동안은 심지어 자기 자신마저 속일 수 있었다.

1938년 8월 게릭의 일정을 예로 살펴보자. 양키스는 35일 동안 36회의 경기를 치렀다. 그중 열 경기는 하루에 두 번씩 이어서 치렀고, 닷새 연속으로 매일 두 경기씩 치른 날도 있었다. 기차로 수천 킬로미터를 이동하며 다섯 개 도시를 옮겨 다녔다. 게릭은 아홉 개의 홈런과 38타점으로 3할 2푼 9리(0.329)의 타율을 기록했다.

30대 중반의 선수가 한 경기도, 한 회도 빠지지 않고 이런 결과를 내놓는다는 것은 그 자체로 대단한 일이다. 하지만 루 게릭은 근위축성측삭경화증 초기 단계가 자기 몸을 파괴하며 동작의 속도를 떨어뜨리고, 근육을 약하게 하며, 손과 발에 경련을 일으키는 와중에 그 일을 해냈다.

게릭의 몸이 더는 버티지 못하는 상황이 될 때까지 거의 한 번의 시즌이 더 걸렸다. 연속 출장 기록은 계속되었다. 기록은 이어졌고, 때때로 그답지 않은 실수를 하기도 했지만, 게릭은 끝까지 인내하며 공을 치고 달렸다. 하지만 자기 몸을 잘 아는 사람은 몸의 한계를 넘고, 넘고, 또 넘도록 밀어붙이고 있다고 해도 멈춰야 할 때가 언제인지도 안다.

1939년 5월의 어느 날 게릭은 양키스 감독에게 말했다. "조, 내가 더는 팀에 도움이 안 된다고 느낄 때 출전 선수 명단에서 빠지겠다고 항상 말했었죠. 그때가 온 것 같습니다." "언제 그만두고 싶은가, 루?" 매카시 감독이 대답했다. '그만둔다.' 그 끔찍한 단어는 게릭에게 불로 지지는 듯한 아픔을 줬다. 감독은 미래의 어느 날을 이야기하는 것으로 생각하며 아직 함께할 시간이 더 있기를 바랐다. 하지만 게릭의 몸은 이미 너무 나빠진 상태였다. "지금이요." 게릭은 확실히 말했다. "베이브 달그런을 대신 내보내세요."

무엇이 달라진 것일까? 몇 주간 들쭉날쭉한 경기를 하던 게릭은 땅볼을 잡아 확실히 상대를 아웃시켰다. 게릭이 선수로 뛰는 동안 수천 번이나 했던 플레이였다. 하지만 팀 동료들은 그것이 시리즈를 승리로 이끈 홈런이라도 되는 것처럼 크게 축하했다. 그 순간 게릭은 알았다. 자신이 동료들의 발목을 잡고 있다는 것을. 자기 자신까지 속이고 있었다는 것을.

영국의 정치가 처칠은 유서 깊은 사립학교 해로 스쿨의 어린 학생들에게 말했다. "절대로 굴복하지 말라. 절대 굴복하지 말라. 절대, 절대, 절대, 절대로. 큰 것이든 작은 것이든, 중대한 것이든 사소한 것이든 그 무엇에도. (…) 절대 강제력에 항복하지 말고, 압도적으로 보이는 적의 힘에도 항복하지 말라." 게릭은 평생토록 이런 식으로 저항했다. 가난은 게릭을 주저앉히지 못했다. 게릭이 당한 부상들도, 희박하기가 그지없는 프로스포츠에서 성공할 확률도 그를 막지 못했다. 게릭은 유혹을 뿌리쳤고, 자기만족에 안주하거나 피로에 굴복하는 것도 거절했다. 하지만 지금 게릭은 처칠도 "명예와 올바른 분별을 위한 것이라는 확신이 들 때 외에는 절대 굴복하지 말라"라고 말하며 예외로 둔 두 가지 상황에 봉착해 있었다. 길 끝에 선 지금 게릭이 할 수 있는 일은 그 길에 들어설 때부터 항상 지켜왔던 침착함과 자기 통제로 그 길에서 빠져나오는 것뿐이었다.

모든 사람이 흥분해 있던 광란의 1920년대에 시작되어 대공황 시기를 견디면서도 계속 이어지고 1938년 월드시리즈에서 정점을 맞이했던 연속 출장 기록은 그렇게 끝났다. 게릭의 자리를 이은 달그런으로서는 전혀 예상하지 못한 일이었다. 달그런은 아주 거대한 선임자의 빈자리를 채워야 할 터였다. "행운을 비네." 게릭이 할 수 있는 말은 그것이 다였다.

디트로이트에서 1만 2000명의 관중을 향해 확성기로 선발 출전 선수 명단을 읽던 아나운서도 너무 놀라 어리벙벙해졌다. 2130회의 경기에 출장한 이후 처음으로 게릭의 이름이 불리지 않았다. 아나운서는 자기도 모르게 이렇게 말했다. "연속으로 2130회의 경기를 뛰고 오늘은 벤치에 앉아 있기로 한 루 게릭을 위해 박수를 보냅시다." 관중은 그것이 무슨 말인지 잘 이해할 수 없었다. 그러다 점차 관중이 박수를 치기 시작했고, 그 박수는 길게 이어졌다. 게릭은 손을 흔들며 더그아웃으로 돌아갔다. 동료들은 철마 루 게릭이 무너져 우는 모습을 침묵 속에서 지켜보았다.

아직 기회가 있을 때 온 힘을 쏟아야 한다. 인생은 짧다. 삶이라는 경기가, 우리 몸이 언제 우리한테서 달아날지는 절대 알 수 없다. 삶은 고귀하다.

1939년 7월 4일, 게릭은 선수복을 입은 채로는 마지막으로 양키스타디움에 들어섰다. 오랫동안 게릭을 보필했던 근육이 쇠하고 남은 것은 오직 그 사람 자체, 그의 용기, 그의 극기뿐이었다. 하지만 또 다른 의미에서 그것은 오래도록 늘 해왔던 자기 몸과의 싸움, 피로에 맞서는 싸움, 자기 자신을 밀어붙이려는 싸움이었다. 게릭은 연설하지 않으려 했지만 관중은 소리맞춰 외쳤다. "우린 루를 원해! 루를 원해!" 게릭이 감정을 추스르려 애쓰며 내뱉게 될 말은 무하마드 알리가 말한 내용의 핵심을 증명하게 될 터였다. 자기의 본능적 자아를 통제할 수 있는 사람은 더 높은 상태로 고양된다는 그 말 말이다. 게릭은 평정을 유지하려 애쓰며 말했다. "지난 2주 동안 여러분은 나에게 닥친 불운에 관한 얘기를 들었을 겁니다. 하지만 오늘 나는 내가 이 지구상에서 가장 운 좋은 사람이라고 생각합니다."

하지만 그 운도 다하는 날이 찾아왔다. 누구에게나 그렇듯이. 1941년 《뉴욕 타임스》는 이렇게 썼다. "10시 10분, 왕년의

'철마'에게 죽음이 찾아왔다. 기록집에는 게릭이 타석에서 쌓은 업적이 곳곳에 박혀 있다." 하지만 게릭의 진정한 유산을 담아낸 것은 기록집이든 다른 어디든 그에 관해 쓴 글이 아니었다. 그의 삶 그 자체였다.

루 게릭의 장례식은 딱 8분 동안 진행되었다. 신부는 게릭의 친구들과 팀 동료들을 둘러보며 미사여구로 꾸민 송덕문은 필요하지 않다고 판단했다. "아무 말도 할 필요가 없습니다. 여러분 모두 게릭을 알고 있으니 말입니다." 어떤 찬사도 필요하지 않았다. 게릭이라는 모범이 스스로 말하고 있었으니까.

루 게릭과 마찬가지로 우리도 각자 자기 육체와 전투를 벌인다. 첫째로 육체를 지배하고 육체의 잠재력을 온전히 실현하려고 싸운다. 둘째로 나이가 들거나 병이 들면서 나타나는 육체의 쇠퇴를 저지하려고 애쓰며, 그럴 수만 있다면 수명을 억지로라도 연장하려고 분투한다. 우리가 꼭 알아야 할 것은 육체는 은유라는 것이다. 육체는 정신과 영혼을 훈련하고 증명하는 운동장이다.

기꺼이 참아내고 감내해야 할 것들이 있고, 반대로 없어도 괜찮은 것들도 있다. 끝까지 해내려는 일과 그 일을 통해 만들어내려는 것이 있다면 말이다. 우리는 자기가 하는 일을 사랑한다고 말한다. 그 일을 위해 우리는 얼마나 최선을 다하고 있을까? 루 게릭의 2130회의 연속 출장 기록처럼 일에 대한 우리의 사랑을 증명할 기록이 있을까?

우리에게는 지켜보는 수백만의 팬이 없다. 내면의 동기를 자극할 수백만 달러도 없다. 발전을 점검해줄 코치나 트레이너도 없다. 우리 직업에 알맞은 최적 체중도 없다. 이러한 사실은 우리의 일과 삶을 더 어렵게 한다. 우리가 우리 자신의 감독이자 주인이 되어야 하기 때문이다. 자기 몸 상태는 스스로 책임져야 한다. 자기가 섭취하는 것을 스스로 감시하고, 자기 기준을 스스로 결정해야 한다.

진정으로 헌신하는 사람은 다른 어떤 사람보다도 자신에게 더 엄격하다. 절제는 그다지 흥미로운 단어도, 즐거운 개념도 아니지만 위대함으로 이어질 수 있다. 절제란 담금질한 검과 같다. 그것은 소박하고 겸손한 태도다. 모든 일에서 불굴의 정신과 절제를 발휘해야 한다. 단, 우리의 결단력과 강인함에 대해서는 예외다.

우리는 자기 자신을 위해, 자기 목표를 위해, 일을 위해, 계속 살아가기 위해 반드시 자제해야만 한다. 시련을 헤쳐나가고, 순수함을 지키고, 강인해지기 위해서다. 그리고 무엇보다 육체가 우리를 정복하기 전에 우리가 육체를 정복하기 위해서.

06

탐욕의 대가

19세기 초 영국의 왕이었던 조지 4세는 대식가로 악명이 높았다. 조지의 아침 식사는 비둘기 두 마리, 스테이크 세 덩어리, 와인 한 병 가득 그리고 브랜디 한 잔이었다. 조지는 시간이 지나면서 너무 뚱뚱해져서 더는 누워서 잠잘 수 없었다. 그랬다가는 자기 가슴의 무게에 짓눌려 질식할 수도 있었기 때문이다. 조지는 문서에 서명하는 일도 힘들어해서 이 기본적인 노력조차 하지 않으려고 신하들에게 자기 서명을 새긴 도장을 만들게 했다. 그는 이렇게 왕의 책무를 전반적으로 방기하면서도 사생아 몇 명을 낳았다.

조지 왕은 인류를 지배하는 법칙과 자신은 별로 상관이 없다고 믿는 듯했다. 자기 육체를 무한히 남용하고도 아무런 대가를 치르지 않을 수 있다고 말이다. 나쁜 습관과 무기력으로 보낸 수년의 세월이 마침내 1830년 여름 새벽 3시 30분에 조지의 덜미를 잡아챘을 때 그가 마지막으로 남긴 말은 "맙소사, 이게 뭐지?"라는 것이었다. 그때야 조지는 그것이 뭔지 깨달았다.

"얘야, 이게 죽음이로구나." 조지는 심부름 하는 아이의 손을 붙잡으며 말했다. 마치 자신도 언젠가는 죽는 인간이라는 것을, 40년 동안 자기 몸을 쓰레기통처럼 쓴 일에는 결과가 따른다는 깨달음이 너무나 놀랍다는 듯이 말이다.

마음 가는 대로 먹고 마셔서 행복에 이른 사람이 있을까? 그런 사람은 없다. 그렇게 해서 찾아온 이른 죽음은? 고통은? 후회는? 물론 수없이 많다.

베이브 루스가 루 게릭과 함께 양키스에서 뛰던 시절의 식습관을 살펴보자. 아침으로 진저에일을 탄 위스키 약 500밀리리터를 마시고 나서 스테이크와 계란 네 개, 감자튀김을 먹고 커피 한 주전자를 마셨다. 오후 간식으로는 핫도그 네 개를 코카콜라 한 병과 함께 삼켰다. 그리고 저녁은 이른 저녁과 늦은 저녁으로 두 번 먹었는데 두 번 다 메뉴는 똑같이 티본스테이크 두 덩어리와 블루치즈 드레싱을 흠뻑 뿌린 양상추 두 통, 편으로 썰어서 튀긴 감자 두 접시, 애플파이 두 개였다. 아, 그리고 두 번의 저녁 사이에 핫도그 네 개와 코카콜라 네 병을 또 먹고 마셨다. 한번은 탄산음료를 너무 많이 마시고 핫도그를 너무 많이 먹어서 병원에 실려 간 적이 있었다는 말만으로도 설명은 충분할 것 같다.

음식이 목구멍으로 넘어가는 동안은 즐겁겠지만 그 뒷맛은 쓰다. 언젠가 베이브는 게릭에게 이렇게 말했다. "들어봐, 루. 얼간이가 되지 마. 건강에 신경 써. 자기 몸이 물렁물렁해지도록 방치하지 말라고. 난 승승장구하는 동안 실수를 너무 많이 했어. 바르게 먹지 않았고, 바르게 살지 않았지. 나중에 그 모든 실수를 저지른 대가를 치러야만 했어. 자네는 그런 실수를 범하지 않았으면 좋겠네."

당시 베이브 루스가 운동선수로서 올린 성과가 사람들에게 영감과 자극을 주기는 했지만 어떤 슬픔의 기미도 수반하고 있었다. 루스가 좀 더 절제하는 사람이었다면 어떤 결과를 달성할 수 있었을까? 어떤 위대한 성취를 남겼을까? 분명히 이미 위대한 이들도 더 위대해질 수 있으니 말이다.

과잉이 주는 쾌락은 언제나 일순간에 지나간다. 그렇기에 자기 절제는 쾌락을 거부하는 것이 아니라 쾌락을 포용하는 한 방식이다. 우리 몸을 건강히 다루고, 욕망을 조절하며, 열심히 일하고, 운동하고, 적극적으로 노력하는 것. 이는 처벌이 아니라 그저 보상으로 기쁨이 주어지는 일일 뿐이다.

조지 왕과 또 한 명의 국가원수인 미국의 제26대 대통령 시어도어 루스벨트를 비교해보자. 앉아서만 지냈다고 해도 충분히 이해받을 수 있는 사람이 있다면 그것은 바로 테디라는 별명으로 불렸던 시어도어 루스벨트일 것이다. 테디는 허약한 몸과 예민한 정서를 타고났고, 관심은 학문에 쏠려 있었다. 근시인 눈도 나쁘지만 더 나빴던 건 폐였다. 아주 작은 스트레스만 받아도 발작을 일으켰던 것이다. 언젠가 테디는 자기 아버지에게 이렇게 말했다. "나한테 야단 좀 치지 마세요. 그러면 심한 천식 증상이 나타난단 말이에요." 그리고 수많은 밤에 실제로 천식 발작이 일어났다. 목숨을 앗아갈 수도 있을 만한 무시무시하고 치명적인 증상이었다.

하지만 테디는 아버지의 참을성 있는 격려에 힘입어 운동을 시작했다. 처음에는 근처 체육관에서 시작했는데 나중에는 자기 집 현관에 설치한 운동기구로, 더 나중에는 자신이 다니던 하버드대에서도 운동했다. 시어도어는 자기 몸을 바꾸었을 뿐 아니라 자기 삶도 바꾸었고, 어떤 의미에서는 세계도 바꾸었다. 애쓰고 노력하는 삶은 행동하고 활동하는 삶이며 무엇보다 운동하는 삶이라고 루스벨트는 말했다.

걷기, 조정, 권투, 레슬링, 도보 여행, 사냥, 승마, 미식축구. 루스벨트는 이 모든 활동을 했다. 거의 하루도 빼지 않고 역동적으로 운동하거나 경기를 뛰거나 자연으로 나가 움직였다. 대통령일 때도 그보다 훨씬 젊은 사람들이 부끄럽다고 느낄 만큼 활동적이었다. 루스벨트는 이렇게 썼다. "백악관에 있는 동안 나는 항상 오후에 두 시간은 운동하려고 노력했다."

하루에 두 시간. 그것도 대통령직을 수행하면서! 아침에 잠에서 깼을 때 누가 더 기분이 좋았으리라고 생각하는가? 인생

전체가 쾌락에만 맞춰진 게으른 조지 왕이었을까? 아니면 때때로 몸이 안 좋았지만 "애쓰고 노력하는 삶"을 선택한, 가령 록크리크공원에서 테니스를 치거나 포토맥강의 차가운 물에서 수영하는 시어도어 루스벨트였을까? 답은 명백하다. 대통령 임기 중에 권투를 하다가 일어난 사고로 한쪽 눈을 실명했을 때조차 루스벨트가 더 나은 삶을 살고 있었다!

테디라면 앉아서만 지내는 현대인의 삶을 어떻게 생각할까? 또 너무 바쁘거나 너무 피곤해서 운동할 여유가 없었다는 우리의 변명은? 우리는 단순히 존재하려고 태어난 것이 아니다. 우리는 누워서 빈둥거리며 쾌락만 추구하려고 여기에 온 것이 아니다. 우리는 자연으로부터 엄청난 선물을 받았다. 우리는 최상위 포식자며 수백만 년의 진화로 이룩한, 터무니없다 싶은 정도의 최정예 산물이다. 이 엄청난 혜택을 어떻게 사용할 것인지는 우리에게 달렸다. 우리의 자산이 쪼그라들게 내버려 둘 수는 없다!

이는 단지 개인적인 선택이 아니다. 그것은 우리 모두에게 영향을 미친다. 미국 청년의 거의 절반이 실제로 건강이나 체력 면에서 미군에 입대할 기준을 통과하지 못한다. 무절제는 웃어 넘길 수 있는 일이 아니다. 폭식은 좋지 않다. 이는 단지 실존적 문제만이 아니라 국가 안보가 걸린 문제다.

위대해지기 원한다면, 우리가 사회의 생산적이고 용기 있는 구성원이 되기를 원한다면, 자기 몸을 잘 건사해야 한다. 헬스장에서만이 아니라 식탁에서도 마찬가지다. 건강한 식생활을 영위하고 약물이나 술을 남용하지 않는 것이 역기를 드는 데도 큰 역할을 한다. 자신을 최고 사양의 경주용 자동차라고 여기자. 좋은 차에 좋은 연료를 넣는 것처럼 우리도 우리에게 맞는 식생활을 해야 한다.

고대 로마의 스토아 철학자 무소니우스 루푸스는 이렇게 설명했다. "말할 것도 없이 철학자의 몸은 신체 활동을 할 준비가 잘 갖춰져 있어야 한다. 미덕을 실천하려면 우리 인간의 필수 도구인 신체를 활용해야 하기 때문이다. 우리는 추위와 더위, 목마름과 배고픔, 부족한 식량과 딱딱한 침대, 쾌락의 회피와 고통의 인내를 통해 자신을 단련할 때 정신과 신체 모두를 훈련할 수 있다. 이렇게 할 때 (…) 몸이 강해지며, 고난을 견디면서 삶에 정진하고 어떤 일에도 대비할 능력을 갖출 수 있을 것이다."

삶은 온갖 종류의 난관과 도전으로 가득하기에 일이 언제나 잘 풀리는 것은 아니다. 하지만 운동은 어떠한가? 운동은 우리가 통제할 수 있다. 우리가 마음먹고 전념하기만 한다면 그 무엇도 우리의 운동을 방해할 수 없다.

수영, 역기 들기, 주짓수, 오래 걷기. 어떤 운동을 할지는 마음이 가는 대로 선택하면 된다. 여기서 가장 중요한 것은 반드시 움직여야 한다는 것이다. 매일 그날 치의 승리를 쌓자. 세네카가 말했듯이, "몸이 정신에 불복하지 않도록 몸을 혹독하게"

다루자. 근육을 키우는 것은 동시에 의지력을 키우는 일이다. 우리가 의지력과 체력을 키우는 동안 대부분 사람은 그러지 않는다.

대통령이 시장에 개입할 수 있다는 시민들의 인식이나 법적 근거가 없던 시절, 탄광 사업주와 광산 노동자가 극심하게 대립했던 1902년 탄광 파업 기간에 테디도 피곤한 순간이 있지 않았을까? 대리인과 변호사 그리고 언론의 협력자 들과 맞서 싸우느라 진이 빠지지 않았을까? 망상에 빠진 한 청년이 저격하여 총알이 자기 가슴에 박혔을 때 루스벨트는 어떤 기분이었을까? "겨우 총알 하나로 날 죽이려 했다니, 나는 죽지 않는다. 죽기를 각오하고 이 연설을 끝낼 것이다"라고 말하며 연설을 이어갔을 때 말이다. 고도 근시 때문에 늘 가지고 다니던 안경집과 두꺼운 연설 원고가 방탄 역할을 해서 목숨을 구할 수 있었지만, 루스벨트는 총알을 빼내지는 못해서 평생 몸에 지니고 살아갔다.

그렇다. 루스벨트도 그만두고 싶었을 것이다. 자기가 한계에 다가가고 있다는 것도 알고 있었다. 루스벨트도 그렇게까지 열심히 하지 않아도 괜찮다는 것을, 다른 지도자들은 분명 그 정도로 밀어붙이지 않으리라는 것을 알았다. 하지만 루스벨트는 자신에게 그런 타협을 절대 허락하지 않았다.

루스벨트는 계속 밀고 나갔다. 루스벨트에게는 이미 경험이 있었다. 자기 머릿속에서 들리는 작은 목소리, 피로와 나약함을 호소하는 목소리에 항상 귀 기울일 필요는 없다는 것을 그는 알았다. 이미 이를 위한 훈련을 해둔 터였다. 루스벨트는 자신에게 해낼 능력이 있음을 알았다. 루스벨트는 자기 몸을 단련했고, 이제는 그 몸이 해야 할 일을 하게끔 할 수 있었다.

07

쾌락이 악몽이 될 때

사람들은 고대 그리스의 철학자 에피쿠로스가 향락에 중독된 쾌락주의자라고 생각했다. 에피쿠로스의 정원 입구에 새겨진 글귀도 그런 인상을 부추겼다. "낯선 이여, 여기 머물면 그대는 즐거움을 누릴 수 있을 겁니다. 여기서 우리의 가장 높은 신은 쾌락이지요. 이 거처를 돌보는 친절한 주인은 그대를 맞이할 준비가 되어 있습니다."

에피쿠로스가 약속한 것은 어떤 종류의 쾌락이었을까? 음식? 섹스? 술? 유흥? 기원전 3세기 아테네 사람 가운데 그 답을 제대로 아는 사람은 거의 없었고, 그래서 그들은 가장 타락한 쾌락이었을 것이라 가정했다. 수천 년이 지난 지금 우리도 그들의 의심을 이어받아, 에피쿠로스학파가 모든 관능적 충동에 탐닉하는 사람이라고 정의한다.

그러나 실제로 에피쿠로스의 철학에 관해 읽어보면 그가 추구한 행복이 훨씬 소박했음을 알 수 있다. 에피쿠로스는 원하는 것은 무엇이든 들어주겠다는 부유한 친구에게 보낸 답신에서 그 친구가 자기에게 작은 단지에 담긴 치즈를 준다면 그것을 맛있게 먹겠노라고 말했다. 고대 그리스의 전기작가 디오게네스 라에르티오스는 "쾌락이 인생의 목적이라고 규정했던 에피쿠로스는 바로 이런 사람이었다"라고 썼다.

에피쿠로스에게 쾌락은 폭식이 아니었다. 육체가 갈망하는 것이라면 뭐든지 아무 생각 없이 다 들어주는 것도 아니었다. 에피쿠로스는 이렇게 말했다. "쾌락의 의미는 육체에 고통이 없고 정신에 괴로움이 없는 상태다. 인생을 즐겁게 하는 끊임없는 폭음과 유흥의 연속도 아니요, 욕정을 만족스럽게 채우거나 산해진미의 호화로운 식탁을 즐기는 일도 아니다. 쾌락이란 그저 맑은 정신의 이성적 사고로써 모든 선택과 회피의 동기를 찾아내고, 영혼을 사로잡고 어지럽게 하는 잘못된 믿음을 제거하는 것이다."

에피쿠로스는 조지 4세가 아니었고, 조지 왕으로 사는 것은 딱히 즐거운 일도 아니었으니 그런 사람이 되기를 원하지도 않았을 것이다. 조지는 폭식으로 수명이 줄어들었을 뿐 아니라 자기가 원하는 모든 것을 허용하자 삶은 금세 악몽이 되었다. 베이브 루스가 막대한 양의 음식과 술로 몸을 망쳐 병원에 실려

갔을 때 그것이 즐거운 일이었겠는가?

우리가 과도함을 삼가는 것은 그것이 죄라서가 아니다. 우리가 자기 절제를 하는 것은 살아 있는 동안 지금 여기에서 지옥 같은 삶을 살고 싶지 않고, 스스로 지옥을 만들고 싶지 않기 때문이다.

우리는 육체가 어리석다는 것을 이해해야 하고, 절제로써 육체를 육체로부터 구해야 한다. 육체는 배가 가득 찰 때까지 먹고 싶어 하지만, 결국에는 그 시점이 훨씬 지날 때까지 계속 먹고 만다. 육체는 취할 때까지 술을 마시고 싶어 하지만, 우리는 만취한 상태를 훨씬 넘어서야 취했다고 느낀다. 육체는 무감각해지고 싶어 하고, 케네디가 한 말마따나 '무감각해지는 효과만 있다면 말 오줌이라도 먹겠다'고 달려든다.

육체는 원하는 것을 지금 바로 요구하는데, 그러면 그 결과를 나중에 감당해야 할 수도 있다. 그런 일이 일어나기 전에 개입하려면 우리가 똑똑해야 하고 자기 통제와 자기 인식에 능해야 한다. 그리고 여기서 '필요한 것보다 지나치게 많이 먹기'에서 '먹기'의 자리에는 '술 마시기'부터 '일하기', '놀기', '늦게까지 깨어 있기' 등 우리가 과도하게 할 수 있는 거의 모든 일을 다 대입할 수 있다.

아테네의 정치가 티모테오스는 어느 날 플라톤의 집에서 열린 즐거운 연회에 참석한 뒤 이렇게 말했다. "당신의 만찬은 먹을 때만 좋은 것이 아니라 이튿날 아침에도 좋군요." 연회가 끝나고 나서 너무 배가 부르거나 속이 불편하다면, 잠에서 깼을 때 숙취에 시달리고 휘청거린다면, 연회에서 있었던 일 때문에 마음에 후회와 수치심이 가득하다면, 또는 전날 밤 무슨 일이 있었는지 기억도 나지 않는다면 애초에 정말로 즐겁게 시간을 보냈다고 할 수 있을까?

스토아 철학자들은 이것이 우리가 삶에서 추구해야 하는 모든 것을 보여주는 완벽한 은유라고 설명했다. 에픽테토스는 "살아가는 동안 늘 연회에 참석한 것처럼 행동하라"라고 말했다. "손에서 손으로 건네지는 접시가 그대에게 왔을 때, 손을 뻗어 적당한 양만 집으라. 그 접시가 그냥 지나쳐 가는가? 그렇다면 멈춰 세우지 말라. 아직 오지 않았는가? 그에 대한 욕망을 불태우지 말고, 그대 앞에 도착할 때까지 기다리라. 아이들에게, 배우자에게, 지위와 부에 대해서도 이렇게 행동하라. 이 행동이 어느 날 그대를 신들의 연회에 참석할 만큼 훌륭한 사람이 되게 해줄 것이다."

자신이 좇는 쾌락이 시간이 지나면서 어떤 결과를 가져올지를 생각하라. 나중에, 즉 성관계 후 무감각해진 상태에서, 숙취에 시달리는 동안에, 바지가 작아져 꽉 낄 때, 지금으로부터 몇 달 뒤 거울을 들여다보며 어쩌다 이렇게 된 것인지 의아해할 때 자신이 그 상태를 어떻게 생각할지를 생각하라.

물론 금욕과 자제는 다르다. 전자는 회피하는 것이며 후자는 책임을 지는 일이다. 자제는 이런 일을 어떻게 해야 자기 몸에, 자기 유전자에, 자기 생활방식에 적절한지를 이해하는 것이다. 『나니아 연대기』를 쓴 C.S. 루이스는 절제란 "딱 맞는 거리까지만 가고 거기서 더는 가지 않는 것"이라고 말했다.

무소니우스 루푸스가 짚어주었듯이 "쾌락의 기준에서 볼 때, 자기 통제보다 더 즐거운 것은 없으며 (…) 자기 통제가 부족한 것보다 더 고통스러운 것은 없다." 무절제에 탐닉한 사람 가운데 즐겁게 보내는 이는 아무도 없고, 욕구의 노예가 된 사람 중에 자유로운 이는 하나도 없다.

자기 혐오감이 들기 전에 술자리에서 일어날 수 있는 능력, 고기를 너무 많이 먹어 땀이 줄줄 흐르기 전에 또는 탄수화물을 너무 먹어 정신이 멍해지기 전에 자리에서 일어날 수 있는 능력을 발휘하려면 강인한 힘이 필요하다. 계속 술을 마시다가 건강이 악화된 신호가 나타난 뒤에 금주하는 극단적인 경우뿐 아니라 저녁 식사를 하면서 술을 딱 한 잔만 마시는 것에도 강인함이 필요하다.

그리고 마지막으로 더 큰 집과 더 많은 돈, 더 많은 지지자가 자신을 더 행복하게 해주는 것도 아니다. 우리에게는 더 많은 그 무엇도 필요하지 않다. 후회의 지점을 그냥 지나쳐서도 안 되겠지만 애당초 그 지점에 가까이 다가가지도 말자. 그러면서도 여전히 즐거운 일을, 자신을 행복하게 하고 자신에게 기쁨을 주는 일을 즐길 수 있어야 한다. 자기 선택이 자신을 위험한 안개 속으로 끌고 들어간다면 그 자리에서 그 사실을 알아차리면 된다. 이렇게 자각하려면 자기 이해와 자기 통제가 필요하며, 주변 사람들이 계속 파티를 이어가려고 할 때는 적잖은 용기도 필요하다.

　절제는 벌이 아니라 벌을 피하는 방법이다. 사람이 절제하는 이유는 자신을 사랑하고, 자신과 자신이 하는 일을 가치 있게 여기기 때문이다. 우리 자신을 가치 있게 여기는 것이 우리가 느끼는 즐거움을 끌어 올리는 방법이다. 실제로 작은 것에 만족하는 사람, 작은 그릇에 담긴 치즈를 대단히 훌륭한 산해진미처럼 즐기는 사람은 훨씬 더 쉽게 만족하며 모든 상황에서 좋은 면을 찾아내는 능력이 매우 뛰어나다.

　오락을 추구하지 말고 자신을 추구하자. 쾌락주의자가 되지 말고 그냥 행복해지자. 육체가 아닌 정신이 지배하게 하자. 쾌락을 정복하여 고통보다 더 우월한 존재가 되자.

08

중독을 끊어내는 유일한 방법

그는 노르망디에 상륙했다. 나치를 무찌르고 독일을 점령했으며 회고록을 출판하여 큰돈을 벌었다. 1949년에 해야 할 남은 일은 자신을 정복하는 것뿐이었다. 그리하여 일생을 바친 전투를 끝낸 뒤에, 일생을 건 의지의 싸움에 나서며 드와이트 아이젠하워는 자기 자신에게 명령을 내렸다. '더는 담배를 피우지 말 것.'

그냥 이 명령 하나로 아이젠하워는 38년간 이어온 습관과의 전쟁에 나섰다. 아이젠하워의 삶 전체를 조망할 때 이 싸움은 별로 대단하지 않은 것으로 보일지 모르지만, 외부의 적보다 내면의 악령을 정복하기가 더 어려울 수도 있음을 중독자라면 누구나 다 안다. 미국의 전기작가 진 에드워드 스미스는 이렇게 썼다. "공직자 가운데 드와이트 아이젠하워처럼 의지력이 강한 사람은 극히 드물다. 평생 하루 서너 갑의 담배를 피웠던 아이젠하워는 어느 날 갑자기 담배를 끊었고 (…) 이후 다시는 손도 대지 않았다."

"그만두는 유일한 방법은 그만두는 거고, 그래서 나는 그만뒀소." 아이젠하워가 한 측근에게 한 말이다. 아무도 담배를 그만 피우라고 시키지 않았지만 아이젠하워는 자기 자신에게 그 명령을 따르도록 강제하는 것이 자기 의무라고 생각했다. 담배를 끊는 일이 자기 삶에 몇 년을 더해줄 터였다. 게다가 자기 몸을 보호하고 지배함으로써 아이젠하워는 세계에 더 쓸모 있는 존재가 될 수 있었다. 그는 긴장과 위험이 가득한 시기에 처음에는 북대서양조약기구(NATO)를 이끌고 이어서 미국의 대통령직을 수행했다.

우리는 지금 어떠한가? 무엇에 중독되어 있을까? 없으면 지내기 힘든 뭔가가 있는가?

1949년, 아이젠하워가 담배를 끊었던 바로 그 해, 어느 평범한 날 오후에 미국의 물리학자 리처드 파인먼은 할 일을 하고 있다가 갑자기 술을 마시고 싶은 욕구를 느꼈다. 전혀 강렬한 갈망이라고 볼 수는 없었지만, 술을 향한 욕망이 머리를 어지럽혔다. 그것은 열심히 일한 보상으로 얻는 기쁨과는 전혀 다른 쾌락을 추구하는 욕망이었다. 파인먼은 그때 그 자리에서 바로 술을 끊었다. 그 무엇도 자신에게 그런 식의 힘을 행사해서는 안 된다고 느꼈기 때문이었다. 파인먼은 영국의 밴드 디페쉬 모드가 부른 「진실의 규약(Policy of Truth)」이라는 노래의 가사처럼 자책하게 되는 지점까지 가기 전에 그만두기를 원했다.

다시는 안 할 거라
당신은 맹세했었지
그것을 또 하기 전에는 그랬지

이 극기라는 개념의 핵심에는 우리를 지배하는 모든 것에 저항하는 본능적 반응이 있다. 한 중독 전문가가 말한 대로 "자유의지로 절제할 능력"을 잃었다면 그 누가 자유로울 수 있겠는가?

우리는 자율을 추구한다고 말하면서도 우리 자신의 의지를 넘어서 우리를 지배하는 습관, 그것을 따르지 않으면 우리가 불행하고, 배고프고, 외롭고, 고통스럽고, 나약해지리라고 말하는 습관에 순순히 굴복한다.

세네카는 "노예가 아닌 자가 있으면 나에게 보여 달라"고 하며 노예의 주인조차 노예제도에 따르는 책임에 묶여 있다고 지적했다. "누구는 섹스의 노예고 또 누구는 돈의 노예, 야망의 노예다. 모든 사람이 희망이나 불안의 노예다."

노예 상태를 벗어나는 첫 단계는 그 무엇에 의존하든지 간에 자신의 의존 상태를 자각하는 것이라고 세네카는 말했다. 그런 다음에는 그 의존을 깨끗이 끊어내야 한다. 정부를 끊고, 일 중독을 끊고, 권력을 쥐려는 욕망을 끊어야 한다. 풍요로운 시대에 사는 우리는 담배나 탄산음료에, 소셜 미디어의 '좋아요'에, 인터넷 뉴스에 중독되어 있을 수 있다. 사회적으로 용인되는 일인지 아닌지는 상관없다. 중요한 것은 그것이 자신에게 유익한지 아닌지를 아는 것이다. 아이젠하워의 흡연 습관은 그를 죽이고 있었고, 우리의 많은 습관 역시 천천히 표 나지 않게 우리를 죽인다.

하지만 우리를 죽이지 않는 습관, 아무 해가 없는 습관이라고 하더라도 우리가 왜 몸뚱이가 하는 명령에, 또는 우리 신체와 거의 연결된 듯한 스마트폰과 같은 장치의 명령에 따라야 한단 말인가? 몸이 대장일 수는 없다. 습관도 마찬가지다. 바로 우리가 우두머리가 되어야 한다.

더 정확히 말하자면 우리가 정말로 끊어야 하는 것은 '습관'이라기보다는 '의존성'이다. 불교에서는 이를 갈애(渴愛)라 부른다. 그것은 목마른 사람이 아지랑이를 물이라고 착각해 쫓아가는 것처럼 강렬한 갈망이다. 의존하는 것이 무엇이든 시간이 지나면 가볍게 즐길 수 있는 정도가 될지 모르지만, 그러려면 먼저 습관화된 상태를 벗어나야 한다. 잠자리든 '좋아요'든 술이든 그 자체가 중요한 것은 아니다. 중요한 것은 욕구다. 그리고 바로 이 욕구가 모든 괴로움의 근원이다.

마약으로 파괴된 영국의 가수 에이미 와인하우스든 정부

들로 무너진 미국의 골프선수 타이거 우즈든 세상은 그들 안에 깃든, 채우고 채우고 또 채워도 절대 만족하지 않는 욕구를 지닌 기생충 때문에 파멸한 수많은 재능 있는 숙주를 안타까워한다. 그 대가는 각 개인만의 것이 아니라 우리 모두의 몫이다. 작곡하지 못한 교향곡으로, 완수하지 못한 업적으로, 베풀지 못한 자선으로, 평범한 하루의 일깨우지 못한 잠재력으로 말이다.

노예제는 비참하고 잔인할 뿐 아니라 대단히 비효율적이며 열등한 경제체제임을 우리는 기억해야 한다. 그런데 왜 스스로 노예가 되려고 하는가? 더구나 갈수록 쾌감도 줄어들기만 하는 대상에 얽매여서 말이다.

명확한 답을 보여줄 검사법이 있다. '만약 그것이 오늘 발명되었다면 그것을 시도해보겠는가?'를 생각해보는 것이다. 처음으로 술을 접했는데, 술을 마시면 무엇이 위험하고 어떤 결과가 오는지도 알게 되었다면, 그래도 여전히 술을 마시겠는가? 지금 어떤 앱을 이용하느라고 얼마나 많은 시간을 쏟고 있는지 아는 채로 만약 그 앱이 오늘 출시된다면, 그래도 그 앱을 내려받겠는가? 승진과 성공이 자신을 부자가 되게 해주었지만 이혼과 불행도 몰고 왔다는 것을 안다면, 수년 전에 추구했던 것을 지금도 계속 목표로 삼겠는가? 한번 시작했다고 해서 반드시 계속해야만 하는 것은 아니다. 과거에 어떤 사실을 몰랐다고 해서 지금도 그때와 같은 선택을 내려야만 하는 것은 아니다.

누구에게나 불안을 무디게 해주는 방법이 있다. 하지만 그 방법을 반복해서 사용하다가 한도를 넘어서면 금세 우리의 예리한 면은 모조리 무뎌진다. 불안을 무디게 해주는 대처 기제가 우리를 잠시 편하게 해줄지는 몰라도 우리에게 이로운 친구는 아니다. 이는 루 게릭이 경기 전에 불안을 달래려고 술을 마시는 것을 목격했을 때 코치가 게릭에게 말하려 했던 바다. "이 길의 종착지는 자네 마음에 안 들 걸세. 그리고 그 길은 언제나 똑같은 곳에서 끝난다네."

나쁜 습관이 무엇이든, 우리 삶을 지배하는 것이 무엇이든, 우리는 그것을 끊어내야 한다. 그것이 사회적으로 용인되는지 아닌지는 상관없다. 단칼에 끊어내 버리든 도움을 받아서 끊어내든 거기서 손을 떼야 한다. 그것이 무엇이든 말이다.

아무리 의지가 강한 사람이라도 누구에게나 발목을 잡는 나쁜 습관은 있다. 하지만 그 습관을 끊어내기에 너무 늦어버린 때란 없다.

아이젠하워는 58세에 담배를 끊었다. 아이젠하워의 습관은 그가 거의 중년에 접어들었을 때까지 유지되던 것이었다. 얼마나 오래된 습관이든 상관없다. 중요한 것은 오늘 우리가 그 습관을 어떻게 할 것인가 하는 점이다. 습관을 끊어내기로 결심하는 건 우리가 노예 생활을 그만두기로 마음먹는 것이며 자유를 선택하는 것이다. 자기 자신을 구해야 세상을 구할 수 있다.

주변을 정돈하면 인생이 관리된다

미국의 도시계획가 로버트 모지스는 친절한 사람은 아니었지만 효율적인 사람이었다. 모지스는 권력을 누리던 수십 년 동안 대부분 사람은 불가능하다고 생각할 만큼 많은 일을 해냈다. 256만 7256에이커의 공원과 658개의 놀이터, 669킬로미터의 공원도로, 열세 개의 다리 그리고 주택, 터널, 대형 경기장, 시민회관, 전시관 등 뉴욕주 전역에서 총 270억 달러 규모의 공공건설을 이끌었다. 모지스는 자기 일만 잘한 것이 아니라 40년이 넘는 경력 동안 뉴욕시 공원 관리 위원장, 뉴욕주 전력위원회 위원장, 트라이버러 교량 및 터널 공사 관리 국장 등 동시에 열두 가지의 직책을 수행하며 여러 가지 일을 다 잘 해냈다.

웨스트사이드 고가도로를 달려보라. 그것이 로버트 모지스다. 트라이버러 교량으로 할렘강을 건너보라. 그것도 로버트 모지스다. 나이아가라폭포 주립공원에 가보라. 거기에 로버트 모지스가 있다. 존스비치에 가보고, 애스토리아 풀장에서 수영해보라. 다 로버트 모지스다. 1964~1965년 뉴욕 세계박람회, 역시 로버트 모지스다. 센트럴파크 동물원, 셰이스타디움, 브루클린·배터리터널, 존스비치극장, 링컨센터. 모두 다 로버트 모지스다.

모지스의 전기를 쓴 미국의 언론인 로버트 카로는 1924년부터 1968년까지 뉴욕시의 형태를 만들고 정의한 그의 업적은 전임자나 후임자 또는 다른 도시에 비할 것이 아니라 문명 전체에 견주어 평가해야 한다고 말했다.

모지스는 어떻게 그 모든 일을 해낸 것일까? 물론 그것은 수단과 방법을 가리지 않는 노골적인 발전주의 사고방식 때문이었다. 비정상적인 직업윤리, 발전만 추구했을 때 따라오는 부수적 피해는 외면하는 냉담한 무신경, 자기 행위의 결과를 나 몰라라 하는 무관심으로 이룩해낸 것이다. 그리고 뉴욕의 도로와 공원과 스카이라인에 자기 흔적을 새겨놓으려고 질주하는 그의 야망과 가차 없는 욕망이 더해졌다. 하지만 이 모든 것을 넘어 모지스를 존경하든 경멸하든 우리가 알아야 할 사실은 그의 성공 비결이 상당히 단순하다는 점이다. 그것은 바로 '책상을 깨끗하게 유지하는 것'이다.

로버트 카로가 관찰한 바에 의하면 그것은 정확히는 책상이라고 할 수 없었다. 로버트 모지스는 커다란 탁자에서 일하기를 더 좋아했다. 그렇게 하는 것이 더 효율적이고 작업흐름도 더 원활했기 때문이다. 모지스는 어떤 일이 들어오면 그만의 작업 절차대로 업무를 처리했다. 모리스는 우편물, 메모, 보고서 등 그 무엇도 쌓아두는 것은 고사하고 하나라도 그 자리에 그대로 남아 있는 것을 허용하지 않았다. 카로가 설명한 모지스의 방식은 이렇다. "탁자에는 서랍이 없으므로 서류를 숨길 장소가 없었다. 그러니 골치 아픈 문제나 답하기 어려운 편지도 어떻게든 그 문제를 제거하는 것 외에 피해 갈 방법은 없었다."

모지스는 책상과 사무실을 잘 정리된 상태로 유지함으로써 이 모든 일을 해낸 것이다. 우리는 어떨까? 우리는 종이 더미 속에서 익사하고 있다. 디지털 세상으로 눈을 돌려도 메일 수신함에는 확인하지 않은 메일이 흘러넘치고, 바탕화면에는 아이콘이 빼곡하며, 스마트폰은 가지각색의 앱과 프로그램으로 만든 모자이크 같다. 그러다 자기가 왜 이렇게 스트레스에 시달리는지, 왜 계획한 일정을 지키지 못하는지, 왜 아무것도 찾지 못하는지 의아해한다. 쌓이면 소중한 몇 분이 되고 몇 시간이 될 소중한 몇 초가 이것저것 뒤적이고 화면을 좌우·위아래로 움직이고, 검색하고, 자료를 옮기는 데 소비된다. 스스로 걸어 들어가 허우적거리기로 선택한 혼란 속에서 주의가 산만해지지 않고 기진맥진하지 않기란 불가능할 것이다.

그래서 미국의 작가 그레천 루빈은 "외부의 질서, 내면의 고요"를 금과옥조로 여긴다.

생각을 잘하고 일을 잘하고 싶다면, 정신의 측면에서부터 시작할 일이 아니다. 우선 주변을 깔끔히 정리하는 일에서부터 시작해야 한다.

토니 모리슨은 이렇게 설명한다. "나는 항상 학생들에게 자신이 창조적인 면에서 가장 최고의 상태일 때가 언젠지 아는 게 중요하다고 가르친다. 자기 자신에게 이런 질문을 던져봐야 한다. 이상적인 방은 어떤 모습일까? 음악이 들릴까, 조용할까? 그 방 밖은 혼란스러울까, 평온할까? 상상력을 한껏 풀어놓으려면 무엇이 필요할까?"

직업이 무엇이든 "언제 가장 컨디션이 좋은가?"라는 질문에 "처리해야 할 서류 더미, 설거지해야 할 그릇들, 물이 반만 남은 물병이 쌓여 있고 청소하지 않아 지저분한 바닥 때문에 숨막힐 듯한 때"라고 대답할 사람은 거의 없을 것이다. 근력 운동도 역기가 가지런히 정리되어 있고 아령이 제자리에 있을 때 순조롭게 진행된다. 공예가도 작업실이 잘 정돈되어 있을 때 더 안전하다. 운동 팀도 탈의실이 깨끗이 유지될 때 경기를 더 잘한다. 회의실이 산뜻하고 널찍해야 집중도 높게 회의가 잘 진행된다. 장군은 자기 숙소를 절도 있고 청결하게 유지함으로써 군대의 규율을 확실히 다질 수 있다.

위대한 일이 이루어지는 곳은 신성한 공간이며, 우리는 그 공간을 존중해야만 한다. 지저분한 작업 공간을 편안히 받아들이는 사람은 미흡한 일의 결과도 편안히 받아들일 것이다. 소음을 제거하지 않는 사람은 뮤즈가 보내는 메시지를 놓칠 것이다. 불필요한 마찰을 그냥 참는 사람은 결국에는 신경이 닳아버릴 것이다.

물론 여기서 핵심은 겉모습을 깔끔히 꾸미는 것이 아니라 스토아 철학자들이 '코스미오테스'라 부른 질서 정연한 것을 추구해야 한다는 것이다. 셰프들은 미 장 플라스(misen en place)라는 말을 쓰는데, 이는 본격적으로 일을 시작하기 전에 필요한 모든 것을 준비하고 정돈하는 것을 뜻한다. 그 무엇도 흘러넘치는 것이 있으면 안 된다. 되는대로 놓아둔 것이 있어서도 안 된다. 방해되는 것이나 어떤 일 또는 사람의 속도를 떨어뜨리는 것이 있으면 안 된다.

사전에 모든 것을 질서 정연하게 정돈하는 법을 훈련했다면 어떤 일을 해낼 수 있을지 상상해보라. 질서를 지키는 데 전념하고, 스스로 잘 정돈하는 것을 생활화한다면 말이다. 이것을 또 하나의 의무, 또 하나의 걱정거리로 생각하지는 말자. 실제로 정돈이 우리를 자유롭게 해줄 것이기 때문이다.

체계가 잡히고 질서가 확립되면 그때 우리는 창조성의 온갖 변덕과 격정에 자신을 내맡길 만큼, 육체적으로 한껏 자신을 몰아댈 만큼, 대담하게 창작하거나 투자할 만큼 진정으로 긴장을 풀 수 있게 된다. 『보바리 부인』을 쓴 프랑스의 소설가 귀스타브 플로베르도 이렇게 말했다.

"규칙적이고 질서 정연하게 살라. 그래야 격렬하고 독창적으로 일할 수 있다."

책상을 깨끗이 청소하고 침대를 정돈하고 물건을 가지런히 정리하자. 그럴 때 우리는 목표를 이룰 수 있다.

10

반복이 주는 복리 효과

발명가 토머스 에디슨이 훌륭하다는 평가를 받는 진짜 이유는 그의 똑똑함 때문이 아니다. 평범하고, 사람들이 대체로 덜 존중하는 가치 때문이었다.

에디슨은 "내게는 상상력이 전혀 없다. 나는 절대 꿈꾸지 않는다. 내가 창조한 것은 하나도 없다"라고 말했다. 에디슨을 싫어하는 사람들에게 이 말은 에디슨이 다른 발명가들, 예컨대 현대 전기문명을 완성했다고 평가받는 천재 과학자 니콜라 테슬라처럼 자기보다 더 똑똑한 발명가들에게서 발명품을 도둑질했다고 인정하는 것이라 여길지도 모르겠다. 하지만 여기서 주목해야 할 점은 에디슨이 자기 발명의 공을 자기 뇌가 아닌 다른 것에 있다고 말한다는 점이다.

에디슨은 이렇게 말했다. "'천재적인 영감'은 밤이고 낮이고 그의 실험실 주변을 어슬렁거린다. 무슨 일인가 일어날 때 그가 거기 있으면 그 일을 포착할 것이다. 그가 거기 없다고 해도 그 일은 그대로 일어나겠지만, 다만 그때는 그 일이 결코 그의 몫이 되지 못한다."

여기서 에디슨이 강조하는 바는 '있어야 할 자리에 나가는 일'의 중요성이다. 보통 과소평가되지만 사실은 엄청난, 매일 출근 도장을 찍고 의자에 엉덩이를 붙이고 앉아 있는 일의 힘 그리고 그 힘이 필연적으로 만들어내는 행운 말이다. 에디슨은 실험실에서 살다시피 하며 루 게릭이 그랬듯이 아프거나 피곤할 때도 비극이나 재난이 찾아왔을 때도 단 하루도 거르지 않고 출근했다.

에디슨의 실험실에서 태어난 현대의 편리한 이기들은 그의 뇌보다는 그의 몸에, 뛰어난 재기(才氣)보다는 지속성이 가져오는 복리 효과에 훨씬 더 많은 빚을 지고 있다. 중요한 것은 머릿속 영감이 아니라 실제로 일하러 나가는 행동이다.

그러니 우리는 그 자리에 나아가기 위해 노력해야 한다. 러닝머신 위에 올라가고, 바이올린을 집어 들고, 쌓여 있는 이메일에 답장을 쓰고, 몇 장면의 대본을 쓰고, 고객 몇 명에게 연락하고, 보고서를 읽고, 역기를 몇 번 들고, 1킬로미터만 뛰고, 할 일을 적은 목록에서 하나만 완료해보자.

무슨 일이든 상관없다. 이렇게 한정된 종류의 절제는 우리 삶의 모든 측면에 이롭게 작용한다. "그냥 매일 무언가를 하는 것, 그것이 중요하다." 끝이 보이지 않는 안개 같은 코로나 팬데믹 기간에 건강한 몸과 생산성을 유지하려고 노력하는 사람들에게 미국의 배우이자 정치가 아널드 슈워제네거가 한 말이다.

당신이 피곤할 때도, 꼭 나가야 하는 것이 아닐 때도, 나가지 않아도 될 핑계가 있을 때도, 바쁠 때도, 나가봤자 아무도 알아주지 않을 때도, 요즘 일이 잘 안 풀리는 것 같을 때도 일단 무언가를 해내고 나면 그 일을 토대로 다른 프로젝트를 쌓아나갈 수 있다. 일단 시작하면 추진력이 강해진다. 할 일을 하러 나가면 행운이 당신을 찾아올 수 있다.

여전히 힘이 드는가? 그럴 것이다. 하지만 우리에게 좋은 소식은 그것이 힘들기 때문에 사람들이 대부분 하지 않는다는 것이다. 그들은 해야 할 일이 있는 곳에 나타나지 않는다. 심지어 하루에 아주 작은 일 하나도 해내지 못한다. 그래서 비 내리는 트랙 위에는 절제하는 사람만 혼자 나와 있다.

선두에 서는 것은 원래 좀 외로운 일 같다. 이는 아침이 조용한 까닭이기도 하다. 그래서 그 모든 기회를 혼자 누린다. 기록 세울 생각은 하지 말고 변명하지 말고 그냥 출근하면 된다. 그런데 여기에 모순이 있으니, 이것은 또한 기록을 깨는 방법이기도 하다!

지속성이 가장 강력한 힘이다. 매일같이 이어가는 의지력은 믿을 수 없을 만큼 희귀하다. 루 게릭은 빈틈없는 내야수이자 훌륭한 타자였다. 이는 56년 뒤에 게릭의 연속 출장 기록을 깬 미국의 야구선수 칼 립켄 주니어에게도 거의 그대로 적용된다. 게릭의 진정한 성공은 그가 경기를 뛰지 않은 날이 별로 없다는 사실에 뿌리를 둔다. 게릭이 만약 평소 자기 속도대로 계속할 수 있고 근위축성측삭경화증에 걸리지 않았다면, 베이브 루스를 뛰어넘는 기록을 세웠을 가능성이 매우 크다.

게릭은 그저 부상과 피로를 딛고서만 경기장에 나갔던 것이 아니다. 게릭은 권태와 회의 그리고 그냥 하기 싫은 마음도 헤치고 나가야만 했다. 누구나 그렇듯 게릭 역시 슬럼프를 겪었다. 다만 게릭은 슬럼프가 무엇을 의미하는지를 알았다.

마이너리그 시절 게릭은 타석에서 마음대로 되지 않아 힘들어하며 야구를 그만둘 생각까지 했다. 그때 양키스 구단주는 스카우터 한 사람을 게릭에게 보내 타율에 담긴 아주 기본적인 수학을 일깨워주었다. 괜찮은 타자는 3할(0.300)을 친다. 3할 5푼(0.350)을 치면 대단한 타자다. 4할(0.400)의 타율은 거의 들어본 적도 없다. 타율이 4할(0.400)이라는 것은 어떻게 해석할까? 10번의 시도에서 6번은 실패했다는 뜻이다. 타자는 공을 건드려보지도 못한 채 몇 날, 몇 주를 보낼 수도 있다! 이것이 스카우터가 게릭에게 해준 말이다.

"젊은 야구선수가 배워야 하는 가장 중요한 사실은 자기가 매일 잘할 수는 없다는 점이다."

우리가 항상 대단해야 하는 것은 아니다. 하지만 항상 변함없이 그 자리에 나가야만 한다. 중요한 것은 타석에 설 수 있는 다음 차례까지 버티는 것이다.

존 스타인벡이 『에덴의 동쪽』을 쓸 때 '버틸 수 있는 능력'을 "빈둥거리는 나날(dawdly days)"이라고 표현한 시기, 즉 모든 것이 제대로 안 돌아가는 듯하고 도저히 일할 기분이 나지 않고 주의를 산만하게 하는 것이 끝없이 나타나는 날들을 견디는 능력이 위대함으로 나아가는 첫걸음이다. 그럴 수 있는 자제력 없이 위대해질 수는 없다. 하루에 하나씩 더해진다. 하루하루가 쌓여간다. 숫자는 하나하나 쌓인 것이 큰 수가 되고 나서야 비로소 흥미로워진다.

11

사소한 습관이 게임의 승패를 결정한다

농구선수이자 감독인 존 우든 코치는 특히 감독 시절 경이로운 성적을 기록하고 수많은 전술을 창시한 것으로 유명하다. 그는 자신이 지도하던 팀 UCLA 브루인스의 매 시즌을 시작하는 첫 미팅마다 전국에서 가장 우수한 농구선수들, 평생 거의 매일 농구를 해온 이들을 앞에 두고 간단한 시범을 한 가지 보여주는 것으로 훈련을 시작했다.

"양말은 이렇게, 신발은 이렇게 신는 겁니다."

분명 이는 뛰어난 기량을 뽐내는 선수들이 우든에게 기대한 말은 아니었을 것이다. 농구 역사상 손꼽히도록 많은 승리를 거둔 코치에게서 그런 사소한 가르침을 받게 되리라고는 생각하지 않았을 것이다. 하지만 실제로 그것은 그들에게 반드시 필요한 가르침이었다. 그들도 결국에는 이해하게 되었듯이 그것은 코트에서 그리고 인생에서도 성공에 이르는 진짜 비밀이기 때문이다.

농구 경기는 딱딱한 바닥에서 한다. 그러니 선수가 발에 신는 것이 엄청나게 중요하다. 신발을 잘못 신으면 물집이 생길 수 있고, 그 물집이 터진 곳이 감염되기라도 하면 한쪽 발에 더 무게를 싣게 되고, 그 결과 리바운드를 할 때 잘못 착지하면서 발목 골절이나 무릎인대 파열로 이어질 수 있다.

우든은 이렇게 설명했다. "몇 분밖에 안 걸리는 일입니다. 하지만 나는 선수들에게 내가 그들이 어떻게 신발과 양말을 신기를 바라는지 꼭 보여줬습니다. 양말을 끌어 올리고, 새끼발가락과 뒤꿈치 부분에 주름이 잡히지 않도록 잘 당겨줍니다. 전체적으로 부드럽게 펴지게 잡아주죠. 그런 다음 양말을 당겨 붙잡은 상태에서 신발을 신습니다. 신발은 신발 끈 끝부분만 당기는 것이 아니라 전체적으로 끈이 고루 팽팽하게 펴져야 합니다. 구멍마다 편하면서도 탄탄하게 잡히도록 끈을 꼭 맞게 조절한 다음 묶습니다. 그런 다음 풀리지 않게 한 번 더 묶지요. 연습하거나 경기하다가 신발 끈이 풀리는 건 원치 않으니까요."

우리 모두는 이런 것쯤은 다 안다고 생각하고 넘어간다. 우리에게 고민해야 할 더 중요한 일이 있다고 생각한다. 우리는 더 흥미진진한 일을 원한다. 덜 기초적이고, 덜 근본적인 뭔가를 말이다. 우리는 정말로 해볼 만한 일에 도전하고 싶지 체크리스트를 점검하고, 운동하기 전에 스트레칭하고, 설명서를 읽어보느라 시간을 낭비하고 싶지는 않다.

하지만 그것이 바로 핵심이다. 작은 일을 먼저 똑바로 했을 때에만 큰 문제를 해결할 적합한 상태가 된다. 실질적 실행 요소를 무시한다면 그 어떤 전략도, 아무리 탁월한 전략이라도 성공할 수 없다.

미국의 위대한 해군 제독 하이먼 리코버가 곧잘 하던 말이 있다. "악마는 디테일에 있다. 그러나 구원 또한 디테일에 있다." 그리고 미국의 소설가 스콧 피츠제럴드의 아내로, 경솔하고 무책임한 면이 있었던 젤다 피츠제럴드가 약간의 자기 인식을 곁들여 한탄했듯이 그 반대 역시 참이다. "사람들은 풀린 올 끝을 붙잡고 매달린다." 사소한 일은 결코 사소하지 않다.

더 어렵다고 여겨지는 문제에 그냥 성급히 뛰어들어 자신을 던져 넣는 것보다 형식에 집중하고 사소한 일에도 최선을 다하는 것이 자신을 더 강하게 한다. 우리는 사소한 일들을 무시할 때 취약해진다.

"부주의로써 개선할 수 있는 일이 있는가?" 철학자 에픽테토스가 던진 질문이다. 물론 그런 일은 없다! 목수든 운동선수든 투자자든 보병대 장교든 간에 위대함은 디테일에 있다. 디테일은 자기 절제를 요구한다. 그 누구도 눈치채지 못하더라도, 신경 쓰지 않더라도 말이다.

말을 소재로 한 시이자 속담 하나가 아주 먼 옛날부터 전해내려온다. 그 시는 이렇게 시작한다. "못 하나가 빠져 편자를 잃었다네." 그리고 편자 때문에 말을 잃었고, 말을 잃어서 기수도 잃었으며, 기수를 잃어서 전령이 전해지지 못했고, 전령을 전하지 못해 전투에서 졌으며, 전투에서 져서 왕국이 무너졌다. 못 하나가 빠져 왕국이 무너진 것이다.

물집 하나 때문에 경기에서 진다. 작은 일을 무시해서, 규율이 느슨해져서 모두 잃는다. 자기 자신을 구하고 세상을 구하기 위해서는 사소한 일들을 제대로 처리해야 한다.

지체 없이 덤벼들기

정말 분통 터지는 일이지만, 지금까지 있었던 거의 모든 전쟁 중에 주고받은 편지와 급송 문서를 살펴보면 같은 상황이 반복된다. 두려움 때문에, 게으름 때문에, 허술한 관리 때문에 장군이 군대를 움직이려 하지 않는 상황 말이다. 싸우는 것은 그들이 평생 훈련받아온 일이건만, 싸워야 할 순간이 왔을 때 그들은 싸우지 않고 늑장을 부린다.

예컨대 남북전쟁 당시 북군을 이끌던 조지 매클렐런 장군은 재빨리 전투를 개시해야 했지만 도저히 그러지 못했고, 그때문에 그와 함께하는 사람들은 격분했다. 전장에서 매클렐런 장군을 만나고 돌아온 링컨 대통령은 아내에게 가만히 머물러 있는 장군에 관한 농담을 던졌다. "우리는 사진을 찍기로 했다오. 만약 우리가 충분히 오랫동안 꼼짝하지 않고 앉아 있을 시간이 있다면 말이오. 매클렐런 장군은 그런 것쯤 아무 문제가 없을 것 같지만." 1862년 한 비서관의 표현에 따르면 링컨이 "날카로운 막대기로 찌르며" 거듭 다그친 뒤에야 매클렐런은 마침내 남군의 총사령관 리 장군이 이끄는 군대를 향해 움직이기 시작했는데, 그러고도 포토맥강을 건너는 데만 아흐레를 썼다. "참 느긋하기도 하시지." 속이 터질 듯한 답답함에 링컨이 한 말이다.

매클렐런은 총명한 군인이었다. 그러나 현재의 상황을 바꾸기보다 유지하고 싶어하는 보수주의와 자기가 누리던 권리를 잃고 싶지 않은 마음, 편집증과 경계심의 무게에 짓눌려 끙끙거린 매클렐런은 체질적으로 일을 빨리 처리하지도, 긴급하게 행동하지도, 자기를 섬기는 사람들을 보살피지도 못했다. 더 나쁜 것은 적진을 향해 진격할 때조차 열의가 없어서 종종 금방 멈춰 섰다는 것이다. 일례로 리의 군대에 심각한 타격을 가한 앤티텀 전투 후에도 그 승리를 이어갈 후속 공세에 나서지 않았다.

매클렐런에게는 필요한 모든 자원과 재능과 인력이 있었다. 매크렐런이 마음을 쏟아붓지 않았을 뿐이다. 그래서 어떤 사람들은 매클렐런이 양측 진영이 모두 지쳐서 나가떨어지면 휴전협정을 맺어 북부연방이 노예제를 유지하기를 바랐을 것이라고 추측하기도 한다.

매크렐런은 공격을 받으면 확실히 용감하게 싸웠지만, 자기가 질 수도 있는 전투를 시작하거나 끝낼 만큼 아주 용감하지는 않았다. 자신을 밀어붙일 정도로 자기 자신에게 엄격하지도 않았다.

전쟁은 물론 인생에서도 중요한 것은 일어나 움직이는 것이다. 무섭거나 어렵거나 불확실할 때도 뛰어드는 것이다.

군대 지휘관들은 민첩성, 즉 신속하고 공격적으로 움직이는 것에 가치를 둔다. 세계 최고 수준의 레스토랑으로 손꼽히는 식당의 주방 벽에는 '긴급함'이라는 표어가 붙어있다. 이를 가리키는, 실생활에 더 적합한 단어는 '덤벼들다(허슬, hustle)'이다. 사업에서든 운동경기에서든 전투에서든 모든 위대한 이는 적극적 행동력이 있다. 그렇지 않은 사람들은 그들이 이룰 수도 있었을 일을 안타깝게만 여길 뿐이다.

언제는 덤벼들고 언제는 안 덤벼들지를 선택하는 사람은 어쩔 수 없이 잘못된 선택으로 자기 팀을 저버리게 될 수도 있다. 2018년 미국 프로야구 내셔널리그 챔피언십 시리즈 경기에서 매니 마차도가 그랬던 것처럼 말이다. 마차도는 유격수와 삼루수 사이로 깊이 공을 쳐놓고는 슬렁슬렁 뛰다가 아웃을 당한 뒤 기자에게 이렇게 말했다. "나는 냅다 달려들어 일루에 슬라이딩하는 유형의 선수가 아니에요. 그것은 내 성격에도 안 맞고 내 취향도 아니죠. 난 그런 사람이 아닙니다."

루 게릭이라면 어떻게 생각했을까. "항상 끝까지 달려라. 어떻게 될지는 아무도 모른다." 이것이 양키스 클럽하우스의 좌우명이다. 훌륭한 선수에게는 이 규칙을 상기시켜주는 일이 필요하지 않다. 이미 그 선수의 혈관 속에 흐르고 있기 때문이다. 게릭은 이렇게 말했다. "선수가 경기에 열성적으로 덤벼들지 않는 것은 어떻게도 변명할 수 없다. 나는 모든 선수가 야구장에 나와 있는 모든 순간 팔을 걷어붙이고 달려드는 것이 자기 자신과 팀, 대중에 대한 의무라고 믿는다." 자기 일에 제대로 덤벼들지 않는 사람이라면, 도대체 어떤 사람인가? 그렇다면 자신을 믿는 사람들은 어떻게 되는 것일까?

이듬해에 마차도는 자유계약선수로서 큰 계약을 맺기는 했지만, 그가 1순위로 희망한 양키스와는 계약하지 못했다. 양키스 구단주는 경기에서 달려들지 않는 행동은 "야구계에서는 인정받지 못한다"라는 말로 그 이유를 설명했다.

스포츠 경기나 선수의 태도는 우리를 비추는 거울 역할을 해준다. 우리 모두의 내면에는 약간의 매클렐런이 있고, 약간의 마차도도 있다. 우리는 지치고 겁을 먹는다. 일이 힘들어지리라는 것을 안다. 지위와 직급이 생기고 허영심도 생긴다. 굳이 힘들게 노력할 이유가 있는지 의문이 생긴다. 어리석어 보이기도 싫다. 그러나 우리는 이 모든 것을 뚫고 밀고 나가야 한다.

나폴레옹은 말했다. "전투에서 질 순 있다. 그러나 단 1분도 나태함 때문에 허비하진 말라."

온 힘을 다해 덤벼드는 사람은 소수다. 우리는 동료나 가족이 필요할 때 언제나 그들 곁에 있어 주리라는 신뢰를 주는 사람일까 아니면 그들이 상황의 긴급함을 거듭 반복해서 재촉해야만 움직이는 사람일까? 만약 그렇다면 그 사실은 자기가 어떤 사람이라고 말해주는 것일까?

더 나아지도록, 목표에 도달하도록 자신을 더 밀어붙여야 한다. 우리가 어떤 일에 열정적으로 덤벼드는 것은 그 일이 우리에게 중요하기 때문이다. 우리가 그 경기를, 그 대의를 중요하게 여기기 때문이다.

우리가 지체 없이 달려드는 것은 미래를 절대 알 수 없기 때문이다. 언제 그 행동이 변화를 가져올지, 언제 누군가가 지켜볼지, 언제가 마지막 시도가 될지, 언제 '느긋함'이 우리에게서 모든 것을 앗아갈지 모르기 때문이다. 우리는 언제나 끝까지 달려야 한다. 그것이 우리가 어떤 사람인지 말해줄 것이다.

13

천천히 서두르기

훗날 로마제국의 제1대 황제가 되는 옥타비아누스는 겨우 열여덟 살에 율리우스 카이사르의 후계자로 지명되었다. 열아홉 살 때는 포럼에서 로마의 핵심 세력들을 향해 자기 양부 카이사르의 동상을 가리키며, 그에 필적하는 업적을 세우겠노라고 맹세했다. 옥타비아누스는 성공 가도에 오를 젊은이, 흔한 표현으로 성공 가도를 질주할 젊은이였다. 하지만 옥타비아누스가 유명한 아우구스투스, 즉 '존엄한 자'라는 칭호를 얻은 것은 빨리 달렸기 때문이 아니다.

옥타비아누스는 계승권을 주장하던 상태에서 황제의 자리에 오르기까지 놀라운 체계성과 참을성을 보였는데, 이는 아테노도루스와 아리우스 디디무스라는 두 명의 위대한 스토아 철학자를 스승으로 삼고 그들의 충고에 따른 것이었다. 옥타비아누스는 마르쿠스 안토니우스와 10년 동안 권력을 나누어 가졌으며, 원로원 제1인자인 '프린켑스 세나투스'로서 5년을 보냈다. 그리고 마침내 기원전 27년에 스스로 아우구스투스 카이사르라고 선언했다.

옥타비아누스의 이 찬란한 부상(浮上)은 그의 전임자나 후계자 대부분과 달리 실제로 계속 유지되었다. 그것은 옥타비아누스가 가장 좋아한 '페스티나 렌테'라는 말과도 일치하기 때문이다. 이 말은 천천히 서두르라는 뜻이다.

로마제정 시기의 역사가 수에토니우스가 쓴 바대로 "옥타비아누스는 잘 훈련된 지도자에게 성급함과 경솔함보다 더 어울리지 않는 것은 없다고 생각했다. 그에 따라 '서두를수록 속도는 더 느려진다', '대범한 지휘관보다는 안전을 챙기는 지휘관이 더 낫다', '충분히 잘 마무리한 일이 충분히 빨리 마무리한 일이다' 같은 말들을 좋아했다."

열정적으로 덤벼드는 태도는 중요하다. 우리는 꾸물거리거나 미루거나 느릿느릿해서는 안 된다. 우리는 신속하게 달려야 한다. 동시에 우리의 경로에는 규칙적인 속도 조절도 필요하다. 서두르는 사람, 효능보다 효율을 중시하는 사람, '사소한 일'을 무시하는 사람은 결국 그리 능률적이지 않다.

옥타비아누스가 권좌에 올랐을 때, 로마는 벽돌로 이루어진 도시였다. 후에 옥타비아누스는 대리석으로 이루어진 장엄

한 제국을 후손에게 남겨주게 된 것이 자랑스럽다고 말했다. 그것은 시간이 걸리고 수많은 작은 일을 제대로 해내야만 하는 일이지만, 그럴 만한 가치가 있었다.

빨리하기는 쉽다. 그것이 항상 최고는 아닐 뿐이다.

군대에서는 느린 것이 순조로운 것이고, 순조로운 것이 빠른 것이라는 말을 즐겨 한다. 제대로 하면 빨리 된다. 너무 빨리하려 하면 제대로 안 된다.

지체하지 않고 덤벼드는 것과 천천히 서두르는 것 사이에서 어떻게 균형을 잡을 수 있을까? 그 균형을 가장 잘 구현한 이는 아마도 조지 토머스라는 또 한 명의 남북전쟁 당시 장군일 것이다. 토머스는 빠른 속도로 잘 알려진 사람은 아니다. 오히려 토머스는 기병대 지휘관으로서 그가 실시했던 규율 때문에 '늙고 느린 말의 걸음걸이'라는 별명으로 불렸다. 그렇지만 토머스는 느린 것이 아니라 신중한 사람이었다.

토머스는 섣불리 움직이다 공격당하는 것도, 그렇다고 대의를 추구하지 못하게 저지당하는 것도 원하지 않았다. 토머스가 '치커모가의 바위'라는 또 다른 별명을 얻은 것도, 상황이 좋을 때만 움직이는 조지 매클렐런 장군 같은 이라면 쉽게 무너졌을 대대적인 적의 공격 앞에서도 굳건히 버텼기 때문이었다. 토머스는 내슈빌에서 남부군을 이끄는 후드 장군의 군대와 맞서 싸우는 일에 별로 신속하게 움직이지 않았다는 이유로 훗날 미국의 제18대 대통령에 오르는 당시 북군의 총사령관 그랜트와 충돌을 빚었다. "즉시 공격을 시작"하라는 자기 명령을 받고도 토머스가 어찌나 시간을 끄는지 답답해서 속이 터질 것 같았던 그랜트는 자기가 직접 지휘하겠다며 내슈빌을 향해 출발했다.

하지만 이는 토머스에게는 부당한 일이었다. 언제나 득달같이 달려들어야 한다는 것이 너무 단순한 생각이다. 그랜트는 토머스가 서두르지 않고 미적거린다고 생각했다. 그러나 사실 토머스는 완전히 전투에 전념하고 있었고, 그가 천천히 움직인 것은 먼저 모든 준비를 제대로 하려는 의도였다. 토머스는 제대로 준비해서 보급품을 넉넉히 마련하고 효과적인 훈련을 마친 채 최적의 순간만을 기다렸다. 그런 다음 신중한 속도로 공세에 나섰다. 1864년 12월 토머스는 내슈빌 전투에서 적을 전멸시키며 남북전쟁에서 손꼽히는 커다란 승리를 이끌었다.

'늙고 걸음이 느린 경주마'는 '바위'였다. 일단 구르기 시작하면 그 무엇도 막아설 수 없는 바위 말이다. 그것이 바로 천천히 서두르는 것이다. 에너지에 절도를 더하고, 노력을 정확히 계산하며, 열의에 통제력을 더한다.

에스파냐의 시인 후안 라몬 히메네스는 이렇게 말했다. "천천히 하면 모든 것을 정확하게 하게 된다." 이 말은 지도자의 임무뿐 아니라 근력 운동에도, 달리기와 글쓰기에도 적용된다. 일에 덤벼들 때 중요한 것은 항상 서두르는 것이 아니다. 제대로 일을 처리하는 것이 중요하다. 천천히 움직여도 괜찮다. 절대 멈추지 않는다면 말이다. 토끼와 거북이 이야기에서 실제로 경주에 열중하며 달려든 건 거북이라는 것을 우리는 알지 않는가. 토끼는 매니 마차도나 조지 매클렐런이었다. 그들은 영리하며 간혹 돌발적으로 빠른 속도를 내기는 하지만 항상 그 상태를 지속하지는 않았다.

"일을 엉망으로 하는 사람이 자기 일을 제대로 잘 해내는 사람에게 서두르라고 요구할 권리는 없다." 히메네스가 평론가나 편집자, 심지어 참을성 없는 독자를 향해 한 말이다. 그러니 우리는 우리가 서두르기를 원하는 사람뿐 아니라, 행동하고 싶어 하고 준비되기 전에 시작하려고 하는 우리 안의 한 부분을 향해서도 이런 태도를 견지해야 한다. 싸우기를, 움직이기를 너무나 좋아하고 곧바로 일로 돌진하기를 원하는 바로 그 일부분 말이다. 물론 추진력은 없는 것보다는 있는 것이 낫지만, 제대로 관리하지 못한 추진력은 자산을 부채로 바꿔버릴 것이다.

14

오랜 시간에 걸쳐 완성된 제2의 본성

일본의 검술 대가 나카야마 하쿠도는 하루에 2000번씩 검을 뽑는 것을 연습했다고 한다. 한번은 하야시자키신사에서 인내를 훈련하려고 스물네 시간 동안 1만 번이나 검을 뽑았다는 기록도 남아 있다. 그 기록을 세우려면 얼마나 빠른 속도로 움직여야 했을지, 그렇게 짧은 시간 동안 1만 번이나 동작을 반복하려면 얼마나 철저하게 움직여야 했을지 상상하기조차 어렵다. 그런데 하쿠도는 애초에 왜 그런 일을 하려 한 것일까? 왜냐하면 옥타비아누스의 스승 아리우스 디디무스가 말했듯이 "오랜 시간에 걸친 연습은 제2의 본성이 되기" 때문이다. 급한 상황이 닥쳤을 때 갑자기 실력을 높여 대처할 수는 없다. 우리가 훈련한 수준까지만 대처할 수 있을 뿐이다.

언젠가 자기가 세상에서 최고의 무사라고 생각하는 미야케 군베라는 자가 일본 에도시대의 무사 미야모토 무사시에게 도전했다. 싸움이 뜻대로 되지 않아 답답해진 군베는 세 번째 공격에서 무사시를 향해 사납게 돌진했다. 정확히 이런 시나리오를 수없이 준비해왔던 무사시는 "그렇게는 안 되지"라며 사뿐히 피했고, 동시에 군베는 무사시의 검에 뺨을 베었다.

무사시는 이런 상황을 어떻게 예상했을까? 답은 연습이다. 무사시의 좌우명은 조단석련(朝鍛夕練), 즉 아침부터 밤까지 훈련한다는 것이었다. 무사시는 이렇게 썼다. "1000일은 기술을 기르는 훈련을 하고, 1000일은 그 기술을 갈고닦는 훈련을 하라." 무사에게 '상당히' 잘한다는 말은 있을 수 없다. 상당히 잘하는 검술사가 더 잘 싸우는 검술사를 만나면 죽는 수밖에 없다. 농구 명예의 전당에 이름을 올린 미국의 정치가 빌 브래들리도 같은 맥락의 이야기를 한 적이 있다. 우리가 연습하고 실력을 갈고닦고 노력하는 일을 게을리할 때, 어디선가 다른 누군가는 그 일을 하고 있으며, 언젠가 우리가 그를 만났을 때 우리는 패배할 거라는 이야기였다.

군베는 운 좋게도 이런 교훈을 얻고서 살아남아 그 이야기를 전할 수 있었다. 군베는 무사시에게 상처를 치료받은 뒤 자신이 무사시에게 상대도 되지 않는다는 사실을 인정하고 그의 제자가 되었고, 다시는 그렇게 경솔하게 행동하는 실수를 범하지 않을 때까지 무사시 밑에서 훈련하고 수련했다.

단순한 주입식 훈련이 아니다. 연습 없이는 위대함도 없다. 수없이 연습해야 한다. 끝없이 반복해서 연습해야 한다. 탈진할 때까지, 뼈가 으스러질 때까지, 영혼이 갈릴 때까지 연습해야 한다. 하지만 이런 연습의 결과는 탈진하고 뼈가 으스러지고 영혼이 갈리는 듯한 세 가지 느낌과는 정반대의 것이다. 힘이 솟고 몸이 강인해지고 자신감이 차오른다.

연습한 사람은 그것을 누릴 자격이 있다. 물론 몸은 얼얼해질 테지만, 그것은 연습했다는 증거다. 그 얼얼함에서 나오는 진정한 열기는 우리의 기술과 일과 생활에 적용할 수 있다.

에스파냐의 첼리스트 파블로 카살스는 생애 후반까지, 거장으로 널리 인정받고 난 뒤에도 오래도록 연습을 계속했다. 그때도 여전히 연습하면 자신이 더 나아진다고 믿었기 때문이다. 발전과 연습은 동의어다. 연습 없이는 발전할 수 없고, 발전이 없으면 연습은 무가치하다.

칼집에서 검 뽑기, 찌르기, 막기 등 기술을 수행할 체력을 키우고자 역기를 들고 컨디션을 조절한다. 모든 기술을 하나로 융화하기 위해 실전 연습을 한다. 음악도 마찬가지다. 재능 있는 다른 연주자들과 함께 합주해볼 수도 있고, 그 모든 연주 경험을 토대로 새로운 곡을 배울 수도 있다. 하지만 카살스가 그랬듯이 이 모두를 할 수 있게 되기 전까지 우리는 수많은 시간을 음계를 정확히 내는 법부터 연습하며 보내야 한다. 자신의 음계는 무엇인가? 그것을 알아내고 연습하는 것이 좋다.

자신이 하는 일이 무엇이든, 연습은 실력을 키워준다. 영국의 간호사 플로렌스 나이팅게일은 젊은 간호사들에게 간호란 "그 어떤 화가나 조각가의 작업 못지않게 꼼꼼한 준비가 필요한 예술"이라고 설명했다. 처칠은 수많은 저녁을 '즉흥 연설'을 연습하며 보냈다.

무사처럼, 올림픽 선수처럼, 탁월함을 추구하는 거장처럼 자기 기술을 훈련하는 것이 어떤 일일지는 자신만이 안다. 아침부터 밤까지 연습해야 하는 것이 무엇인지, 수만 번을 반복해야 하는 것이 무엇인지는 자신만이 알 것이다.

쉬운 일은 아닐 것이다. 하지만 그 힘겨운 노력 속에는 자유와 자신감도 들어 있다. 몰입 상태에서 느끼는 환희가 있고 제2의 본성이 만들어내는 리듬이 있다. 그렇게 연습한 결과 필요한 순간에 정확히 무엇을 해야 하는지 안다는 사실에서 오는 차분한 평온이 있다. 그리고 바로 그 일을 해낼 수 있다는 자부심과 확신도.

15

몰입한 사람은 성과를 계산하지 않는다

매년 노벨문학상 유력 후보로 거론되는 미국의 작가 조이스 캐럴 오츠는 약력 첫머리에 항상 지금까지 그가 출판한 책의 종수를 언급한다. 적어도 1970년대 이후로 오츠가 출판을 멈춘 일은 없으므로 그럴 수밖에 없을 것이다.

첫 작품 『몸서리치는 추락(With Shuddering Fall)』은 1964년에 출간되었다. 1980년대에 이르렀을 때 오츠는 이미 열아홉 권의 책을 출간한 상태였고, 1990년대에는 스물일곱 권으로 늘어났다. 2000년대에 들어서서 첫 10년 동안 열 권을 더 출간했고, 2010년대에는 열한 권이 더 나왔다. 그러는 동안 다른 필명들로 십여 편의 장편소설을 더 출간했고, 단편집 마흔다섯 권, 시선집 열두 권, 중편소설 열한 편, 희곡 아홉 편, 청소년 소설 여섯 편, 어린이책 네 권을 냈다. 그는 80대에 접어든 지금도 여전히 창작을 계속하고 있다. 오츠가 쓴 작품에 나오는 단어를 모두 더한다면 몇 개일까? 1500만 개? 2000만 개?

모든 위대한 이들은 이렇게 한다. 그들은 그냥 일하는 곳에 나타나는 것만이 아니고, 연습에만 그치는 것도 아니며, 해야 할 일을 묵묵히 해낸다. 대체로 더 유명하며 주로 남성인 동년배의 다른 작가들은 화려한 연회에 참석했다. 연애 문제로 물의를 일으켰다. 자신의 문학적 페르소나를 만들고, 글이 안 써지는 슬럼프와 싸우면서 중독에도 빠져들었다. 반면 조이스 캐럴 오츠는 글을 쓰고, 글 쓰는 법을 가르치고, 책을 출판하는 일에만 몰두했다.

"내가 속한 세계는 일에 관해 떠드는 사람들이 아니라 실제로 일을 하는 사람들의 세상이다. 그러니 만약 도저히 글이 써지지 않거나 너무 피곤하거나 이렇거나 저렇거나 어쨌거나 생각만 하고 앉아 있을 때는 그냥 가서 쓰는 것이 항상 정답이다"라고 오츠는 말했다.

그리고 이것은 지금까지 58년 동안 경력을 쌓으면서 오츠가 거의 매일 한 일이기도 하다. 초고는 손으로 직접 쓰며 연필과 펜을 갈아 넣고 그다음에는 타자기로, 이어서 컴퓨터로 끊임없이 원고를 다듬는다.

고대 그리스에는 이런 종류의 끊임없는 근면성을 가리키는 '필로포니아'라는 단어가 있었을 뿐 아니라 근면성을 기리는 상도 있었다. 이렇게 노력을 사랑하고 일을 해나가는 과정을 사랑하는 자세가 바로 루 게릭 같은 사람을 정의한다. 1933년에 미국의 댄 대니얼이라는 기자는 루 게릭에게 연속으로 몇 경기나 했는지 아느냐고 물었다. 게릭은 수백 회는 될 것이라고 추측했다. 루 게릭은 그 해까지의 정규시즌만 계산해도 1593회의 경기에 출장했으니 인터뷰하던 시점에는 이미 그의 답보다 두 배 넘는 연속 출장 기록을 이어가고 있었는데 말이다.

오츠도 비슷하다. 오츠가 몇 권의 책을 썼느냐는 질문을 받는다면 아마 그 역시 자기가 쓴 책의 권수보다 더 낮은 숫자를 말할 것이다. 오츠는 집필을 그런 식으로 생각하지 않는다. 오츠는 작품 자체, 어느 작가의 표현을 빌리면 '엘 트라바호 구스토소(el trabajo gustoso)', 즉 만족스러운 작품인지를 따지지 그 작품에서 어떤 결과가 나올지는 생각하지 않는다.

오츠는 이렇게 설명했다. "나는 늘 아주 틀에 박힌 절도 있는 삶을 살아왔다. 철저히 규칙적인 시간에 일하고, 이색적인 것은 아무것도 없으며, 시간을 어떻게 쓸지 계획할 필요조차 느끼지 않는다. 우리 모두 각자 하루 스물네 시간을 사는데, 이는 꼭 해야 하는 일을 넉넉히 하고도 남는 시간이다."

오늘날 우리는 일에 몰입하기보다 일에 관해 떠들기를 더 좋아한다. 그리고 소셜 미디어에 대단한 일을 하는 것처럼 자기 일을 보여주기 좋아한다. 적합한 도구를 마련하거나 작업실을 멋지게 꾸미는 데도 많은 돈을 쓴다.

그렇다면 거기 앉아 매일 일하는 것은 어떠한가? 생각만 해도 고문 같을 것이다. 때로는 진짜 고문 그 자체일 때도 있다!

글이 술술 풀리지 않는 날도 있고, 감정적 상처로 고통스러운 날도 있다. 특히 손으로 글을 쓰는 오츠는 손가락이 아프고 눈이 침침해지는 날도 있었다. 하지만 그렇다고 해서 오츠가 하루를 다르게 보내는 일은 없다.

만약 일을 제대로 하고 있다면 일하지 않는 것도 고문일 것이다. 썰매 끄는 개는 계속 가슴에 줄을 채워주지 않으면 언제 채워주나 하고 초조하게 기다린다. 말은 나가서 달리고 싶어 하고, 꿀벌은 벌집에서 떼어놓으면 죽는다. 자기가 해야 할 일을 찾았다면 그저 그 일을 하면 된다.

현대무용의 개척자 마사 그레이엄은 소극장에서 상연하는 공연에 출연하던 시절, 자기 무대 다음에 이어 펼쳐지던 새들의 공연 이야기를 자주 했다. 수년간 강화 훈련과 공연을 반복해 온 하얀 앵무새들은 음악이 시작되면 열리는 새장 문으로 나와서 무대에 올라가 연기를 펼치기 전까지 잔뜩 흥분해서 거의 발작을 일으킬 듯한 상태로 창살을 발톱으로 움켜쥐고 날개를 퍼덕거렸다고 한다. 그레이엄은 춤에 몰두하지 않는 학생을 보면 "새들을 생각하라고, 젠장, 새들을!" 하고 고함치곤 했다. 새가 사람보다 더 강한 열망을 품을 수는 없을 것이다.

어떤 사람들은 그만큼 노고를 쏟고 나서 얻는 보상이 뭐냐고 묻는다. 그 보상이 상을 받거나 명성을 얻거나 자신이 개발한 상품이 인기 상품 목록에 오르는 것으로 생각했다면 그 생각은 틀렸다. 어떤 이들은 보증을 원한다. 그 일에 1만 시간을 투자하면 그다음에는 그 직업을 얻을 수 있을까? 그러면 전문가로 활동할 수 있을까? 그러면 부자가 될 수 있을까? 아니다. 일은 그렇게 돌아가지 않는다.

언제나, 그리고 영원히 일 자체가 보상이다. 일이 주는 기쁨 그 자체 말이다. 일은 고문이면서 또한 천국이며, 구슬땀을 흘리게 하지만 경이로운 구원을 내려준다.

일 자체를 보상으로 여길 때 우리는 엄청난 양의 일을 해낼 수 있다. 마지못해 툴툴거리며 하는 것이 아니라 그 일을 진정으로 사랑할 때 말이다. 음악계에서 아주 열심히 일하는 것으로 알려진 미국의 가수 브루스 스프링스틴은 오랜 세월 동안 연주를 "놀이(playing)"라고 부르는 데는 다 그럴 만한 이유가 있다고 설명했다.

오츠는 이렇게 말했다. "내게 일한다는, 특히 '힘들게 일한다'는 의식은 전혀 없다. 글쓰기와 가르치기는 내게 언제나 아주 풍성한 보상을 주기에 나는 그 일들을 흔히 말하는 의미에서 노동이라고 생각하지 않는다."

일하지 않고서는 삶에서 아무것도 이룰 수 없다. 하지만 일이라고 느껴지지 않는 종류의 일을 할 때, 스스로 가슴에 줄을 차고 들판으로 뛰어나가게 하는 짜릿한 흥분을 따라갈 때, 빨리 시작하고 싶고 목표를 붙잡고 싶은 충동을 따라갈 때 우리는 어떤 신비한 장소에 도착하게 된다.

스토아 철학자들은 우리에게 이렇게 말한다. 어떤 존재가 되고 싶은지 결정하고, 그런 다음 그렇게 될 수 있는 일을 하라고. 그 일을 한다고 인정받게 될까? 그럴 수도 있지만, 그렇다고 해도 타인에게 인정받는 일은 일 자체에서 얻은 기쁨의 여분에 지나지 않을 것이다.

16

성공하는 사람의 옷차림

독일의 정치가 앙겔라 메르켈은 독일이 동서로 나뉘어 있을 때 공산주의를 표방했던 동독에서 자랐다. 소박한 호사조차 전혀 누릴 수 없었고, 밀고자들이 항상 주변에 있었으니 어떤 일에서도 튀지 않는 것이 최선이었으며, 특히 복장은 눈에 안 띌수록 좋았다.

1990년에 메르켈은 베를린장벽 너머에서 그리고 수년간 양자화학자로 일해 왔던 섬 같은 학문의 세계에서 빠져나와 정치의 세계로 들어섰다. 갑자기 메르켈의 외양에 온갖 관심이 쏠렸고, 이는 그로서는 너무나 놀라운 일이었다. 어느 정치 컨설턴트가 메르켈에게 스타일을 좀 개선해보라고 권했을 때 메르켈은 굴욕감을 느꼈다.

동구권 국가에서는 그런 행동을 하는 사람이 없었다. 하지만 정치가는 스타일에 신경을 써야만 한다. 특히 이중 잣대 때문에 여성 정치인은 더욱 그렇다.

언젠가 한 기자가 메르켈에게 왜 그렇게 똑같은 바지 정장을 자주 입느냐고, 다른 옷은 없느냐고 물었을 때 메르켈은 답했다. "나는 공무원입니다. 모델이 아니고요." 하지만 메르켈은 동시에 정치를 '쇼'라고 말할 만큼 예리한 구석도 있었다. 그래서 메르켈은 비범한 쇼를 보여주기로 결심했다.

메르켈은 옷을 수수하게 입는다. 유행하는 패션이나 비싼 디자이너 의상은 무시한다. 메르켈은 발에 편한 신발을 선호하고, 늘 같은 단발머리를 하고 다닌다. 거의 매일 신이 만든 모습 그대로, 그러니까 화장기 없이 일할 준비가 된 모습으로 집무실이나 텔레비전에 나타났다. 메르켈을 비판하는 사람과 지지하는 사람이 모두 즐겨 하는 농담이 있다.

"오래된 옷으로 메르켈이 하는 일은?"
"입는 것."

사람들이 자기 겉모습을 눈여겨보자 메르켈은 그것을 소박함과 진정성을 표명하는 선언으로 활용했다. 어떤 사람들은 패션을 둘러싼 게임에 빠져들고, 어떤 사람들은 자기는 그런 게임을 초월했다고 생각한다. 메르켈은 자기만의 침착하고 진심 어린 방식으로 그 게임에 참여하는 방법을 찾아냈다.

스토아학파는 키니코스학파가 널리 퍼뜨린, 철학자라면 사회가 요구하는 표준과 유행을 적극적으로 거슬러야 한다는 생각에 반대했다. 키니코스학파는 사회의 통념을 거부하기 위해 일부러 거친 누더기를 걸치고 다녔지만, 스토아학파는 평범한 사람처럼 옷을 입었다. 스토아학파에게 중요한 다름은 내면에 든 것의 차이였다.

스토아 철학자도 불필요한 사치나 어리석은 유행을 따르는 일은 삼갔다. 무소니우스 루푸스는 이렇게 말했다. "옷과 신발은 갑옷과 똑같은 방식으로, 즉 남에게 보여주려는 것이 아니라 몸을 보호하려는 목적으로 사용해야 한다. 전쟁터에서는 반짝임으로 눈길을 끄는 갑옷이나 무기가 아니라 착용자를 가장 잘 보호하도록 설계된 갑옷과 가장 효과적으로 공격할 수 있는 무기가 최고인 것처럼, 의복과 신발도 어리석은 자들이 고개를 빼고 바라보게 하는 것이 아니라 몸을 보호하는 데 가장 유용한 것이 최고다."

지도자는 사소한 일도 소홀히 하지 말아야 하지만, 소수의 사람에게만 중요한 것이 무엇인지도 알아야 한다. 옷차림과 스타일에서 '절제'의 기준점을 정확히 잡기는 까다롭다. 단정하지 못하고 지저분한 사람을 자기 관리가 철저한 사람이라고 말하기는 어렵다. 반면 본질적인 것보다 표면적인 것에 더 가치를 두어서 칼같이 잡은 주름, 유명 브랜드, 화려한 최신 스타일 등을 추구하는 사람 역시 핵심에서 벗어난 것은 매한가지다.

어쩌면 애플을 창업한 미국의 기업가 스티브 잡스가 한 가지 형태의 편안한 티셔츠와 한 가지 브랜드의 청바지만을 골라서 평생 모든 상황에서 입은 것도 그 때문일 것이다. 그 옷들은 싸구려가 아니고, 몸에 잘 맞으며, 모든 상황에 적절하고, 절대 유행에서 벗어나는 법이 없었다. 그 옷들만 입기 시작한 뒤로 잡스가 무슨 옷을 입을지 고민한 일은 한 번도 없었다.

훗날 미국의 제12대 대통령에 오르는 재커리 테일러 장군은 제복 입기를 싫어하고 자기 계급장이나 훈장을 과시하듯 보여주는 것을 좋아하지 않았다. 남을 배려하기 위해서였다. 그러나 멕시코·미국전쟁 당시 리오그란데강의 강가에서 데이비드 코너 준장을 만날 때는 정식으로 제복을 차려입는 것이 해군 장교들에게 적합한 일로 여겨지므로 상대를 배려해 제복을 갖추어 입었다. 한편 코너 준장은 테일러의 소박한 스타일을 존중한다는 것을 보여주고자 사복을 입고 찾아왔다! 이는 모든 상황에서 모든 사람이 각자 다른 접근법으로 문제에 다가간다는 것을 보여준다.

대체로 우리가 '전쟁터'에 있는 일은 드물다. 때때로 입사 면접을 보거나 카메라 앞에 서거나 중요한 사람을 만나는 일은 생긴다. 자기가 표면적인 것을 그리 중시하지 않는다고 해서 다른 사람들이 받는 인상이 중요하지 않은 것은 아니다. 특히 우리가 무언가를 성취하려고 하거나 누군가에게 무언가를 설득하려고 노력할 때는 더욱 그렇다. 어떤 것을 어떻게 보여주는가는 중요하며, 다른 사람들이 어떤 느낌을 받는가도 중요하다. 그것이 모든 것은 아니지만, 그것을 무시하다가는 스스로 손해를 자초할 수 있다.

책상을 깨끗이 정리하는 것이 생산성과 집중력을 높이는 데 경이로운 효과를 발휘하듯. 면도를 깔끔하게 하거나 갓 다림질한 옷을 입는 것처럼 외모를 깔끔하게 챙기는 일에도 우리 머리를 맑게 해주는 뭔가가 있다. 루 게릭이 활동하던 시기 양키스의 감독 조 매카시가 탈의실에서 면도하는 것을 금지한 것도 그 때문이었다. 선수들이 면도하지 않기를 바라서가 아니라 반대로 미리 면도하고 운동할 준비를 마친 상태에서 나오라고 요구한 것이다. 목욕 가운을 입고 자기 최고의 기량을 발휘하는 사람은 없다. 이는 우리가 종일 집안에만 있을 예정이라고 해도 아침에 샤워하고 준비해야 하는 까닭이다. 결국 빛을 발하는 존재가 자기 자신이 될 때까지 열심히 구두에 광을 내야 한다.

세상은 예측할 수 없지만 자신을 돌보는 방식 하나는 우리가 통제할 수 있다. 침대를 정리하고 셔츠 끝을 단정하게 집어넣고 머리를 빗는 사소한 일은 언제든 할 수 있으며, 혼란스러운 상황에서도 이런 실천이 질서와 청결을 불어넣는다.

전쟁포로 생존자와 홀로코스트 생존자는 자신들이 처한 지저분하고 두려운 환경에서도 외양을 깔끔하게 유지할 방법을 찾아내려고 노력했다는 이야기를 들려준다. 그런 행동을 허영이라고 비난할 사람은 아무도 없다. 오히려 우리는 그들을 탄압하는 자들이 그들에게서 강탈하기를 원했던 존엄을 지키려 한 용기 있는 행동이라고 이해한다.

사소한 부분에도 꼼꼼히 신경을 써야 하지만, 표면에 치중할 필요는 없다. 이것이 절제의 세계다. 절제란 상반되는 가치들 사이에서 균형을 찾는 것이다.

우리는 코너 준장처럼 해야 할 때도 있고, 테일러 장군처럼 해야 할 때도 있다. 우리도 앙겔라 메르켈처럼 다른 사람들의 시선에 주의를 빼앗기거나 사로잡히지 않으면서 겉모습을 둘러싼 게임을 능란하게 치르는 요령을 터득해야 한다.

옷을 잘 입어야 하지만 너무 잘 입을 필요는 없다. 자신을 잘 돌보는 일에 신경을 써야 하지만 그러느라 우리가 돌봐야 할 사람이나 상황을 방치하는 것 또한 문제다. 우리가 옷을 입어야지 옷이 우리를 입어서는 안 된다.

17

한 번의 승리보다 더 중요한 것

그 일 때문에 미국의 농구 감독 그레그 포포비치는 25만 달러를 벌금으로 냈지만, 그 덕에 지역 대회에서 우승을 두 번 더 차지하고 다섯 번째로 최종 우승을 거머쥐었다. 또한 그 일은 미국 프로농구협회(NBA·National Basketball Association)는 물론 다른 모든 스포츠까지 바꿔놓았다.

2012년의 일이다. 미국의 프로농구팀 샌안토니오 스퍼스는 6연속 원정 경기를 치르고 있었다. 올랜도 매직을 상대로 승리를 거둔 지 겨우 스물네 시간이 지났고, 2700킬로미터 남짓 떨어진 토론토에 가서 토론토 랩터스와 두 번의 연장전 끝에 승리를 거둔 지 일흔두 시간이 지난 시점이었다. 총 66회의 경기에 그 어느 때보다 이틀 연속으로 치르는 경기가 많아서 일정이 너무나 빡빡했다. 그뿐 아니라 바로 앞 시즌에는 포포비치의 팀에서 스타 선수인 마누 히노빌리와 토니 파커가 플레이오프가 끝나자마자 곧바로 올림픽에 출전해 각자 자기 나라의 국가대표팀에서 뛰었다. 역사상 가장 뛰어난 파워포워드라 할 만한 팀 덩컨은 리그에서 16년째 뛰고 있었다.

샌안토니오 스퍼스는 경력을 살펴보면 이미 프로로서 경기를 3000회 이상 치른 선수들로 구성되어 있었다. 그래서 많은 경기 내내 지치지 않고 열심히 뛰는 선수들의 기량에 힘입어 농구의 명문답게 플레이오프에서도 줄곧 좋은 성적을 냈다.

그런데 스퍼스의 감독 포포비치는 전국에 텔레비전으로 생중계되는 경기에 일부러 팀의 주전선수 네 명을 출전시키지 않고 쉬게 했다. 이 결정은 많은 사람들에게 충격을 안겨주고 논란을 불러일으켰다. 팀은 그들이 경기에서 뛰기를 원했지만 공교롭게도 그날 팀 비행기에 문제가 생겨 네 선수는 사우스웨스트 항공편으로 샌안토니오에 돌아갔다. 그러자 팬들은 화가 나서 환불을 요구했고 아나운서는 화를 냈으며 방송권을 확보하느라 비싼 돈을 치른 채널들도 격분했다. 다른 코치들은 불평했고, 선수들은 포포비치를 비난했다. NBA는 신속하게 비싼 벌금을 부과해 포포비치를 징계했다.

그러나 포포비치는 더 긴 안목으로 경기를 운영하려는 자제심이 있었다. 선수들이 휴식하게 해서 플레이오프에서 더 좋은 성적을 올릴 만한 에너지를 충분히 비축해두고, 그럼으로써 그들이 경력을 더 길게 이어가며 계속 최정예 선수로 뛸 수 있게 하려는 전략이었다. 이를 일컫는 간단한 명칭이 바로 부하 관리(load management)다.

"우리는 인기를 얻기 위한 결정이 아니라 더 현명한 결정을 내리고자 했습니다." 포포비치는 한 기자에게 앞으로 이 방법이 어디에서나 볼 수 있는 코칭 관행 될 것이라고 말했다. "꽤 논리적인 일이지요."

논리적인 결정이다. 번아웃과 부상은 휴식 시간보다 훨씬 더 비싼 대가를 치르게 한다. 그렇다면 사람들이 좋아할 결정일까? 물론 아니다. 그리고 절대 쉬운 결정도 아니다.

우리가 어떤 일에 전념할 때, 강한 추진력으로 돌진할 때, 이기고 싶을 때, 자기 절제는 주로 일찍 일어나 더 많은 일을 하는 방식으로 발휘된다. 그러나 때로는 휴식하는 것이 더 어려운 선택이자 더 훌륭한 자제의 실천이다. 그것은 생각 없이 자기 어깨나 무릎 위에 무거운 짐을 지우는 것이 아니라 그 짐의 무게를 관리하는 것이다. 운동을 빼먹고 싶은 욕망과 운동을 너무 많이 하려는 충동은 서로 출발점은 아주 다르지만 결국에는 똑같은 장소에 도달한다. 그것은 장기적 대가가 따르는 단기적 흥정이다. 막대사탕이나 마약이 주는 쾌락처럼 나중에 이자까지 더해서 그 값을 치러야 한다.

상대적으로 짧은 운동선수 생명에도 감당하기 어려울 만큼 위협적이라면 운동선수가 아닌 우리에게는 얼마나 더 치명적인 것일까. 우리는 자신을 갈아 넣는 직업적 경력을 수십 년 동안이나 쌓아갈 것이고 보통 평생 비슷한 분야의 직업을 유지할 것이다.

우리는 조금 더 일을 떠맡고 자기를 조금 더 밀어붙이면 앞서 나가리라고 생각한다. 고통이 작지만 분명한 경고 신호를 보내는데도 밀고 나가는 것이 대단히 훌륭한 일이라고 생각한다. 사실은 그렇지 않은 경우가 더 많다. 그렇게 우리는 핵심을 놓친다. 존 스타인벡은 이것이 "과로라는 무절제"이며 "경제적으로 가장 잘못된 판단"이라는 것을 되새겼다.

그 증거는 무엇일까? 너무 일찍 정상을 찍고 내려오는 스포츠팀들, 선수 경력을 끝내버리는 부상, 서둘러 낸 것이 분명한 책들, 압박감에 잘못 내린 결정, 예방할 수 있는 병에 걸려 놓친 나날들, 번아웃으로 고통받는 사람들이 바로 그 증거다.

더 나쁜 일이 일어날 수도 있다. 미국을 위해 제임스 포러스털보다 더 열심히 일한 사람은 없다. 포러스털은 월가를 두 번 떠났다. 처음에는 제1차 세계대전에 전투기 조종사로 참전하려고 떠났고, 그다음에는 1940년에 해군 차관보가 되려고 떠났다. 그 선택으로 포러스털은 글자 그대로 수천만 달러의 봉급을 날리지만, 그 대신 해군에 혁명을 일으키고, 그 결과로 사실상 제2차 세계대전을 승리로 이끌었다. 제임스 포러스털의 지칠 줄 모르는 노력이 없었다면 아이젠하워의 성공도, 맥아더의 성공도 없었을 것이다.

제2차 세계대전이 끝난 후에는 미국의 초대 국방성 장관으로 임명되었고 육군과 해군, 공군을 하나로 통합하는 과제가 주어졌다. 그 일은 수백만 명의 군인과 민간인 그리고 수 킬로미터의 바다를 대상으로 끝없는 책임과 어마어마한 자부심을 감당하는 일이었다. 포러스털을 지켜본 사람들은 장관직이 그와 그의 결혼 생활, 장관실 밖의 삶 전반에 어떤 피해를 미치는지 알 수 있었다. "댁에 안 가십니까?" 또 늦게까지 일하는 포러스털을 발견한 한 보좌관이 물었다. 그러자 포러스털은 대답했다. "집에 가? 집에 가서 뭘 하게?"

포러스털은 일하고, 일하고 또 일했다. 그러는 동안 포러스털의 체중은 줄고 혈색은 나빠지고 피부는 처졌다. 포러스털은 누가 봐도 우울하고 불만스럽고 고통스러워 보였지만, 그런데도 계속 일을 밀어붙였다. 의사 결정에 문제가 생겼다. 거의 웃는 일이 없어졌다. 자기가 제대로 인정받지 못한다고 느꼈다. 임명직 정치인이 그렇듯 포러스털의 역할이 끝나는 날이 왔지만 그는 멈추지 못했다. 포러스털은 계속 자신을 갈아 넣었다.

얼마 안 가 포러스털은 병원에 입원했고, 그 병원의 복도 창문에서 뛰어내려 스스로 생을 마감했다. 포러스털이 마지막에 무슨 말을 했는지는 모르지만, 그가 무엇을 읽고 있었는지는 볼 수 있었다. 포러스털은 고대 그리스의 비극 시인 소포클레스의 책 한 면에 표시를 해두었는데, 아마도 그 글은 자기와 같은 일중독자에게 그리고 일의 스위치를 *끄지* 못하는 우리 모두에게 남기는 비극적인 경고문일 것이다.

> 시간의 마모에 닳고 닳아
> 입 벌려 하품하는 무덤이라는 어두운 전망 외에
> 아무런 위안도 이름도 희망도 없이

우리의 일은 중요하다. 그래서 우리는 열정적으로 일에 덤벼든다. 그 추진력이 우리를 성공으로 이끌고 일이라는 게임을 사랑하는 마음이 우리를 여기까지 데려왔다. 하지만 그 고삐를 당겨 세울 능력이 없다면 우리는 계속 가지 못할 것이다. 우리는 빠르고 강하기만을 원하는 것이 아니다. 우리가 원하는 것은 빠르고 강하게, 오래 가는 것이다.

우리는 계속해서 승리하고 싶다. 하지만 저지할 수 없는 것은 그 무엇도 오래 가지 못한다. 자기를 다스릴 능력이 없는 사람은 다스릴 자격이 없다. 자기를 다스리는 능력에는 앞으로 나아가도록 자신을 독려하는 능력뿐 아니라 자기를 쉬게 하는 능력, 균형을 잡는 능력, 몸이 "나 부서질 것 같아!"라고 말할 때 그 말에 귀 기울이는 능력도 포함된다.

독일의 작가 괴테는 "어떤 종류의 활동이든 전적으로 활동만 하는 것은 결국 파산으로 이어진다"고 말했다. 위대한 루 게릭조차 이 사실을 알았다. 게릭이 야구 역사상 가장 긴 연속 출장 기록을 세웠던 것은 사실이지만, 경기하다가 자기 경기 운영에 문제가 있다고 느껴서 스스로 빠지고 대타를 부른 때도 많았다. 게릭의 코치들도 이를 잘 알아서, 폴로그라운즈 경기장에 구름 한 점 없던 날 그가 하루 회복할 시간을 벌 수 있도록 우천 연기를 요구했던 유명한 사례가 있다. 야구에는 경기를 하지 않는 비시즌이 있는데, 다른 직업을 가진 우리에게도 일을 멈추는 시간을 적절히 확보할 필요가 있다.

천하무적인 사람은 없다. 아무도 영원히 계속할 수는 없다. 누구나 제임스 포러스틸처럼 끝날 수 있다. 강철도 결국에는 부서지거나 닳아버린다. 몇 년이 흐른 뒤에 우리가 예전의 빛나던 모습은 잃어버리고 껍데기만 남은 상태가 되었을 때, 그때 가서 무엇이 달라질 수도 있었을지 생각하는 것은 누구도 원하지 않을 것이다. 만약 건강한 상태를 유지했다면, 모든 잠재력을 다 낭비해버리지 않았더라면 무엇이 될 수 있었을지 상상하는 일은 비극이다. 지속하려면, 위대해지려면 쉬는 방법을 알아야 한다. 절대 내려놓지 못하는 것이라면 그것을 어찌 성공이라 할 수 있을까?

우리를 더 취약하게 하고, 우리 경력을 짧게 단절하는 가장 확실한 방법은 휴식하고 회복하는 데 규율이 없고, 자신을 너무 힘들게 하고 너무 빠르게 몰아붙이고, 과도하게 훈련하고, 과로하여 잘못된 경제 활동을 하는 것이다. 우리는 자신을 위해 일의 과부하를 경계해야 한다.

18

수면도 훈련이 필요하다

1956년 미국의 권투선수 플로이드 패터슨은 아치 무어를 상대로 타이틀매치를 하기 전날 밤 자기 훈련 방침에서 가장 중요한 한 가지를 실행했다. 그것은 마지막 컨디션 조절도, 경기 계획을 다시 한번 검토하는 것도 아니었다. 바로 오랫동안 잠을 잔 것이다.

잠들었다가 깼다가 하는 선잠이 아니라 열한 시간 반이나 푹 자고 아침에 체중을 재는 시간에 딱 맞춰 일어났다. 그리고 경기장으로 떠나기 전에도 세 시간 동안 낮잠을 잤다. 또 링에 들어가기 전 대기실에서도 잠깐 눈을 붙였고, 이윽고 링에 올라가서는 피로에 지친 챔피언을 5회에 케이오시켰다.

역대 최고의 권투 선수와 정면으로 맞서 싸울 것이라면, 잘

쉬어두는 것이 좋다. 패터슨만큼 열심히 훈련했다면 몸이 회복할 시간도 반드시 주어야 한다. 다른 사람들은 모두 초조해했다. 계획을 점검하고 또 점검했다. 하지만 패터슨은 잠을 잤다. 그런 것들을 신경 쓰지 않아서가 아니라 누구보다 거기에 더 많이 신경 썼기 때문이다. 빨리 잠들고 잘 쉬는 것은 절제의 문제가 아니라고 여겨질지 모르지만, 그것은 규율과 상당히 깊이 관련된 문제다. 실제로 요즘 군대에서는 '수면 규율'이라는 용어까지 쓴다.

잠은 꼭 자야 할 뿐 아니라 양과 질을 모두 충족할 수 있도록 의무적으로 잘 자야 한다. 더 큰 것이 걸려 있을수록, 야망이 클수록, 상황이 주는 스트레스가 심할수록 더 규칙적으로 잠을 자야만 한다.

1990년대에 걸프전 당시, 훗날 해군 제독에 오르는 미국의 제임스 스태브리디스는 처음으로 구축함의 지휘를 맡게 되었다. 이때 스태브리디스의 나이는 서른여덟 살이었는데, 타고난 대사 기능과 이 악물고 끝까지 해내는 청춘의 무한한 체력이 떨어지기 시작한 것을 알아챈 시기였다. 피곤할 때는 잘못된 의사결정을 내리기 쉽고, 다른 사람들과 협력하기가 더 어려우며, 자기 행동과 감정을 통제하는 힘도 떨어진다는 것은 자기 인식이 예리한 사람이 아니더라도 알 수 있다. 그러나 전함이 제대로 돌아가는 일에 수면이 중요하다는 스태브리디스의 생각은 상당히 큰 혁신이었다.

그 판단에 따라 스태브리디스는 승조원의 수면 주기를 점검하고, 경계 근무를 경감하며 가능할 때마다 낮잠 자는 것을 권장하기 시작했다. 후에 스태브리디스는 특히 수면과 관련하여 다음과 같은 글을 썼다. "자기 육체적 건강을 주의 깊게 보살피는 것은 한 사람의 인격이 발휘되는 행위이며 우리의 수행 능력을 강화하는 데 어마어마한 도움을 준다."

우리가 지쳐 있을 때, 기운이 바닥난 상태에서 억지로 달릴 때, 게슴츠레한 눈으로 카페인에 의지할 때 최상의 성과를 올리는 순간은 좀처럼 찾아오지 않는다. 간혹 정말로 그런 순간이 올 때가 있더라도, 최상의 성과를 올리고자 꼭 그래야만 하는 것은 아니다.

날이 밝기 전, 소음이 생기기 전의 몇 시간을 붙잡으려고 일찍 일어나는 것은 중요하다. 하지만 노벨문학상을 수상한 토니 모리슨이 전날 밤 아무 생각 없이 텔레비전을 보며 늦도록 깨어 있었다면 일찍 일어날 수 없었을 것이고, 그렇게 한 뒤 일찍 일어났다고 해도 별 의미는 없었을 것이다. 마르쿠스 아우렐리우스가 이불 속에 조금 더 누워 있고 싶은 마음을 떨쳐내려 자기 자신과 벌이던 논쟁도, 만약 그가 겨우 한두 시간 전에 잠자리에 든 것이라면 전혀 다른 의미로 해석되었을 것이다.

한편 우리는 힘든 하루를 보낸 뒤 지친 상태로 집에 온다. 저녁 식사를 준비한다. 운동한다. 아이들을 재운다. 밀린 이메일을 확인한다. 이제 너무 지쳐서 소파에 그냥 나가떨어지는 것

외엔 아무것도 못 할 것 같은 느낌이다. 하지만 사실 이때는 우리가 마지막으로 다시 힘을 내서 그대로 누워 있고 싶은 욕구를 자제해야 할 때다. 우리가 해야 할 일은 바로 소파에서 몸을 일으켜 침실로 걸어가 침대에서 곯아떨어지는 것이다.

그렇게 하면 아주 많은 문제가 해결된다. 피곤하면 운동하러 가기 싫어진다. 피곤해서 할 일을 계속 미룬다. 피곤하니까 커피가 필요하고, 피로회복제를 먹는다. 피곤하면 잘못된 결정을 내리고, 그 결정은 진짜 중요한 일에 썼어야 할 시간을 다 잡아먹는다.

우리는 "나는 아침형 인간이 아니야"라고 말한다. 하지만 우리가 아침형 인간이 아닌 이유는 무책임하고 무절제한 '저녁형 인간'으로 지냈기 때문임이 거의 확실하다.

아침을 장악하는 가장 좋은 방법은 전날 밤에 다음 날 아침을 장악해버리는 것이다. 아기의 수면 훈련을 해본 사람이라면 알겠지만 잘 자면 다음에 또 잘 자게 되고, 그렇게 규율은 규율을 낳는다. 여기서는 수면 훈련이라는 단어의 함의를 읽어낼 수 있다. 훈련은 우리가 항상 자연스럽게 하는 일은 아니다. 수면 훈련을 하는 데도 노력과 연습, 헌신이 필요하다. 일찍 자야 일찍 일어날 수 있다.

이탈리아의 시인 단테는 "이불 속은 명성으로 가는 길이 아니다"라는 말로 아침을 어떻게 생각하는지 표현했다. 그러나 역설적으로 이불 속에 일관성 있게, 합리적으로, 지체하지 않고 들어가는 것은 명성으로 가는 길이다. 적어도 일단 침대에서 벌떡 일어나 문밖으로 나가기만 하면 최소한 탄탄한 성과로 이어진다.

내일 맑은 머리로 생각하고 싶은가? 작은 일 하나하나를 제대로 처리하고 싶은가? 무슨 일에든 덤벼들 만한 기운을 내고 싶은가? 그러면 우리는 일단 자야 한다. 수면에 건강이 걸려 있기 때문이 아니라 잠자는 것이 우리의 다른 모든 결정과 행위를 낳는 인격을 발휘하는 행동이기 때문이다.

19

기회는 기다리는 자의 것이다

1915년 겨울, 영국의 탐험가 어니스트 섀클턴이 이끄는 남극 탐험대는 얼음에 갇혀 꼼짝하지 못하고 있었다. 거의 1년 가까이 목적 없이 떠돌았지만, 대원들은 상황을 바꿀 힘이 없었다. 그러다 갑자기 얼음이 가하는 압력 때문에 선체가 갈라지며 배가 침몰했다. 구명정을 타고 560킬로미터 남짓 항해한 탐험대는 18개월 만에 처음으로 상륙했다. 그들이 도착한 엘리펀트섬은 사람이 살 조건이 안 되는 곳이었다. 하지만 육지에 올랐다고 탐험대의 육체적 고난이 끝난 것은 아니었고 오히려 그건 시작에 불과했다. 외딴섬에서 지나가는 배들에 발견될 가능성은 거의 없는 데다가 식량도 떨어지고 사기도 바닥나고 있었을 때, 섀클턴은 대담한 계획을 제시했다. 자신과 몇몇 대원이

1100킬로미터 이상을 이동하여 도움을 구한다는 것이었다.

겨우 몇 주를 버틸 수 있는 만큼의 보급품만을 갖고 6미터 길이의 배에 탄 섀클턴과 소수의 대원은 허리케인급의 강풍과 대양에 용감히 맞섰다. 자연의 힘 앞에서 선발대의 몸이 견뎌냈을 고통과 뼈를 파고드는 허기를 생각해보라. 마침내 1916년 4월, 그들은 사우스조지아섬에 안전하게 도착했다.

하지만 섀클턴은 자기 임무가 겨우 절반만 끝났다는 것을 알고 있었다. 엘리펀트섬에 남아 있는 대원들에게 시간이 얼마 남지 않았다는 것을 잘 아는 섀클턴은 조금이라도 남아 있는 체력과 에너지를 모두 끌어모아 서둘러 자금과 보급품을 마련한 다음 섬에 남아 있는 대원들을 구출하고자 그곳으로 돌아갔다. 넉 달 동안 여러 차례의 필사적인 시도 끝에 섀클턴은 마침내 원정에 나선 모든 사람을 데리고 무사히 귀향하는 데 성공했다.

섀클턴은 어떻게 그 일을 해낼 수 있었을까? 어떻게 이런 경험을 하고도 단순히 살아남기만 한 것이 아니라 의연하고 꺾이지 않는 기상을 유지할 수 있었던 것일까? 섀클턴의 가훈이 우리에게 그 답을 알려준다. "굴하지 않는 인내로써 극복한다." 이와 잘 어울리게 섀클턴의 배 이름도 바로 '인내'를 뜻하는 인듀어런스호(The Endurance)였다.

그 길고 고된 수개월의 겨울을 상상해보자. 추운 바다 위를 떠돌던 그날들을. 섀클턴은 그 겨울 바다의 고난을 뚫고 나아갔다. 그는 포기하지 않았고, 자기 몸이 포기하도록 내버려 두지도 않았다. 마라톤을 뛰고, 이어서 또 마라톤을 뛰고, 다시 또 마라톤을 뛰었다. 선장으로서 자기 의무가 무엇인지 알았을 뿐만 아니라 상상할 수 있는 모든 장해물에 직면해서도 그 의무를 이행할 만큼 육체적으로 충분히 강하고 기질적으로 충분히 단호했다.

일터에서 우리는 어쩔 수 없이 초과근무를 하며 피곤에 지친다. 한 번 더 문서를 수정하라는 상사의 지시가 원망스럽다. 그래도 우리는 일이 쉽기를 바라지 말고 일이 어려워질 것에 대비해야 한다. 일은 분명 어려워질 테니 말이다.

지츠플라이시(Sitzfleisch)라는 오래된 독일어 단어가 있는데, 직역하면 '앉아 있는 살'이라는 의미다. 이 단어는 기본적으로 의자에 엉덩이를 붙이고 앉아 일이 끝날 때까지 일어나지 않는 것을 뜻한다. 엉덩이에 감각이 없어지더라도, 주위 다른 사람들이 하나둘 하루 일을 끝내고 돌아가더라도, 매일 허리가 아프고 눈에서 눈물이 나오고 다리가 저릴 때까지 자기 자리에 앉아 일하는 거다. 말을 타고 다니던 시절 위대한 정복자들이 안장에 앉아서 오랫동안 견디는 능력 때문에 "강철 엉덩이"라고 불린 것처럼 말이다.

우리 대다수에게 부족한 특징이 바로 지츠플라이시다. 우리는 똑똑함이나 창의성으로 부족한 인내를 보완할 수 있다고 생각하지만, 우리에게 정말로 필요한 것은 바로 헌신이다. 문제가 벌어진 곳에 몸소 가서 그것을 해결하는 데 자신을 완전히 던져 넣으려는 의지, 무슨 일이 생겨도 도중에 포기하거나 단념하지 않겠다는 것을 보여주려는 의지 말이다.

위대한 지도자, 위대한 운동선수, 위대한 철학자는 거의 다 강인한 사람이었다. 그들에게는 인내하는 능력이 있었다. 필요한 것은 바로 그런 희생이다. 좌절을 딛고 일어나 나아가야 한다. 비판과 고독을 뚫고 나아가야 한다. 고통을 극복하고 나아가야 한다.

에디슨은 연구실에서 6000개의 필라멘트를 하나하나 시험한 뒤에야 마침내 우리에게 빛을 밝혀준 필라멘트를 발견했다. 토니 모리슨은 피곤한 그 모든 아침에 일찍 일어나 의자에 앉아 글을 쓰며 태양이 떠오르는 모습을 지켜봤다. 섀클턴은 대원들을 모두 고향에 데리고 갈 때까지 자기 책임을 버리는 것도, 항해를 멈추는 것도 거부했다.

미국의 제32대 대통령 프랭클린 델러노 루스벨트는 39세의 나이에 소아마비에 걸려서 7년 동안 고통스러운 물리치료와 운동을 병행한 뒤에야 어느 정도 차도를 볼 수 있었다. 그러고 나서도 매일 복도를 걸어가거나 연단에 올라서는 정도의 움직임도 그에게는 엄청난 강인함을 요구하는 위업이었다. 인생의 전성기에 바이러스의 공격을 받아 영구적으로 하반신이 마비된 루스벨트 대통령을 생각해보자. 처칠이 제2차 세계대전이 발발하기 전의 프랭클린 루스벨트에 관해 쓴 글은 그 7년의 회복기 동안 그에게 얼마나 대단한 인내가 필요했는지 알려준다.

프랭클린 루스벨트의 두 다리는 움직이기를 거부했다. 조금이라도 이동하려면 목발이나 옆에서 도와주는 사람이 필요했다. 이 정도의 고난에 처한 사람이라면 100명 중 99명은 분명 머리를 쓰는 것을 제외하고 다른 모든 형태의 공직을 더는 수행할 수 없었을 것이다. 그러나 루스벨트는 이런 선고를 받아들이기를 거부했다.

프랭클린 루스벨트 대통령은 그 선고를 받아들이지 않았다. 루스벨트는 아픈 몸이 아니라 자신이 몸의 주인이 되고자 했다.

우리는 나약해질 때가 많다. 제출한 의견이 한 번만 거부되어도 당장 그만두고 싶은 마음이 생긴다. 주 40시간 이상 일해야 하는 직업은 반인류 범죄로 간주한다. 판매가 저조한 시기를 한 번만 경험하면 바로 사업을 접는다. 부상이 생기면 회복 불능이라고 선언한다. 외모가 매력적이지 않고, 재능이 충분하지 않다는 말을 귀에 담으며 약해진다. 점수판을 보고 희망이 없다고 믿는다.

굴하지 않고 인내하면 모든 것을 극복할 수 있을까? 물론 그렇지는 않을 것이다. 하지만 포기하면서 이겨내는 사람은 아무도 없다. 그 누구도 나약함으로써 이길 수는 없다. 인생이라는 이 여정에서 우리가 고통을 맛보리라는 것은 엄연한 사실이다. 멈춰 설 기회가 100만 번은 찾아올 것이고, 멈춰도 괜찮은 이유도 100만 가지는 될 것이다.

우리는 멈출 수도 없고 멈춰서도 안 된다. 우리는 계속 나아갈 것이다. 의자에 엉덩이를 붙일 것이다. 그 무엇 앞에서도 단념하지 않을 것이다.

20

모든 선택은 육체에 새겨진다

나태와 사치가 가득 깃든 몸으로 더 높은 차원의 삶을 살 수 있다는 생각은 착각이다.

— 톨스토이(제정 러시아의 작가)

우리는 언젠가 죽는 존재다. 이 말이 중요한 것은 누구나 죽는다는 뜻이어서만이 아니라 살려면 먹고, 자고, 움직여야 한다는 뜻이기 때문이다. 그리고 우리가 이런 일을 더 잘하고 몸을 잘 보살필수록 우리는 더 건강해진다.

절제는 '쾌락 없는 삶'을 의미하지 않는다. 우리가 자기 절제를 실천해야 하는 주된 이유는 더 오래 살려는 것이다. 또는 루 게릭의 비극적인 예가 알려주듯이 수명을 우리가 통제할 수는 없으므로, 살아 있는 동안 건강히 살려는 것이다.

미국의 작가 제임스 볼드윈은 이렇게 썼다. "사람들은 자기가 하는 일에 대가를 치른다. 그리고 자신이 방치하고 살아간 결과, 도달하게 된 상태에 대해서는 더 많은 대가를 치러야 한다. 대가를 치르는 방식은 단순하다. 바로 자신이 살아가는 삶으로써 대가를 치르는 것이다."

모든 결과는 몸에 새겨진다. 우리가 내리는 결정은 매일같이 조용히 그리고 때로는 그리 조용하지 않게 우리의 존재에, 우리의 외양에, 우리의 기분에 항상 기록된다.

좋은 결정을 내리고 있는가? 통제권을 쥐고 있는가, 아니면 자기 몸에 통제권을 넘겨줬는가? 이는 육체적 측면뿐 아니라 정신과 영적인 측면에서도 중요하다. 몸을 절제하는 행동은 정신에 영향을 주고 반대로 무절제하거나 과도하게 몸을 쓰는 행동은 정신이 제대로 작동하지 못하게 물리적으로 방해한다. 미국의 뇌 과학자 리사 펠드먼 배럿은 신체 예산이라는 말로 이를 설명했다. 뇌는 몸을 조절하지만, 우리가 육체적으로 파산한 상태라면 뇌도 절대 제 역할을 할 수 없다.

사람들이 왜 나쁜 결정을 내리는지, 왜 탄력적으로 회복하지 못하는지, 왜 산만한지, 왜 겁을 내는지, 왜 극단적인 감정에 사로잡히는지 궁금하다면 그리고 자신이 왜 그런지 궁금하다면 그 답을 찾는 것은 몸에서 시작된다.

중독을 연구하는 분야에서는 배고픔(Hungry), 분노(Angry),

외로움(Lonely), 피로(Tired)의 머리글자를 딴 'HALT(멈춰)'라는 약자를 중독이 재발하려는 신호에 보내는 경고 문구로 쓴다. 반드시 주의해야 하고, 통제력을 잃어서는 안 된다. 그렇지 않으면 모든 것을 잃을 위험이 있다.

절제, 자제는 자신을 통제하는 일을 뜻한다. 그 여정의 첫 단계가 바로 육체다. 우리는 육체를 엄격히 다루고, 억제하며, 장악하고, 하나의 사원처럼 여긴다. 왜 그럴까? 육체가 정신을 장악해서 지배하지 않도록, 정신을 고갈시키지 않도록 하려는 것이다. 그런 의미에서 자기 육체를 억제하는 것은 정신적으로나 영적으로 자신을 자유롭게 하려는 것이다.

충동이나 나태의 노예인 사람, 강인한 의지나 확고한 계획이 없는 사람은 위대한 삶을 창조할 수 없다. 분명 그들은 자기 자신에게 너무 사로잡혀 있어서 다른 누구에게도 별 도움이 되지 않을 것이다. 무슨 일이든 할 자유가 있다고 말하는 사람들은 필연적으로 무언가에 예속될 것이다.

절제는 우리를 자유롭게 하는 수단이며, 쇠사슬을 푸는 열쇠다. 즉 자신을 구원하는 방법이다. 우리는 어려운 길을 선택해야 한다. 길게 보면 그것이 유일한 길이기 때문이다.

2부

기질

행복한 사람은 어떤 사람인가? 건강한 육체와 기지 넘치는 정신, 유순한 성질을 지닌 사람이다.

– 탈레스(고대 그리스의 철학자)

육체는 자기 절제를 실행하는 여러 매체 가운데 하나일 뿐이다. 역사를 살펴보면 경영자, 예술가, 운동선수 등 자기 육체는 완전히 통제했지만 다른 모든 면은 엉망진창이었던 재능 있는 사람이 넘쳐난다. 식생활과 기상 시간의 규율을 아무리 잘 세웠다고 해도 주의가 산만하거나 편견이나 부정적인 기분에 휘둘리거나 유혹이나 충동, 본능에 탐닉한다면 아무 소용이 없다. 무절제는 잠재력을 온전히 실현하지 못하게 하고, 가능성을 좇아도 영원히 이뤄지지 않는 비참한 운명의 저주를 내린다.

진정한 자기 통제는 행동 방식의 절제뿐 아니라 이 혼란스러운 세계에서 우리가 생각하고 느끼고 처신하는 방식의 절제도 의미한다. 후자의 절제가 더 중요하다. 미국 역사상 유일한 4선 대통령인 프랭클린 루스벨트를 지켜본 한 사람은 언젠가 루스벨트를 두고 "이류의 지능과 일류의 기질"을 지닌 사람이라고 했다.

병이 루스벨트의 몸에서 무엇을 앗아갔는지 생각해보면, 그 말의 진실은 더욱 분명히 드러난다. 기질이 모든 것이다. 우리의 머리와 심장이 한데 모여 삶을 관장하는 일종의 명령 체계를 이룬다. 수백만 년의 진화가 쌓이고 쌓여 우리에게 이런 선물을 전해주었다. 이 선물을 도구로써 잘 활용할 것인가 아니면 꼭두각시처럼 흐느적대면서 낭비할 것인가? 결정은 우리의 몫이다.

21

몰입의 축복

독일의 작곡가 루트비히 판 베토벤은 대화를 나누던 도중에 그냥 사라져버리고는 했다. 자기가 사랑하는 여자와 이야기를 나누다가도, 어느 막강한 대공이나 후원자와 대화하다가도 그랬다. 중요한 악상이 떠오르면 마치 최면에 걸린 것처럼 그 선율에 완전히 사로잡혔다. 너무나 순간적으로, 너무나 깊이 집중했다.

"자네, 내 말 듣고는 있는 건가?" 언젠가 한 친구가 베토벤에게 물었다. "미안하네. 좀 전에 너무나 사랑스럽고 심오한 악상에 사로잡혀서 도저히 주의를 다른 데 돌릴 수 없었네"라고 베토벤은 대답했다.

사람들은 이를 베토벤의 황홀경이라 불렀다. 베토벤의 몰입 상태, 그가 일에 깊이 열중하는 지점이자 그의 음악적 위대함의 원천이라고 말이다. 베토벤은 뮤즈에게 사로잡혔지만, 그 역시 뮤즈를 붙들고 자기가 필요한 것을 다 얻어내기 전에는 절대 놓아주려 하지 않았다.

이렇게 예술가가 그냥 상대방을 무시하고 가버리는 일, 생각이 흐르는 대로 움직이는 일은 좀 제멋대로인 것 같고, 심지어 무절제한 것처럼 보이기도 할 것이다. 하지만 사실 그것은 어마어마한 자기 통제력과 집중력을 발휘하는 행동이다. 표면에만 머물고, 주의를 산만하게 하는 것들에 눈길을 빼앗기기는 얼마나 쉬운가.

뮤즈가 찾아올 때 그를 존중하는 일, 자신의 가장 중요한 일에 진정으로 초점을 맞추는 일, 다른 모든 것을 무시하고 스치는 영감을 따라가거나 도저히 진전이 보이지 않는 어려운 문제를 푸는 일에 뇌의 능력을 쏟아붓는 일 등은 우리가 강철처럼 자신을 단련해야만 뛰어들 수 있는 정신적 도전이며, 그것을 해낼 능력을 키워야만 할 수 있는 일이다. 그 능력은 전념하는 것, 진정으로 온전하게 완전히 전념하는 것이다.

주의가 산만한 세계에서 집중하는 것은 초능력이다. 이런 일은 극도로 드물기 때문이다. 사람들은 자기가 집중하고 있다고 말하지만, 그러다 이내 전화벨이 울리면 다른 데 주의를 빼앗기고 만다. 점점 피곤해진다. 동시에 여러 가지 일을 한꺼번에 해내려고 시도한다. 사실 그들에게는 자신을 어떤 한 가지 일에 진정으로 묶어둘 절제력이 없다.

가장 중요한 일을 가장 중요하게 대하는 것으로는 부족하다. 일단 책상을 깨끗하게 치웠으면, 가장 중요한 일에 자신의 온 마음을 다 쏟을 수 있어야만 한다. 그 일이 자신의 전부를 차지해야 한다. 스토아 철학자들은 우리가 "로마인처럼 모든 순간, 그 순간에 집중하는 법을 익혀야 한다. 우리 앞에 있는 이 생각, 이 기회를 붙잡는 법을 배워야 한다"고 했다. 우리는 에너지를 낭비해서는 안 된다. 생각을 골라내야 하고, 시야를 좁혀 중요한 것에 집중해야 하고, 그런 다음 전념해야 한다.

요가 전통에서는 이를 '에카그라타'라고 하는데 이는 단 하나의 지점에 강렬히 초점을 맞추는 것을 뜻한다. 자기 정신을 어떤 것에 또는 그 안에 완전히 집어넣음으로써 그것은 물론이고 동시에 자신까지도 새로운 방식으로 이해하는 능력이다.

베토벤은 사교적 대화를 나누다가 완전히 다른 생각에 빠져드는 것만이 아니라 오랜 기간 한 작품에만 깊이 집중한 채 보내는 것으로도 잘 알려져 있었다. 교향곡은 그냥 저절로 쓰이는 것이 아니다. 번득이는 영감이나 한 번의 황홀경 같은 착상의 순간으로는 모자란다. 교향곡을 작곡하는 프로젝트는 모든 측면에서 몇 시간, 며칠, 몇 달, 몇 년에 걸쳐 오래도록 그 일에만 헌신해야 한다.

베토벤의 전설적인 집중력에는 비극적인 모순도 함께 담겨 있다. 베토벤의 청력이 쇠약해지는 동안에도 가장 가까운 친구들조차 그 사실을 알아차리지 못했던 이유는 그들이 그가 단순히 작품에 몰두한 것으로 생각했기 때문이었다. 친구들은 베토벤이 오랫동안 해왔던 대로 정말로 귀 기울여야 하는 대상, 바로 뮤즈에게 집중하고자 바깥세상의 소리를 걸러내는 것이라고 당연하게 받아들인 것이다.

괴테와 베토벤은 그리 사이가 좋지는 않았지만, 이 능력에서는 서로 비슷했다. 한 전기작가는 괴테를 "쓸데없는 것 무시하기의 전문가"라고 묘사했다. 괴테와 베토벤은 둘 다 이 무시하는 능력에 자기 예술에 헌신하는 능력, 눈앞의 과제나 프로젝트에 자신을 묶어두는 능력을 결합하여 전설적인 결과를 내놓았다.

뮤즈는 집중하지 않는 자에게 절대 축복을 내리지 않는다. 설사 뮤즈가 축복을 선사한들 집중하지 않는 자가 어떻게 그 축복을 알아보겠는가?

우리는 종종 정신 나간 사람처럼 보이는 교수를 소재로 한 농담을 주고받는다. 마치 그들이 보통 사람들보다 정신이 온전치 않은 것처럼 말이다. 사실은 정확히 그 반대다. 그들은 완전한 몰입이 실제로 어떻게 보이는지 우리에게 보여준다. 중요하지 않은 데 자주 정신이 팔린 우리는 진정한 정신적 절제에는 항상 대가가 따르며, 그런 교수들은 기꺼이 그 대가를 치르려고 하는 사람들이라는 점을 깨닫지 못하는 것이다. 그들은 자동차 열쇠를 어디 뒀는지 까먹기도 하고, 짝짝이 양말을 신고 다니기도 한다. 하지만 결국 사람들은 무엇으로 그들을 기억할까? 사교적 상황에서 이따금 보인 실수를 떠올릴까? 아니면 몰입하여 이뤄낸 세상을 바꾸는 연구를 기억할까?

그들은 자기가 풀고자 하는 엄청나게 거대한 문제에, 또는 자신이 개척하는 연구 분야에, 자신이 작곡하는 곡의 각 마디와 각 악장에서 분명히 드러나는 음악적 혁명에 깨어 있는 모든 시간을 투자하고, 지력의 마지막 한 방울까지 쏟아붓는다. 이는 '아니오'라고 해야 할 것에 '아니오'라고 말할 뿐만 아니라 자기가 '아니오'라고 말한 것이 존재한다는 사실조차 알아차리지 못할 정도로 자기 앞에 있는 중대한 과제에 대해 더없이 단호하고 너무나도 완전하게 '네'라고 대답하는 것을 의미한다.

애플의 수석 디자이너였던 영국의 조너선 아이브는 이렇게 설명했다. "집중이란 (…) 월요일에만 하는 어떤 일이 아니다. 그것은 매 순간 해야 하는 일이다." 아이브의 말에 따르면 스티브 잡스는 직원들에게 늘 무엇에 집중하고 있는지 확인하며, 꼭 꼬집어 "얼마나 많은 것에 '아니오'라고 말했는가?"라고 물었다고 한다. 필연적으로 하나에 집중하려면 덜 중요한 다른 것들에는 신경을 끊어야 하기 때문이다.

에픽테토스는 "이 일은 내일부터 제대로 하겠다거나 나중에 집중적으로 하겠다고 말하는 것은 사실 '나는 오늘은 뻔뻔하고 미성숙하고 저열할 것이다. 부끄러움을 알고 성숙하고 고상한 상태라면 이렇게 게으른 나 자신을 보는 것이 괴로울 테니까'라는 뜻"이라고 꼬집었다.

할 가치가 있는 일이라면 오늘도 집중할 만한 가치가 있는 일이다. 베토벤이 그랬듯이 우리에게 좋은 시절이 얼마나 남았을지, 우리 능력이 얼마나 오래 갈지는 아무도 모른다. 우리 모두에게 있는 이 초능력은 쓸 수 있을 때 써야 한다.

22

복수할 기회를 거절하라

미국의 흑인 테니스선수 아서 애시는 그의 이름을 딴 경기장이 있을 만큼 전설적인 선수다. 그런 그의 아버지는 버지니아주 리치먼드에서 백화점 체인을 소유한 부자 유대인 윌리엄 탈히머의 운전사로 일했다. 탈히머가 매입하기를 원하는 부동산을 보려고 차를 타고 돌아다니는 동안 아서 애시 시니어는 1950년대의 보수적인 남부에서 흑인뿐 아니라 유대인도 직면하고 있던 차별을 목격했다.

협상하는 내내, 유대인과 거래한다는 사실을 유독 역겨워하는 듯한 한 남자가 탈히머를 모욕하고 멸시하고 괴롭혔다. 탈히머는 조용히 그 모든 것을 참아내며 그 거래를 마무리했고, 그와 애시 시니어는 집으로 돌아가기 위해 다시 차에 올랐다.

"왜 그랬습니까? 왜 그 모든 걸 참아낸 겁니까?" 애시는 묻지 않을 수 없었다. "저는 그 땅을 사려고 여기 왔습니다. 그리고 그 땅을 샀죠. 그자는 원한다면 얼마든지 나를 욕할 수 있지만 그 땅은 이제 제 것이죠."

물론 탈히머는 수없이 그자의 얼굴에 주먹을 날리고 싶었겠지만, 그것은 바로 그 반유대주의자가 정확히 원했던 일로 유대인과 거래하지 않을 구실만 만들어주게 되지 않았을까? 그랬다면 탈히머는 어떤 결과를 얻었을까? 원했던 땅은 얻지 못했을 것이고, 감옥에 갇혔을 공산도 크다.

세월이 흐른 지금 우리는 이 부당한 일을 참아낸 탈히머에게 조용한 위엄과 자기 통제의 경이로움을 느낄 수 있다. 흑인에 대한 인종차별도 당연한 일이던 당시의 남부에서 애시 시니어는 그 둘을 모두 통렬하게 느꼈을 것이다.

애시 시니어의 아들 아서 애시 주니어는 바로 이 경험으로 인해 자기 아버지가 좋은 가장이 되었으며, 인종분리정책이 시행되는 동안 참을성과 자제심 더불어 항상 실용성을 중시하는 사람이 되었다고 말했다. 애시 시니어는 사람들이 자기에게 무슨 말과 행동을 하든 개의치 않았다. 중요한 것은 가족을 부양하고 두 아들의 성공을 방해하는 데 골몰한 듯한 세상에서 두 아들이 성공하도록 뒷받침해주는 일이었다. 인종차별주의자들이야 어찌 되었든 아서 애시 시니어는 반드시 그 땅을 차지할 작정이었다.

물론 이런 일이 일어나지 않아도 된다면 정말 좋을 것이다. 아무도 모욕이나 차별을 받지 않는다면, 모두 우리에게 친절하다면, 우리가 절대 부당하게 빼앗기거나 함부로 재단되거나 폭행당하거나 터무니없는 대접을 받지 않아도 된다면 말이다. 하지만 모두가 알고 있듯이 인생이란 그렇게 돌아가지 않는다.

고대 로마의 검소한 정치가 대(大) 카토의 증손자 소(小) 카토가 어느 날 로마에 있는 목욕탕에 갔을 때 일이다. 거기서 소 카토는 어쩌다 누군가와 부딪히고 나서 손찌검을 당했는데, 상대는 막 화나는 일이라도 겪었는지 큰 싸움을 벌일 험악한 기세였다. 하지만 카토는 실랑이가 벌어지자 곧바로 마음을 가라앉혀 싸움을 피했고 뒤늦게 자신의 잘못을 깨달은 상대방의 사과도 받아들이지 않았는데, 그 이유는 흔히 우리가 예상하는 것과 달랐다. "나는 맞은 기억도 없소"라고 카토는 말했다. 사과를 거부했을 뿐 아니라 나쁜 기분을 안고 가는 것도 거부한 것이다.

미국 남부의 인종분리 정책에 맞서 대학생들이 버스를 타고 남부를 돌며 시위를 벌인 '프리덤 라이더스'에 참여한 몇 안 되는 백인 중 한 명인 제임스 펙이 몇 차례 지적했듯이, 그가 반격하기를 거부하면 그를 공격했던 사람들은 깜짝 놀라며 순간적으로 잠잠해졌고 아마도 혹독한 자기반성의 순간을 보내는 것 같았다. '왜 이 사람은 나처럼 증오에 사로잡히지 않은 거지? 왜 나처럼 통제 불능이 아닌 거지? 실제로 나보다 더 훌륭한 사람이 아닐까?' 상대가 아무리 잘못했더라도, 아무리 짜증 나는 상황이라도 진짜 충돌이 일어나려면 언제나 쌍방이 서로 부딪혀야 한다.

스토아 철학자들의 말대로 우리가 누군가의 언행에 감정이 상했다면, 우리가 그들과 싸움했다면 우리도 그 상황을 초래한 공범이다. 우리가 싸우기로 선택한 것이며, 자제와 방종을 맞바꾼 것이다. 뜨거운 머리가 현명한 결정을 내리는 일은 드물다는 것을 알면서도 차가운 머리가 뜨거워지도록 방조한 것이다.

인생은 우리에게 복수할 기회를 줄 것이다. 사람들은 우리에게 복수를 부추길 것이다. 그러나 우리는 그 기회를 거부할 수 있다.

머리 주변을 윙윙거리며 날던 각다귀에게 물린 사자가 나오는 이솝 우화를 기억하는가? 화가 난 사자는 자기 주변을 빙빙 돌며 쏘아대는 각다귀를 공격하려 하지만 잡지 못하고 오히려 제 몸에 상처만 낼 뿐이다. 우리는 무시하는 능력, 인내하는 능력, 망각하는 능력을 길러야 한다. 악한 자의 잔인한 도발만이 아니라 우리가 사랑하거나 존경하는 사람의 의도치 않은 무시와 실수도 못 본 척하고 참고 잊어버릴 줄 알아야 한다. 그러한 사소한 무례의 따끔함보다도 더 큰 해를 자초하지 않으려면 말이다.

"청력이 살짝 나쁜 것이 도움이 된단다." 미국의 법조인 루스 베이더 긴즈버그가 시어머니에게서 들은 조언이다. 그 말은

56년의 결혼 생활뿐 아니라 연방대법관으로 재직하며 친한 친구지만 이념상 정반대인 여러 동료들과 수시로 의견이 부딪혔던 긴즈버그의 안내자가 되어주었다.

법과 사회적 관행이 절대 그들 편에 서준 적이 없었던 역사적 시기에 긴즈버그와 애시 시니어와 탈히머가 어떤 일을 견뎌야 했을지 생각해보라. 그런데 우리는 아주 작은 공격조차 격양되게 반응할 때가 있다.

우리는 알아보지 못한 척할 수 있다. 우리에게 참조로 보내진 이메일 스레드에서 다른 사람들이 우리에 관해 한 말을 무시해버릴 수 있다. 꼭 최악을 가정해야 하는 것은 아니다. 작은 일을 무시하지 못하는 것은 윙윙거리는 각다귀를 없애야 한다고 국민투표에 붙이는 것과 다름 없다. 그것이 우리를 뒤흔들게 허용하지 말자.

왜냐하면 우리에게는 해야 할 일이 있기 때문이다. 그들은 우리가 기분이 상하기를 원한다. 우리가 하던 일을 멈추고 모든 공격에 일일이 대응하려고 한다면, 당장 패배를 인정하는 편이 나을 수도 있다. 그러다가는 아무 일도 하지 못하게 될 테니 말이다. 그렇게 해서 우리가 행복해지지 않으리라는 것은 분명하다. 그들은 이미 우리가 반응한 것만으로도 승리를 거둔 것일 테고 말이다.

무절제에 무절제로써 반응하는 것은 세상에서 가장 쉬운 일이다. 다른 누군가가 자기를 통제하지 못하는 것이 우리 자신이 자제력을 잃는 것을 정당화해주지 않는다는 점을 꼭 기억하자. 보기에도 좋지 않고, 성공과 성취의 비결도 아니다.

아서 애시 주니어는 아버지에게 자기 통제를 배웠고, 그의 아버지는 윌리엄 탈히머에게서 막강하게 구현된 자기 통제를 보았다. 애시 주니어는 삶이 던지는 도발을 생산적인 방향으로 돌림으로써 테니스선수로서 운명을 실현했다. 우리 역시 그렇게 자기 운명을 이룰 것이다. 애시 주니어는 테니스장에 가서 자신이 그곳에 온 목적을 행동으로 옮겼다.

아무것도 없었다. 주의를 분산시키는 것은 없었다. 불필요한 차질도 없었다. 그 무엇도 애시를 멈추지 못했다.

23

돈의 주인이 되는 법

운동선수로서 베이브 루스가 번 돈은 합리적인 기준으로 한 사람이 평생을 써도 다 못 쓸 만큼 많았다. 신인 시절 루스의 연봉 600달러는 두 달에 한 번 50달러씩 지급되었다. 그 시절에는 빵 한 덩이 값이 5센트 정도 하던 때였다. 루스는 첫 봉급을 받았을 때 그 돈을 자전거에 썼다. 더 큰 돈을 벌게 되었을 때는 스포츠카, 맞춤 정장, 가죽 코트, 실크 셔츠, 말발굽 모양의 다이아몬드 넥타이핀 그리고 카지노와 경마장을 방문하기 위해 썼다. 자기 결혼 생활에 문제가 있다는 소문이 돌자 첫 번째 아내에게 5000달러짜리 밍크코트를 사주었다. 1928년에 양키스가 월드시리즈에서 우승했을 때는 호텔 방 네 개를 빌려 파티를 열었다. 그 호텔에 피아노가 없다는 사실을 알고는 직접 가서 피아노 한 대를 사 왔다. 루스는 야구로 미국 대통령보다 더 많은 돈을 벌었지만, 봄 훈련이 시작될 때면 급료가 들어오기 전까지 팀 동료들에게 돈을 빌려 썼다. 한 감독은 말했다. "루스는 돈에 관한 한 아무 생각이 없었다. 돈이 떨어질 수 있다는 생각은 아예 안 하는 것 같았고, 닥치는 대로 무엇이든 다 샀다."

양키스의 탈의실에서 루스가 젊은 시절의 루 게릭에게 "돈을 모아. (…) 더는 경기를 뛸 수 없게 될 때를 생각해야 하잖아"라고 말했을 때 그 말을 들은 주변 사람들은 큰 웃음을 터뜨렸다. 그 무렵 루스가 사치스러운 생활로 날려버린 돈이 수백만 달러에 달한다고 알려져 있었으니 그럴 만도 했다.

루스는 늘 재미를 챙기며 살았는데, 아마 카토 같은 검소한 사람보다는 훨씬 더 재미있게 살았을 것이다. 하지만 루스는 자신의 폭식 습관 못지않게 재미를 추구하는 삶의 방식도 후회하게 되었다.

'부유한' 사람 중 아주 다수가 이런 상황에 부닥친다. 보통 사람들은 성공해서 안정과 자유와 만족을 얻고 싶어 한다. 하지만 실제로 성공은 그들에게 불안과 시기와 불안정을 안겨주었다.

처칠은 언젠가 동생에게 "삶에서 나에게 걱정을 안긴 유일한 것은 돈이다"라고 털어놓았다. 영국 상류계급에 속한 사람들과 달리 처칠은 정말로 생계를 위해 일했고, 그러다 세상에서 가장 높은 고료를 받는 저술가가 되었다. 하지만 그렇게 많은 돈을 벌었어도 처칠의 어머니가 쓴 표현을 빌리면 "돈에 관한 한 붓는 대로 다 빠져나가는" 그에게는 별 의미가 없었다.

처칠은 돈을 빨리 벌었지만, 그보다 더 빨리 썼다. 그러고는 그 돈이 다 어디로 갔는지 의아해했다. 잉글랜드 시골에 있는 처칠이 아끼던 저택 차트웰은 그가 너무나 충동적이고 경솔하게 사들인 것이어서 하마터면 그의 결혼 생활을 날려버릴 뻔했다. 1929년에는 주식시장에서 투기로 5만 달러를 잃었다. 그것은 처칠로서는 도저히 감당할 수 없는 수준의 끔찍한 손실이었는데도 그는 그 경험에서조차 아무것도 배우지 못했다. 곧바로 다시 시장에 뛰어들어 미국의 소매 기업인 몽고메리 워드의 주식으로 단 한 달 만에 3000달러를 잃었다. 게다가 이는 처칠이 유럽의 카지노에서 진짜 도박을 하며 벌어진 일이었다.

처칠은 그 시절 세상에서 벌어지던 일은 그다지 무섭지 않을 정도로 자신이 심연으로 침몰하는 느낌이었다고 말했다. 실제로 처칠은 재정적으로 침몰하고 있었다. 언젠가 처칠은 자기 자신을 2만 파운드의 무게를 등에 짊어진 작은 돼지로 그린 적이 있다. 심지어 그는 독일군이 영국을 대대적으로 공격할 때도 인세를 두고 에이전트와 언쟁을 벌였으며 세금을 면제받을 방법을 궁리했다.

도대체 왜 그랬을까? 그것은 무절제였다. 부모가 해주지 못한 것을 자기 자신에게 해주고, 자신이 놓친 사랑과 재미를 돈으로 사려는 시도였다. 또한 자신을 증명하고, 그 시대의 가장 훌륭하고 똑똑하고 부유한 사람들과 어깨를 나란히 하려는 행동이었다. 처칠은 활력 있고 원기 왕성한 사람이었지만, 무절제로 인해 에너지가 많이 낭비되었다.

처칠은 운 좋게도 큰 문제 없이 넘어갈 수 있었다고 해도, 아버지의 습관은 물려받았으나 재능은 물려받지 못한 그의 아들은 아버지처럼 행운을 누릴 수 없었다. 아버지가 좀 더 자제할 수만 있었더라면 아들의 삶은 달라졌을 것이다. 자신이 내린 선택 때문에 돈을 걱정할 수밖에 없다면, 아무리 많은 돈을 벌어도 그 사람은 부자가 아니다.

대서양 건너 미국에서는 『위대한 개츠비』를 쓴 F. 스콧 피츠제럴드가 비슷한 방식으로 자신을 갉아먹고 있었다. 피츠제럴드는 부와 화려함에 푹 빠져 있었다. 엄청난 야심가에다 재능도 어마어마하지만 그는 믿을 수 없을 만큼 미성숙했다. 피츠제럴드의 결혼 생활은 부부 양쪽 모두에게서 최악의 모습을 끌어냈다. "예전에는 나 자신을 위해 글을 썼었는데…." 피츠제럴드는 산더미처럼 쌓인 빚을 생각하며 이렇게 탄식했다. 이제 그는 빚쟁이들의 등쌀에서 벗어나고, 편집자나 친구의 힘을 빌려 빚의 구렁텅이에서 벗어나고자 글을 썼다. 그것은 피츠제럴드의 자신감을 파괴하고, 그에게서 글쓰기를 사랑하는 마음을 앗아갔다. 오늘날 가치로 수백만 달러를 벌었는데도 피츠제럴드는 사실상 파산 상태로 호텔 방에서 홀로 죽음을 맞이했다. 피츠제럴드의 부는 사라졌고, 그 과정에서 훌륭한 글을 쓸 수도 있었을 소중한 세월까지 희생되었다.

"이 불쌍한 자식." 미국의 소설가 도러시 파커는 관에 누워 있는 마흔네 살의 피츠제럴드를 내려다보며 말했다. 파커에게 가장 충격적이었던 것은 그 모든 방종과 탐닉이 불러온 결과를 조용히 증언하던 피츠제럴드의 닳고 주름진 손이었다. 그 주름은 가장 노련한 시체방부처리자의 기술로도 감출 수 없었다.

돈이 있다면 당연히 그 돈을 써도 된다. 문제는 사람들이 자기에게 있지도 않은 돈으로 자기에게 필요하지도 않은 것을 가치보다 턱없이 높은 가격에 사는 것이다.

다행히 처칠에게는 완전히 파산하지는 않을 정도의 자기 통제력이 있었다. 처칠은 심연의 바다에는 한 번도 도달하지 않았지만, 겨우 아슬아슬하게 피했다. 만약 처칠이 밑바닥까지 내려갔더라면 이 세계의 운명은 어떻게 달라졌을까?

자신이 그런 위험을 감당할 수 있다고 생각하는 이유는 무엇일까? 자신이 너무 재능이 뛰어나서 틀기만 하면 물이 나오는 수도꼭지처럼 계속 일하기만 하면 돈이 나오리라고 생각하는 걸까? 어째서 몸을 혹사하며 일해도 된다고 생각할까? 왜 더, 더, 더 많은 것을 끝없이 바라면서도 자신은 부패하지 않으리라고 생각하는 걸까?

가진 것보다 더 많은 돈을 쓰며 살아가는 것만이 무분별한 돈 관리가 아니라는 점을 분명히 짚고 넘어가는 것이 좋겠다. 카토가 지녔던 자제의 미덕 역시 그만큼 과도함으로 치달을 수 있으며, 어쩌면 카토는 과도하게 자제했었는지도 모른다. 푼돈을 아끼려다 큰돈을 손해 보거나 중요하지 않은 일을 위해 한 푼이라도 아끼려다가 자기 삶과 활력을 먼지로 갈아버리는 것도 역시나 무책임한 일이다.

돈을 절제하는 일은 상대적이다. 인터넷에는 정말로 부유한 사람들이 등장해서 쓰레기봉투를 재사용하는 방법을 알려주거나 아무 고민 없이 사야 할 물건조차 그 비용을 줄이려고 할인권 여러 개를 동시에 사용하는 요령을 설명하는 내용이 차고 넘친다. 그것은 작은 일에도 최선을 다하느라 땀을 빼는 것이 아니라 보잘것없는 일로 땀을 빼는 것이다. 자기 돈만 중요하게 생각하는 것은 쉽게 탐욕으로 변질될 수 있기에 우리는 늘 경계해야 한다.

검소함과 관대함이 함께 가는 일은 극히 드문 것 같다. 물론 절약은 중요하다. 다만 절약 때문에 우리의 가장 소중한 자원인 시간을 날리지는 말아야 한다. 게다가 과도한 절약은 자신에게 그만큼 엄격하지 않은 배우자, 자녀, 친구 등 우리가 사랑하는 사람과의 관계까지 잃게 할 수 있다.

수 세기 전부터 돈을 다루는 태도에서 양극단에 자리한 사람들은 돈의 가치와 목적을 근본적으로 오해해왔다. 피츠제럴드는 부자가 특별하고 남다르다고 생각했다. 헤밍웨이는 그에 대한 대답으로 이렇게 썼다. "그래, 그들이 더 많은 돈을 갖고 있기는 하지."

돈은 좋은 것도 나쁜 것도 아니다. 돈은 도구다. 예컨대 처칠의 글쓰기는 그가 정치권에서 유배되어 있던 시기에 그의 생계를 지탱해주었다. 돈이 자유를 주고 지렛대가 되어준다면 아주 훌륭하다. 만약 돈이 중독이나 장애를 일으키거나 더 나쁘게는 주의를 산만하게 한다면 그런 돈은 나쁜 돈이다. 모든 강력한 도구가 그렇듯이 돈 역시 위험성을 품고 있으므로 안전하고 자각적으로 사용해야 한다.

돈으로 행복을 살 수는 없다. 하지만 뜻대로 되지 않아 답답한 일이 있을 때 돈이 그것을 해결해줄 수는 있다. 만약 필요하지도 않은 것 또는 합리적인 사람에게 일반적으로 필요한 것보다 더 많은 것을 갖고자 돈에 의존한다면, 돈이 우리를 자유롭게 해줄 수는 없다.

문제는 많은 사람이 언젠가는 돈이 이를 초월할 것으로, 우리가 차고 넘치도록 돈을 벌거나 성공하기만 한다면 이런 것은 고려하지 않아도 될 것으로 여긴다는 것이다. 돈이 중용과 재정적 성실성을 면제해줄 거라 생각하고 보통 사람의 일상적인 걱정을 뛰어넘게 해준다고 생각한다. 돈으로 그냥 우리가 원하는 것을 원할 때 원하는 만큼 할 수 있으리라고 생각한다. 왜냐하면 우리는 잘될 것이고, 우리는 성공할 테니까. 그런데 그런 일은 절대 일어나지 않는다.

'직장을 그만두고 싶을 때 개의치 않고 그만둘 수 있을 정도의 자산'이라는 건 신기루다. 우리는 절대 그만한 돈을 갖지 못한다. 아무도 그러지 못한다. 가난한 사람에게는 가난한 사람의 문제가 있고, 부유한 사람에게는 부유한 사람의 문제가 있다. 어차피 사람에게는 항상 문제가 있기 마련이다. 우리는 언제나 자기 절제의 필수성에 직면하게 될 것이다. 아니면 적어도 그 필수성을 무시한 결과로부터 절대 자유롭지 못할 것이다.

어쨌거나 직장을 그만두고 싶을 때 그만둘 수 있을 정도의 자산이 정말 그렇게 훌륭한 목표일까? 누구에 대해서도 무엇에 대해서도 신경 쓰지 않아도 될 만큼 많은 돈을 갖는 것이 무슨 가치가 있을까? 그것은 미덕이 아니라 유치함이다. 우리에게 정말로 필요한 것은 "고맙지만 사양합니다. 그 일은 안 하는 것이 낫겠군요"라고 정중하게 말할 수 있을 정도로 적당히 편안하게 살 수 있을 만큼의 돈이다. 돈 때문에 자기 가치관과 상반되는 일을 하지 않아도 되고, 자신에게 가장 중요한 일을 계속할 수 있을 만큼의 돈이 있다면 충분하다.

아무리 많은 돈도 우리를 진정으로 자유롭게 해주지는 않을 것이다. 하지만 돈에 의존하는 정도를 줄이는 것, 돈 걱정을 덜 하는 것은 어떨까? 그것은 지금 당장 우리를 자유롭게 한다.

스토아 철학자 무소니우스 루푸스가 유난히 탐욕스러운 사람을 상대하다가 답답해진 마음에 그와의 대화를 끝내고 그를 보내버리기 위해 상당한 액수의 돈을 줘버린 일이 있었다. 루푸스를 따르던 한 제자가 그의 행동에 이의를 제기하며 그 사람의 여러 결점을 지적하자, 무소니우스는 미소를 지으며 말했다.

"돈이야말로 정확히 그에게 어울리는 것이네."

아주 많은 돈을 버는 사람은 정말 많다. 하지만 그렇다고 그들이 무조건 더 나빠지는 것은 아니다. 다만 어느 방향으로 갈지는 우리가 결정해야 한다. 더 나은 쪽인가, 더 나쁜 쪽인가? 풍요인가, 부담인가? 우리가 얻은 것을 가질 자격이 있는 사람인지 아닌지 결정하는 것은 바로 우리다.

24

여왕이 자신을 다스린 원칙

우리는 지도자가 대담하고 무모하며 카리스마 넘치고 영감을 주는 사람이라고 생각하고 싶어 한다. 또한 그 지도자가 야심 차기를 기대하고, 승리를 거두거나 우리를 즐겁게 해주기만 한다면 그의 치명적인 결함이나 불온한 악덕마저 기꺼이 용서한다. 그런 특성이 그에게 강력한 매력을 부여할 수는 있겠지만, 안정적이고 지속적으로 우리를 감독하고 지휘하는 데 적합한 자질이기도 할까? 한 국가를, 한 기업을, 한 스포츠팀을 경영하는 데 알맞을까? 더 중요한 질문은 그것이 유일한 길인가 하는 점이다.

우리가 일반적으로 생각하는 지도자의 모습과는 다른 이상을 마음에 품고 있었던 플라톤은 "젊고, 선천적으로 기억력이 좋으며 정보 습득이 민첩하고, 용기 있고, 태도가 고상한 군주"
를 원하고 "만약 우리 군주가 가치 있는 나머지 자질도 갖추고
있다면, 이제는 미덕의 모든 부분에 필연적으로 동반하는 절제
가 군주의 영혼을 돌봐야 한다"라고 말했다.

　1926년에 태어나 영국의 최장기 재위 군주가 된 엘리자베
스 2세는 왕족이기는 하지만 권좌로 가는 뚜렷한 경로에 있었
던 것도 아니고 심지어 권좌에 오르리라고 기대되는 존재도 아
니었다. 또한 엘리자베스가 플라톤의 이상을 충족할 인물이라
고 본 사람은 거의 없었을 것이다. 엘리자베스는 조지 5세의 둘
째 아들의 딸이었다. 숙부인 에드워드 8세가 이미 두 번 이혼한
전력이 있는 나치 동조자와 결혼하려고 왕위를 버리는 무모한
결정을 하고 나서 그를 이어서 왕위에 오른 자기 아버지가 일찍
세상을 떠나는 바람에 갑자기 엘리자베스가 국왕이 되었다.

　플라톤이 바랐던 이상적인 지도자의 모습이 무엇이든 엘리
자베스는 세계적으로 존경받고 오래도록 변함없이 그 자리를
지킨 바로 그 엘리자베스 여왕이 되도록 기꺼이 자신을 갈고닦
으며 만들어가야 할 터였다.

　현대의 영국 국왕이 하는 일은 무엇일까? 그것을 말하기는
쉽지 않다. 영국 국왕이 할 수 없는 모든 일을 열거하는 편이 오
히려 더 쉬울지도 모른다. 국왕은 법률을 통과시킬 수 없고, 정
부의 수장을 선택할 수도 없으며, 전쟁을 시작하지도 못한다.
심지어 정책 문제에 관해서도 언급해서는 안 된다. 하지만 모순

적이게도 바로 이 무력한 지위를 유지하려면 엄청난 권력이 필요하다.

여왕은 매일 공문을 받으며, 회담이라는 절차에 따라 매주 총리와 만나 영국 안에서 일어난 일과 문제에 관해 모두 보고받았다. 그러면서도 동시에 이렇게 얻은 그 어떤 정보에 대해서도 공공연히 영향을 미치는 행동을 하는 것은 허용되지 않았다. 그 어떤 방식으로도 국사에 관여할 수 없었다. 모든 국사가 자기 이름으로 시행되는데도 말이다.

이것이 정확히 엘리자베스 2세가 열두 명의 총리와 열네 명의 미국 대통령, 일곱 명의 교황을 거치는 동안 위엄을 지키며 해낸 일이었다. "지금 나는 여러분 앞에서 내 삶이 길든 짧든 평생 여러분을 그리고 우리가 모두 속하는 위대한 우리 제국을 섬기는 데 헌신할 것을 선언합니다." 1947년 스물한 살이 되는 생일날, 미래의 여왕은 유명한 라디오 연설을 통해 당시 대영제국이었던 나라의 국민을 향해 입헌군주제에 헌신하겠다는 뜻을 표명했다.

몇 년 뒤에 엘리자베스는 자신의 의무감과 지위에 따른 책임감을 더욱 명시적으로 표현했다. "나는 여러분을 전쟁으로 이끌고 갈 수 없고, 법률을 제정하거나 사법권을 행사할 수도 없지만, 다른 무언가는 할 수 있습니다. 나는 여러분에게 나의 마음을 드리고, 이 오래된 섬들로 이루어진 나라에 헌신하고, 지구의 형제들과 같은 다른 모든 나라의 국민에게 헌신할 수 있습니다."

엘리자베스는 이러한 봉사가 얼마나 오래 지속될지 알 수 있었을까? 그 일이 자신에게서 무엇을 가져갈지, 무엇을 요구할지를 알았을까? 그것은 얼마나 큰마음과 지성을 요구하는 일이었을까?

루 게릭은 뉴욕 양키스에서 2130회의 경기에 연속으로 출정함으로써 영웅이 된 사람이다. 엘리자베스 여왕은 거의 70년 동안 매일 일했다! 엘리자베스에게는 하루하루가 경기가 있는 날이었으니, 2만 5000일 동안 연속 경기를 치른 셈이다. 엘리자베스는 126개국이 넘는 나라를 방문했다. 1953년에는 단 한 번의 순방으로 약 6만 4000킬로미터 이상을 여행했는데, 그중 많은 거리를 배를 타고 이동했다. 1만 3000명과 악수하고, 수만 명에게서 고개를 숙이거나 무릎을 굽히는 인사를 받았다. 본인이 하거나 남이 하는 것을 들은 연설이 400회가 넘었다. 그런데 이것은 재위 기간에 다닌 100여 번의 순방 가운데 단 한 번의 순방에서 있었던 일이다. 모든 순방을 통틀면 바닷길로 100만 해리 이상을 여행하고, 항공편으로는 그보다 몇 배는 더 먼 거리를 여행했다. 400만 명 이상을 만나고, 10만 회 이상 상을 수여했다. 어쩌면 가장 대단한 일은 장거리 여행으로 시간대가 바뀐 경우가 많았는데도 수십만 회에 달하는 회합, 행사, 방송, 만찬 등의 공적인 자리에서 잠이 든 적이 딱 한 번뿐이라는 사실일 것이다. 그 자리는 여왕이 78세가 된 2004년에 생물학과 의학에서 사용하는 자석의 용도를 설명하는 강연 자리였다.

여왕이 공식적 의무를 수행하는 데 어마어마한 신체적 절제가 필요하다는 것은 말할 나위도 없다. "장군, 피곤하신가?" 어느 공식 방문에서 자신을 수행하는 무관이 눈에 띄게 구부정한 자세로 서 있는 것을 본 엘리자베스가 물었다. "아닙니다, 폐하." "그렇다면 주머니에서 손을 빼고 똑바로 서도록 해요." 이 말을 했을 때 엘리자베스는 그 무관보다 약 160센티미터가 더 높은 단상 위에 있었다. 보좌관들은 여왕이 노년에 접어들었는데도 오랫동안 서 있을 수 있다는 것을 알았다. 엘리자베스가 왕좌에 오르고 나서 세 번째 총리인 영국의 정치가 해럴드 맥밀런은 언젠가 여왕이 "남자의 심장과 위"를 지녔다고 호들갑스럽게 말한 적이 있는데, 사실 그것은 어리석은 말이다. 루 게릭조차도 엘리자베스 같은 여행 일정은 소화할 수 없었을 것이기 때문이다.

하지만 이 경이로움은 신체적 위업을 뒷받침하는 것, 즉 엘리자베스가 조용히 끌어낸 정신적·감정적 절제를 놓치게 한다. 예를 들어, 여왕이 땀을 흘리는 모습은 아무도 본 적이 없다고 전해진다. 이는 마라톤처럼 장시간에 걸쳐 이어진 행사 참석을 더욱 대단해 보이게 한다. 여왕은 침착한 몸가짐과 평정으로 자신이 일하며 땀 흘리는 모습을 아무도 보지 못하게 한 것이다.

어떻게 그럴 수 있었을까? 미국의 제41대 대통령인 아버지 부시의 행정부 당시 엘리자베스가 미국을 방문했을 때, 미국의 한 관료는 여왕이 아주 길고 힘든 하루가 될 일정을 조용히 준비하던 순간의 모습을 우연히 보았다. "여왕은 꼼짝도 하지 않고 서 있었다. 마치 자기 내면을 들여다보며 준비하는 듯했다. (…) 이것이 여왕이 자기 배터리를 충전하는 방식이었다. 잡담 한마디 하지 않고, 완전히 차분한 상태로 서서 기다리며 자기 안에서 휴식을 취하고 있었다."

'힘들게 일하지 말고 똑똑하게 하라'고 하지 않는가. 엘리자베스는 수년에 걸쳐 오랫동안 수행해온 일을 더 입맛에 맞는 방식으로 새롭게 바꾸었다. 왜 군이 만사를 불안에 떨며 불편하게 해야 하는가? 엘리자베스는 한 사람을 만나는 데 평균 4초를 썼다. 정찬에서는 불필요한 코스들을 없앴다. 연설은 반드시 식사 전이 아니라 식사 후로 잡았다. 연설을 마무리하고 바로 빠져나가려는 것이었다. 궁전의 미디어 담당관들에게 여왕은 "원테이크 윈저"라는 별명으로 알려져 있었는데, 절대 서두르는 법은 없지만 자신이 하고자 하는 일을 철저히 생각해두었다가 첫 번째 시도에서 제대로 해냈기 때문이다.

절제는 인내와 끈기만이 아니다. 그것은 일하기에 가장 좋고 가장 경제적인 방식을 찾아내는 것이며 과제를 수행하는 동안 효율성이 높아지도록 헌신적으로 진화하고 개선하는 일이다. 진정한 명인은 자기 일을 장악할 뿐 아니라 다른 사람들은 여전히 헐떡거릴 때도 아주 쉽게 해내는 사람이기도 하다.

어떤 상황에서도 평정을 유지하는 여왕이 영국인의 이상을 구현한 인물이라는 데는 이견의 여지가 없다. 1964년에는 엘리자베스가 퀘벡을 방문했을 때 난폭한 반군주제 폭동이 일어났는데, 여왕은 고요하고 차분하게 인내했다. 1966년에는 무거운 시멘트 덩어리가 왕실 자동차 지붕 위로 쾅 떨어졌는데, 엘리자베스는 아무렇지 않다는 듯이 "튼튼한 차예요"라고 했다. 1981년에는 엘리자베스가 말을 타고 있을 때 한 총잡이가 달려와 여섯 발의 총알을 발사했지만, 여왕은 움찔도 하지 않았다. 1982년에는 정신 나간 침입자가 여왕의 침실에 쳐들어가며 유리창을 깨다가 베여서 피를 줄줄 흘리고 있었다. 깊은 잠에서 깨어난 엘리자베스는 비명을 지를 수도 있었을 테고, 달아날 수도 있었으리라. 하지만 그러는 대신 엘리자베스는 보안 요원의 호출을 시도할 수 있게 될 때까지 그 남자를 손님처럼 정중히 대했다.

여왕은 그 자리를 차지한 사람들에게서 대체로 최악의 면모를 끌어내는 국왕이라는 지위에 있으면서도 어떻게든 성공적으로 살아간 생기 넘치면서도 명민한 사람이다. 엘리자베스를 지식인이라고 말할 사람은 별로 없겠지만 사실 그 차분한 명민함 자체가 엘리자베스의 자기 절제를 보여주는 증거다.

아버지 조지 6세는 엘리자베스를 이른 나이부터 나랏일에 참여시키며 자기와 동등한 사람으로 대했다. 그래서 엘리자베스는 10대 때부터 처칠에게 조언을 들었고, 잉글랜드의 가장 훌륭한 헌법학자 한 사람에게서 매주 2회씩 6년에 걸쳐 개인

수업을 받았다. 여왕이 겉으로 다 말하지 않더라도 언제나 말로 하는 것보다 더 많이 알고 있었다는 것을 확신해도 좋다. 거의 모든 경우에 엘리자베스는 주간 알현 시간에 어떤 사안을 설명하는 총리보다 그 사안의 역사를 더 잘 알고, 그에 관해 더 많은 경험이 있었다. 하지만 말을 더 많이 하는 것은 필연적으로 총리이고, 엘리자베스는 그 말을 듣는 쪽이었다. 엘리자베스는 과소평가되는 것에 개의치 않았고, 결국 자기 진가가 재평가되리라는 것을 알기에 너끈히 참을 수 있었다.

가장 높은 자리에서는 총명함보다 절제가 더 희귀하다. 카리스마는 좀 떨어질지 몰라도, 결국 살아남는 것은 절제다. 절제에는 안정화하는 힘이 있다.

엘리자베스는 정부가 보내는 문서 가운데 가장 중요한 사안을 담아두는 여왕의 "빨간 상자"에 든 문서를 모두 다 읽는 것으로 유명했다. 그중에는 따분한 것도 많고, 머리가 멍해질 정도로 복잡한 것도 많았다. 엘리자베스는 매일 아침 여섯 가지 신문을 읽었다. 아무도 엘리자베스에게 강요하지 않았고, 아무도 엘리자베스가 그 내용을 아는지 시험하지 않는데도 말이다. 그냥 다른 사람에게 요약해달라고 요청할 수도 있고, 대충 훑고 넘길 수도 있었다. 하지만 그러지 않았다. 그렇게 얻은 지식을 활용할 기회가 헌법으로 제한되어 있는데도 그것들을 다 읽었다. 왜 그랬을까? 왜냐하면 그것이 자기 의무를 이행하는 가장 확실한 방법이기 때문이었다.

행동에 제약이 많은 여왕이 변화에 영향을 미칠 수단은 딱 하나이며, 엘리자베스는 신중하고 절제된 방식으로 그 수단을 사용했다. 그것은 바로 질문하는 것이다. 어떤 일이 우려스럽거나 그 일에 반대하는 입장일 때, 엘리자베스는 빨간 상자나 언론에서 볼 수 있는 내용을 넘어서는 훨씬 자세한 정보를 요구했다. 때로는 거듭 반복해서 정보를 요구하고, 그러다 보면 결국에는 해당 정책입안자들이 엘리자베스가 우려하는 사안이 무엇인지 분명히 깨닫게 되었다. 일을 어떻게 처리해야 한다는 자기 생각을 노골적으로 말하지는 않았지만, 그래도 시간이 흐르면 아주 분명하게 전달되었다.

엘리자베스는 정치적 의견을 가질 권한은 없지만, 평범한 사람뿐 아니라 대부분의 세계 지도자조차 해낼 능력이 없는 어떤 일을 해낼 만큼 매우 강했다. 바로 자신이 통제할 수 없는 일에 관해 의견을 피력하는 일을 자제하는 것이다.

엘리자베스 2세는 평생에 걸쳐 인간의 행동을 공부한 학생이라고 할 수 있다. 자기 지위에 따르는 제약과 의무에 답답해하는 대신 그 안에서 자유를 찾아내고, 그 힘을 생산적인 목적으로 활용했다. 보좌관들은 어떤 행사는 괴로울 정도로 따분하다고 느끼기도 한다. 하지만 여왕은 그럴 때도 흥미로운 뭔가를 찾아내려고 했다. "저 사람 아버지가 내 아버지의 시종이었던 거, 알아차렸어요?" 어느 날 긴 만찬이 끝나고 나서 엘리자베스가 활기 넘치는 말투로 이렇게 말했다. "그 남자가 신은 빨간 양말 봤어요?" 어느 공식 행사가 끝난 뒤에는 이렇게 질문했다. "왜 무대 옆에 음악감독이 한 사람 더 있었을까?" 어느 콘서트를 보고 나서는 경호팀도 놓친 사실을 눈치채고 이렇게 말했다. "저 병사에겐 무슨 일이 있었던 건가요?" 엘리자베스는 총검에 손을 베인 젊은이에 관해 질문했고, 자기는 너무 중요한 인물이라 그런 일 따위는 신경 쓰지 않는다고 생각하는 지휘관은 대답할 말이 없었다.

나약한 정신은 끊임없이 환락과 자극을 요구한다. 강인한 정신을 지녔다는 말은 홀로 자신만의 생각에 몰두하고, 반대로 경계를 늦추지 말아야 할 순간에는 차분하게 주변을 살핀다는 의미다.

엘리자베스는 지속적으로 세상의 변화에 적응해야 했다. 오늘날 지구상에 존재하는 대부분 국가가 엘리자베스가 태어났을 때는 존재하지도 않았다. 세상은 엘리자베스 2세의 재위 기간에 글자 그대로 다시 만들어졌다. 엘리자베스의 직무는 관습을 유지하는 동시에 재빨리 변하는 미래에 적응하는 일이었다. 사람들은 엘리자베스가 기준을 지키는 마지막 요새라고들 말해왔지만, 그 기준은 세월이 흐르는 동안 재평가되고 조정되고 재고되었으며, 어떤 기준은 그 과정을 여러 차례 겪었다.

"변화는 하나의 상수가 되었어요. 절제의 범위를 점점 확장하는 게 변화를 관리하는 일이 되었지요"라고 엘리자베스는 말한다. 왕가가 이러한 절제의 일환으로 이탈리아의 작가 주세페

토마시 디 람페두사의 한 문장을 인용해 좌우명으로 삼은 것도 바로 이 때문인지 모른다. "상황이 똑같이 유지될 것 같다면, 상황을 바꿔야 할 때가 온 것이다."

우리가 꼭 이해해야 하는 것이 있다. 자기 절제란 무슨 일이 있어도 상황을 정확히 똑같은 상태로 유지하는 것이 아니라는 점이다. 자기 절제는 모든 일에 저항하는 것이 아니다. 게다가 항상 똑같이 유지되는 세상에서는 절제가 그리 많이 필요하지도 않을 것이다. 자제는 적응하는 능력, 어떤 상황이든 잘 활용하는 능력, 어떤 상황에서나 성장과 향상의 기회를 찾아내는 능력이기도 하다. 그리고 이런 일을 평안하고 침착하게, 심지어 주도적으로 즐겁게 해낼 수 있는 것이다. 달리 어떤 선택을 할 수 있겠는가?

어쩌면 엘리자베스 2세의 재위 기간에 일어난 가장 흥미롭고도 상징적인 변화는 1993년에 자신에게 과세하라는 여왕의 결정이었을 것이다. 절제가 자기 책임을 다하는 것이라면, 한 군주가 자기 정부에 그것도 총리의 반대를 무릅쓰고 자기 재산과 수입에 과세하라고 제안한 이 결정보다 더 나은 절제의 예를 찾기는 어렵다.

하지만 그렇다고 모든 것이 변화에 열려 있다는 말은 아니다. "안 그러는 게 좋겠다"라는 말은 버킹엄궁전에서 자주 쓰는 말이다. 이를테면, "정도를 넘지 말자, 일 처리를 성급하게 하지 말자, 고장 나지 않은 것은 수리하지 말자, 변화까지 포함해 모든 일을 천천히 하자"라는 식이다.

이는 엘리자베스의 상당한 부와 명성에도 적용되었다. 엘리자베스 2세는 금욕주의자가 아니었다. 어쨌거나 성에 사는 사람이 아니던가. 운명이 부와 명성을 주었다면 그것을 누리지 않을 이유가 무엇인가? 절제하는 사람은 일정한 범위를 벗어나지 않는 선에서 그것을 완벽하게 누릴 수 있다.

풍요를 관리하려면 여왕은 일종의 규약과 어떤 의무감에 따라 살아가야 했다. 엘리자베스는 "빅토리아 여왕이 그랬듯이 나 역시 언제나 '매사에 중도를 지키라'는 오래된 금언을 믿는 사람이다"라고 말했다. 왕실의 더 젊은 가족들은 이런 종류의 자기 통제를 어려워하고 반항하기도 했으며, 몇몇 심란한 사례에서는 인간으로서 기본적인 의무마저 저버리기도 했다. 자기가 원하는 모든 것을 가질 수는 없다는 것, 어떤 일들은 타협의 여지가 없다는 것, 특권의 이면은 의무라는 것, 권력은 자제로써 보완해야만 한다는 것을 그들도 알았어야 했다. 하지만 모든 사람이 이런 개념을 이해하는 것은 아니다. 그리고 그들의 수치스러운 행동은 그것을 이해하지 못할 때 어떤 결과가 따르는지 우리에게 되새겨준다.

흥분하기는 쉽다. 선호를 표현하기도 쉽다. 난잡해지기도, 변덕이나 감정이나 심지어 야망에 자신을 내맡기기도 쉽다. 하지만 자기 자신을 견제하는 것은 어떨까? 기준에 자신을 맞추는 것은 쉬울까? 특히 그렇게까지 하지 않아도 무사히 빠져나갈 수 있다면 우리는 과연 어떻게 행동할까?

"모든 행동에서 자제하고 절제하는 것이 자기가 해야 할 일이 무엇인지 말할 수 있는 것보다 훨씬 더 훌륭하지 않은가?" 고대 로마 시대에 무소니우스 루푸스가 한 말이다. 왕과 귀족의 조언자였던 루푸스는 많은 사람이 자기 우주의 '주인'이면서도 가장 강력한 힘, 바로 자기 정신을 장악하는 힘, 자기 행위와 선택을 장악하는 힘은 지니지 못했음을 잘 알고 있었다.

그렇다고 해도 힘든 인생인 건 사실이다. 여왕만큼 꼼꼼한 삶을 산다고 상상해보라. 연설문 작성자가 "다시 버밍엄을 방문하게 되어 대단히 기쁩니다"라고 시작하는 연설문 초안을 건넸을 때, 여왕은 글을 천천히 살펴보며 '대단히'라는 단어를 지웠다. 그것은 정확한 사실도 아니고, 진정성 있는 말도 아니며, 또한 방문해야 할, 또는 끝까지 방문하지 않을 다른 모든 장소에 대해 공평한 말도 아니기 때문이다.

평범한 사람은 다소 화려한 수사를 구사해도 별문제가 없겠지만, 여왕은 평범한 사람이 아니다. 그 균형을 유지하기가 얼마나 어려운 일인가! 자신은 누구와도 다르지만, 모든 사람에게 공감해야만 한다. 다가가기 쉬운 사람이어야 하지만 동시에 전혀 흠잡을 데 없는 사람이어야 한다. 현대적인, 그러면서도 시대를 초월한 국가원수이자 교회의 수장으로서 작은 실수 하나라도 잡아낼 태세로 모두가 지켜보는 시선을 받으며 살아야 한다.

이 말이 엘리자베스가 자신에게 어떤 감정도 허용하지 않았다는 의미일까? 자기 절제란 로봇처럼 감정을 억누르는 것을 의미할까? 절대 그렇지 않다. 여왕은 자신에게는 높은 기준을 요구하지만 의례를 위반하는 사람들, 이를테면 손을 뻗어 자신을 붙잡는 팬이나 고개 숙여 인사하지 않는 외교관에게는 무척 관대했다. 사람들은 엘리자베스가 놀라울 정도로 말을 주고받기가 편한 사람이며, 금세 사람들을 편안하게 해준다고 말했다. 왜냐하면 그런 것 역시 여왕이 해야 하는 일의 일부기 때문이었다. 여왕으로서 사는 것이 힘든 일이기는 하지만, 엘리자베스는 그걸로 다른 사람들을 힘들게 하지는 않았다.

공인이라면 마땅히 견뎌내야 하는 비판을 엘리자베스 또한 받았다. 엘리자베스가 그런 비판을 피해 달아났을까? 그렇게 비판받는 것을 불평했을까? 오히려 정반대였다. 1992년은 여왕이 자신의 '안누스 호리빌리스', 즉 '끔찍한 해'라고 표현했을 만큼 고통스럽고 힘겨운 해였다. 자녀 중 세 명이 이혼하고 그들의 이혼한 배우자 중 하나가 모든 것을 폭로하는 회고록을 출간했으며, 왕실이 주말 별장으로 이용하던 800년 넘은 역사적 유물인 윈저성에는 전기 누전으로 인해 방 1000여 개 중 100여 개가 소실되는 큰 화재도 발생했다.

그때 여왕은 아직 화재의 연기 냄새가 다 가시지도 않았을 때, 언론으로부터 책임 추궁을 당하는 것도 자기 일의 일부라고 말했다. "이런 비판이 공적인 삶에 속한 사람과 기관에 유익한 것이라는 점에는 의심의 여지가 없습니다. 도시든 군주제든 다른 무엇이든, 어떤 제도도 그들에게 충성과 지지를 보내는 사람과 그러지 않은 사람까지 포함한 모든 이의 감시에서 자유롭기를 기대해서는 안 됩니다.”

그러면서도 엘리자베스는 책임을 묻는 것과 잔인하게 파헤치는 것에는 차이가 존재한다는 것도 분명히 지적해주었다. “면밀한 감시는 부드럽고 유쾌하며 이해심 깊은 태도를 곁들일 때 그만큼 효과적일 수 있습니다.”

변화를 두려워하는 사람치고 오래 가는 사람이 없고, 피드백이나 실수를 두려워하는 사람 중에 변할 수 있는 사람은 드물다. 우리는 어떨까? 우리는 어떻게 절제하고 있을까? 압박받을 때마다 침착하고 우아하게 대처하는가 아니면 피곤하다고 느끼는가? 자신은 어쩔 수 없는 상황에 놓여 있다고 생각하는가? 많은 생각이 핑계라는 것을 우리는 너무도 잘 알고 있다.

엘리자베스 여왕보다 더 큰 권력을 쥔 지도자는 많았다. 하지만 엘리자베스보다 더 자제력 있는 지도자는 거의 없었다. 엘리자베스를 영국인이 자랑스러워할 수 있는 국왕이 되게 해준 것은 바로 이런 극기와 헌신이었다. 그것이 엘리자베스를 자기 자신이나 권력의 유혹으로부터 구해준 것은 두말할 나위 없고 여왕이 여러 폭군뿐 아니라 폭정이라는 통치 형태 자체보다도 더 오래 버티는 데도 도움이 되었다.

우리가 꼭 이해해야 할 것이 있다. 위대함은 그 사람이 움직이는 것뿐 아니라 움직이지 않기로 한 것에서도 드러난다는 점이다. 위대함은 한 사람이 자기 세계 또는 자기 직업이 가하는 제약을 어떻게 견뎌내는가, 우리가 한계 안에서 창의적이며 의식적으로 침착하게 무엇을 해낼 수 있는가에 달려 있다.

언젠가 여왕은 이렇게 말했다. "대부분의 사람에게는 직업이 있고, 그들은 일이 끝나면 집으로 갑니다. 그런데 내 인생은 직업과 삶을 도저히 나눌 수 없으므로 둘이 함께 갑니다." 절제의 길을 이보다 더 잘 정의한 것은 없다. 그것은 모든 기력을 소비하고 모든 시간을 들여야 하는 일이다. 그것은 평생에 걸쳐 걸어가는 여정, 거기에 더 오래 머무를수록 더 대단해지는 여정이다.

25

화를 잠재우는 법

미국의 초대 대통령 조지 워싱턴은 많은 일이 잘못되는 것을 지켜보았다. 열한 살에는 아버지를 잃었다. 채 스물두 살이 되기도 전, 미국 버지니아 민병대 소령이었던 그가 오하이오강을 따라 구축된 프랑스 요새에 매복 공격을 감행하여 프렌치·인디언전쟁을 촉발했을 때는 처음으로 포화공격을 받았다. 프렌치·인디언전쟁으로 촉발된 독립전쟁이 승리로 끝나긴 했지만 사실은 롱아일랜드섬부터 킵스베이, 화이트플레인스부터 포트워싱턴까지 거의 끊임없는 패배와 후퇴의 연속이었다. 9년에 걸친 전쟁 내내 워싱턴은 고통스러운 재정적 곤란을 겪으며, 애지중지하는 자기 가문의 저택 마운트버넌이 불에 탈지도 모른다는 위협적인 소식을 끊임없이 들어야 했다. 그리고 그 후에는 미국 정부가 허둥대고 있을 때 혼란한 정치판으로 끌려들어 가서 결국에는 대통령이 되어 언론의 비판은 물론 까다로운 부하와 유권자 들의 요구를 고스란히 받아내야 했다.

워싱턴은 스물여섯 살 때 스토아학파에 관한 연극 한 편을 보았는데, 거기서 들은 문구 하나를 평생 기억했다. 전쟁터에서 후퇴할 때나 내각 구성원 사이에서 분란이 생길 때 등 스트레스를 받고 힘겨운 상황이 닥치는 순간 그는 늘 그 문장을 반복적으로 외워 자신에게 그 말을 들려주었다.

"온화한 철학의 차분한 빛 속에서."

워싱턴은 수하의 장군 하나가 뒤에서 자신을 중상모략한다는 소식을 들었을 때도 온화한 철학의 차분한 빛으로써 그 소식을 대했다. 자신과 아내가 아이를 가질 수 없다는 서글픈 사실도 온화한 철학의 차분한 빛 속에서 받아들였다. 장교들이 모여 마치 폭도처럼 신생 미국 정부에 대해 반란을 일으킬 것처럼 위협하자 그들이 반역죄를 범하지 않도록 천천히 노련하게 말로써 설득할 때도 온화한 철학의 차분한 빛 속에 있었다.

워싱턴은 꼭 기억해야 할 그 문구를 1797년 6월 한 달 동안에만 세 통의 편지에서 썼는데, 그러면서 자기가 성급하게 판단을 내리거나 감정에 이끌려 통제력을 잃지 않도록 경계하고, 대신 건국의 아버지에게 걸맞은 절제로써 상황을 바라보고자 노력했다. 우리와 마찬가지로 워싱턴도 타고난 성향으로 그렇게 하는 것은 아니었기 때문이다.

한 친구의 말마따나 워싱턴도 "위대함과 동반하면서도 종종 위대함의 빛이 바래게 하는 격앙된 열정"에서 자유롭지는 않았다. 사실 그러한 열정에 맞서 싸우는 것은 이 남자가 살면서 가장 우선시하고 가장 오래 한 싸움이었다. 그 친구가 자기 친구 워싱턴의 송사에서 말했듯이 그것은 또한 워싱턴의 가장 대단한 승리기도 했으니 "거기서 그가 확보한 제국은 너무나 거대해서 태도와 품행의 차분함이 평생 그를 돋보이게 했다."

미국의 화가 길버트 스튜어트는 1790년대에 워싱턴의 초상화를 그리려고 몇 시간을 그와 함께 보냈다. 그러면서 그가 발견한 사실은 워싱턴이 맹렬하고 단호하며 강렬한 사람이라는 것이었다. 스튜어트는 워싱턴을 꼼꼼히 관찰하는 동안 그의 벼락처럼 격렬한 열정을 느낄 수 있었지만, 동시에 그가 "판단력과 위대한 극기"로 그 열정을 감싸 억제하는 방식에 경탄했다. 워싱턴이 불같이 화내는 모습을 본 사람이 거의 없는 것은 바로 그 때문이었다. 워싱턴은 타고난 스토아 철학자가 아니었다. 워싱턴이 의지로써 자신을 그런 사람으로 만든 것이다. 영원히 그렇게 바뀐 것이 아니라 매분, 매일, 모든 상황에서 새로이 전력을 기울여 자기를 그렇게 단련했다.

워싱턴이 좌절하거나 압도된 적이 한 번도 없었으리라고 생각하는가? 말할 것도 없이 워싱턴도 그런 적이 있었다. 하지만 종종 공공연하게 워싱턴과 다투었던 미국의 제3대 대통령 토머스 제퍼슨에 따르면, 그는 "모든 상황, 모든 고려 사항을 충분히 저울질하기 전에는" 절대 행동하지 않았다. 워싱턴에게도 우리처럼 즉각적인 반응이 있었다. 하지만 워싱턴은 모든 상황을 검토하여 그 상황을 설명하고 이해할 수 있는 더 나은 관점을 찾으려고 노력했다.

우리는 모든 자극과 반응, 모든 정보와 결정 사이에 공간이 있다는 것을 안다. 그것은 작은 틈이지만, 우리 철학을 집어넣을 여지는 충분한 공간이다. 그 공간을 사용할 것인가? 사고하고, 검토하고, 더 많은 정보를 기다리는 데 그 공간을 사용할 것인가? 아니면 제일 처음 받은 인상, 해로운 본능, 오래된 관습에 굴복할 것인가? 이럴 때 가장 중요한 것은 멈추는 것이다.

성급하게 결정을 내리기 전에, 속단하기 전에, 최악을 가정하기 전에, 자녀의 문제를 대신 풀어주려고 또는 자녀를 다시 잠재우려고 성급하게 달려가기 전에, 어떤 문제를 성급히 특정한 것으로 분류하기 전에, 누구의 탓으로 돌리기 전에, 불쾌하게 받아들이기 전에, 두려움으로 외면하기 전에 멈추는 것이다.

앞에서도 말했듯이 자아에는 더 높은 자아와 더 낮은 자아가 있다. 이 두 자아는 각각 심리학자들이 '빠른 사고'와 '느린 사고'라고 부르는 두 종류의 정신적 과정에 대응한다. 빠른 사고는 대개 낮은 자아다. 육감적 본능은 낮은 자아다. 예컨대 시어도어 루스벨트가 정치적으로 미칠 파장 때문에 미국의 흑인 교육자 부커 T. 워싱턴을 백악관에 초대하는 일을 망설인 것을 말한다. 반면 느린 사고는 높은 자아로, 합리적이고 철학적이며 원칙에 근거한 자아다. 무언가에 대해 정말 제대로 생각하는 것, 자신이 되고 싶은 존재에 관해 제대로 생각하는 것이다. 가령 루스벨트가 숙고한 결과 워싱턴을 초대하는 일이 두려움을 느낄 일이 아님을 깨달은 것을 말한다.

우리는 멈춰 선다. 자신을 가다듬고, 그것을 빛에 비춰보고, 자문한다. "이것이 내가 정말로 화낼 일인가? 이것은 처음에 내가 생각한 것처럼 무섭거나 짜증 나는 일인가?"

두려움이나 불안이나 선입견이 결정하도록 방치하지 말자. 그보다는 자제심으로 상황을 장악하자. 우리가 지니고자 노력하는 그 자제심, 우리에게 필요하다는 것을 우리가 아는 그 자제심이 처리하도록 맡겨두자.

지도자는 충동에 따라 결정을 내려서는 안 된다. 그보다는 합리적이고 제어되는 위치에서 이끌어야 한다. 이 말은 지도자가 절대 유혹을 느끼지 않는다는 말도, 지도자에게는 충동이 일지 않는다는 말도 아니다. 충동을 검증하거나 이성의 빛에 비춰 검토해보기 전에는 충동에 따라 움직이지 않을 만큼은 절제한다는 말이다.

소셜 미디어에 올라온 게시글, 일터에서 큰 비용을 발생하게 한 실수, 누군가 우리를 속이려고 한 뻔히 보이는 거짓말, 말 안 듣는 직원, 해결하기 어려운 장애물, 일상적인 무신경, 복잡한 문제 등 이 모든 것을 신중하고도 원만한 눈으로 바라봐야 한다.

인생은 우리에게 많은 것을 집어던질 것이다. 워싱턴에게, 프랑클에게, 루스벨트에게, 이 세상에 살았던 모든 사람에게 그랬듯이 말이다. 그 사실보다 더 중요한 것은 다음의 질문이다. 모든 일을 어떻게 바라볼 것인가? 삶에서 일어나는 사건들을 검토할 때 비춰볼 온화한 철학의 차분한 빛을 우리는 얼마나 통제할 수 있는가? 왜냐하면 그 답이 자신이 무엇을 할 수 있게 될지를 결정할 것이고, 더 중요하게는 자신이 어떤 사람이 될지를 결정할 것이기 때문이다.

26

인내의 보상

미국 문단의 대표 작가 조이스 캐럴 오츠는 동 세대 작가 가운데 아주 많은 작품을 쓰고 창작에 무척 헌신하는 작가다. 그런데 만약 오츠가 그냥 서둘러서 책을 출판하기만 했다면 많은 작품을 썼다는 것만으로 존경을 받았을까? 당연히 아니다. 다작이 엉성함을 완곡하게 말하는 표현이 될 수는 없다.

오츠는 단순히 할 일을 꾸준히 해내고 많은 글을 쓰기만 한 것이 아니다. 이 힘겨운 육체적 노동에 더해 창작의 충동을 조절하고 최종적으로 출판할 만한 글로 다듬어야 하는 만만찮은 정신적 절제가 있었다.

"원고 대부분을 즉각 출간하지 않는다"라고 오츠는 설명했다. 모든 원고는 초고를 완성한 다음 서랍 속에 넣어두는데, 때로는 1년 이상 묵혀둔다. 그 안에서 원고는 무르익는다. 오츠는 그동안 다른 프로젝트에 관해 생각하고, 다른 발상을 탐색한다. 글을 더 많이 읽고, 조사를 더 많이 하고, 삶의 경험을 더 많이 쌓고, 생각을 더 많이 한다.

초고가 좋지 않다는 말이 아니다. 그저 첫 순간에 분출한 흥분은, 아니 쉽게 다가온 모든 것은 언제나 의심해 봐야 한다는 말이다. 오츠의 인내심은 폭넓은 시야를 확보하고, 책 한 권을 완성하는 데 들어가는 모든 자잘한 결정이 올바르게 내려지도록 시간을 넉넉히 주려는 것이다.

그동안 몇 쪽을 더 추가할 수도 있고, 한 등장인물이나 장면 자체를 완전히 삭제할 수도 있다. 대개 그렇게 생긴 변화는 아주 사소한 것이다. 하지만 책을 내기 전에 만전을 기하는 과정은 의미 있는 창작 행위 못지않게 필수적이다. 링컨이 독립 선언문을 썼을 때, 그는 정치적·군사적으로 그 선언문을 발표할 가장 적합한 시기가 오기를 기다리기만 한 것이 아니라 쓰는 도중에도 여러 차례 한쪽으로 치워두었다. 링컨의 말에 따르면, 화가가 스케치를 놓아두고 때때로 한두 개의 선을 더하는 것처럼 "상황의 전개를 초조하게 지켜보며 여기저기를 다듬었다."

과연 그렇게 하기가 쉬울까? 작가든 정치가든 누구에게나 최적의 순간을 기다린다는 것은 피를 말리는 일이다. 하지만 아리스토텔레스가 말했듯이 "인내는 쓰고 열매는 달다."

하는 일이 무엇이든 우리는 달려들어 열심히 일하는 것을 넘어 인내할 줄 아는 절제력을 키워야 한다. 어쩌면 이 유연한 기술은 의자에 엉덩이를 붙이고 앉아 있는 시간보다, 뼈를 깎는 수년의 노력보다 우리에게 더 어려운 과제일지도 모른다. 자기 본능이 그냥 곧바로 진행하고 싶어 할 때, 당장 손에 넣기를 간절히 바랄 때도 기다려야 할 수도 있다. 그 기다림이 가장 어려운 부분이다.

소식을 기다리고, 적합한 기회를 기다리고, 상황이 안정되기를 기다리고, 해결책이 생기기를 기다리고, 사람들이 생각을 바꾸기를 기다리고, 여러 가정을 확인하는 동안 기다리고, 더 나은 판단을 내릴 수 있을지 기다리며 지켜보는 등 우리가 이렇게 기다림으로써 얻는 것이 무엇일까? 성경에 따르면, 우리는 인내로써 다름 아닌 우리 영혼을 얻는다고 한다.

자기 절제는 불충분한 정보에 근거한 성급한 행동으로부터, 잘못된 선택으로부터, 너무 빨리 나서는 것으로부터, 억지로 밀고 나가는 행동으로부터, 사람들을 성급히 몰아대거나 그들을 포기하는 것으로부터, 잘못된 결론을 내리는 것으로부터, 기다리는 사람에게 찾아오는 모든 경이로운 보상을 놓치게 되는 일로부터 우리를 구한다.

에디슨이 잘 보여주었듯이 인내는 천재의 가장 중요한 요소다. 순간의 영감이나 번쩍이는 광채조차 다듬고 광내서 결국 완성할 때까지의 인내가 없다면 아무 가치도 없다. 에디슨의 천재성은 바로 이것이다. 끊임없이 실험을 반복하고, 누군가 더 좋은 원자재를 조달해줄 때까지 실험과 발명을 미뤄두고, 단지 전구만 발명한 것이 아니라 주택가 첫 번째 구역에 지하로 전기를 보내는 방법을 끈질기게 찾아내고, 그런 다음 실제로 뉴욕시에서 전기 공급을 현실화하는 데 필요한 정치적 해결을 이루기까지 인내하고 헌신한 것 말이다.

인내심이 없는 사람은 다른 사람들과 함께 일할 수가 없다. 그들은 반드시 판단을 내리고 시기를 정하는 데 실수할 수밖에 없다. 그들은 중요한 일을 해낼 수도 없다. 중요한 일은 생각보다 시간이 더 많이 들며, 분명 우리가 예상하는 것보다는 훨씬 더 오래 걸린다.

반면 인내심 있는 사람은 함께 일하기에 더 좋을 뿐 아니라 더 안정적이면서도 탄력적이다. 이탈리아의 미술가 레오나르도 다빈치가 말했듯이 "옷이 추위로부터 우리를 보호하듯이 인내는 잘못으로부터 우리를 보호한다. 날씨가 더 추워질수록 옷을 더 많이 껴입는다면 추위는 우리를 해칠 힘을 잃기 때문이다. 마찬가지로 크게 잘못된 일에 직면할 때 인내심을 키우면 그 일은 우리 정신을 괴롭힐 힘을 잃는다."

우리는 항상 각오를 단단히 다지고 기다려야 한다. 우리에게는 하루하루 견디는 인내만이 아니라 오래 견디는 인내가 필요하다. 섀클턴 수준의 인내, 작품이 무르익을 동안 서랍에 넣어두는 인내, 일단 오늘은 자러 가고 내일 다시 시작하는 인내 말이다. 복리가 쌓여갈 때까지, 투자에서 이익이 나올 때까지,

자기 계획이 효과를 낼 때까지, 사람들이 시대를 앞선 우리의 구상을 이해할 수 있을 때까지, 미래에 일어날 사건들이 그 구상을 입증해줄 때까지 가만히 기다리는 인내가 더 필요하다.

'성직자처럼 인내심이 있어야 한다'는 말이 나온 데는 다 그럴 만한 이유가 있다. 어떤 목표도 인내 없이는 이루어질 수 없다. 어떤 가치 있는 목적도 인내 없이는 달성할 수 없다. 어떤 야망도 인내로써 단련하지 않는 한 지탱할 수 없다.

하지만 바로 그것이 핵심이다. 일이 정확히 우리가 원하는 대로 된다면, 불편과 희생과 참을성 있는 인내를 요구하지 않는다면 절제 같은 것은 전혀 필요하지 않을 것이며, 누구나 그 일을 할 것이다. 그렇다면 거기서 열린 열매는 그리 달지 않을 뿐 아니라 다른 누군가가 이미 그 열매를 따 먹었을 것이다.

27

완벽주의라는 덫

1931년 겨울, 무용가 마사 그레이엄은 마야 문화와 아즈텍 문화에서 영감을 받아 자신이 안무한 「예식」이라는 무용 시리즈를 만들다가 속수무책으로 슬럼프에 빠져 있었다. 완벽주의자로 악명 높은 그레이엄은 도저히 그 작품을 완성할 수 없다고 절망하고 있었다. 걱정과 자기비판, 재단에서 받은 지원금을 낭비해버렸다는 죄책감에 사로잡힌 그레이엄은 자기 명성에 따르는 기대감을 만족시키지 못할 것은 물론 자기 머릿속에 있는 포부도 충족하지 못하리라고 확신했다.

"이 겨울을 완전히 날려버렸어. 겨우내 한 일이 몽땅 실패야. 나의 1년을 파괴하고 말았어. 이 작품은 아무 가치도 없어." 그레이엄은 자기 연민에 빠져 우는소리를 했다.

무용수들이 그 작품을 사랑하고 그 작품에 몸과 영혼을 바쳤는데도 그레이엄의 눈에는 바꿔야 할 것들밖에 보이지 않았다. 그에게 보이는 것은 완벽함을 망치는 것들밖에 없었다. 그리고 그것은 그레이엄을 창작의 감옥에 가둬버렸다.

이는 모든 위대한 이들에게 닥치는 비극적 운명이다. 그들의 성공은 믿을 수 없을 정도로 높은 그들의 기준에 기반하며, 흔히 그 기준은 관객과 시장을 포함해 그 누구도 요구할 수 없을 만큼 높다. 하지만 이 미덕은 동시에 끔찍한 악덕이기도 한 것이, 자신이 성취한 것을 즐기지 못하게 할 뿐 아니라 다음 일을 진행하는 것을 점점 더 불가능한 일로 만들기 때문이다.

그들은 그다음 일을 전혀 만족스럽게 느끼지 못한다. 언제나 그들이 할 수 있는 일이 더 있고, 지난번에 그들이 이룬 수준에는 절대 필적하지 못하기 때문이다.

다빈치도 그랬다. 그래서 매번 거의 내내 그림을 완성하지 못했다. 스티브 잡스는 매킨토시 컴퓨터를 손에서 놓지 못하고 계속 붙잡고 있다가 결국 애플에서 해고되었다. 미국의 소설가 랠프 엘리슨의 전기작가는 엘리슨의 완벽주의가 "그의 동맥을 너무 꽉 막고" 있어서, 한 번은 엘리슨이 자기 책 한 권에 관한 짧은 글을 쓰느라 40편의 초고를 썼다고 한다. 그 책은 수십 년간 엘리슨의 삶 전체와 호흡이 배어 있던 책이어서, 그런 글이라면 40분 만에 써내야 마땅했는데 말이다. 엘리슨이 걸작 『보이지 않는 인간』을 출간한 이후 단 한 권의 책도 더 출간하지 못한 것은 바로 그런 완벽주의가 초래한 비극적 결과였다. 수년에 걸쳐 써 내려간 원고가 약 50센티미터 높이로 쌓였는데도 말이다.

그것은 무엇이었을까? 겸손이었을까? 사소한 것도 모두 제대로 해야 한다는 집착이었을까? 아니다. 이런 말은 모종의 나르시시즘과 강박에 대해 우리가 자신을 안심시키려고 늘어놓는 변명일 뿐이다. 우리는 모든 사람이 우리가 하는 일에 대단히 신경을 쓴다고 확신하고, 그 때문에 옴짝달싹 못 하는 상태에 빠진다. 우리는 이것이 자기 절제라고 생각하지만, 사실 그것은 자의식 과잉이다. 흔히 이야기하는 '완벽주의'의 또 다른 뜻은 마비다.

완벽하게 해내려는 강박은 나무만 보느라 숲을 놓치게 한다. 결국 가장 큰 손실은 해야 할 일을 끝내 실행하지 못하는 것이기 때문이다. 우리가 출발하지 못하는 것, 너무 두렵거나 너무 기준이 엄격한 나머지 손에서 놓지 못하고 시도하지 못하는 것, 이는 '실패'를 뜻한다. 미적거림 때문이든 완벽주의 때문이든 원인이 무엇인지는 중요하지 않다. 결과는 똑같다. 자신이 그 일을 하지 않았다는 결과 말이다.

스토아 철학자들은 우리에게 말한다. 완벽하게 하지 못한다는 실망감 때문에 추구하는 일을 완전히 내팽개쳐서는 안 된다고. 이길 확신이 없어서, 모든 사람이 그 결과를 사랑해주리라는 확신이 없어서 시도하지 않는 것을 가리키는 단어가 하나 더 있다. 바로 비겁함이다.

우리는 과감히 나아갈 만큼, 한번 시도해볼 만큼, 자기 차례에 나설 만큼 용감해야 한다. 우리가 어쩌면 질 수도 있다고 하더라도 경기장으로 들어설 만큼 용감해야 한다. 이를 위해서라도 우리는 충분히 강해야 한다.

마사 그레이엄에게는 운 좋게도 필요할 때 그를 떠밀어주고, 자신의 과도하고 빈틈없는 자기 절제로부터 그를 구해준 협력자들이 있었다. 그레이엄이 「예식」의 덫에 빠져 꼼짝하지 못할 때 음악 감독을 맡았던 미국의 작곡가 루이스 호르스트가 나서서 말했다. "사람이 항상 같은 수준의 작품을 창작할 순 없어. 5번 교향곡 뒤에 6번 교향곡이 나왔지만, 6번이 없었다면 우린 7번 교향곡도 듣지 못했을 거야. 사람은 자기가 어떤 결과를 향해 가는지 알 수 없어. 과정도 성취만큼 중요해."

완벽은 좋은 것의 적이라고들 하는데, 그저 거기서 그치지 않는다. 완벽은 그 다음에 오는 모든 것의 적이다. 한자리에 멈춰 꼼짝하지 못한다면, 잠재력 역시 그렇게 된다. 끝내는 그 자체로 하나의 성취이고, 반드시 행동에 옮겨야 하는 기념비적 절제의 행위인 까닭이다.

물론 계속 다듬거나 고치고 싶을 것이고, 계속 문제점을 머릿속에서 점검해보고 싶을 것이다. 하지만 그런 자신을 멈춰 세우고 마침내, "이걸로 끝났다"라고 말할 수 있어야 한다. 스스로 그럴 수 없다면, 프로젝트의 마지막에서 그런 문제를 겪는다면, 또는 자신이 완벽주의에 희생될 수 있음을 인지했다면, 거기서 우리를 끌어내고 균형을 잡아줄 동반자를 찾는 것도 자기절제의 힘이다. 우리에게는 그런 자기 절제가 있는가?

차고 넘칠 정도로 성공을 거둔 마사 그레이엄은 분명 주변을 아첨꾼과 예스맨으로 채울 수도 있었을 테지만 다행히 그러지 않았다. 자신이 훌륭한 작품을 만들어내려 한다면 자기가 극단으로 흐르지 않게 다잡아줄 영향력이 있는 사람, 즉 현명한 조언자와 신뢰할 수 있는 후원자가 필요하다는 것을 그레이엄은 알았다. 랠프 엘리슨과 다빈치는 둘 다 자기 천재성을 훌륭하게 발휘하기는 했지만, 이런 자기 견제는 잘하지 못했다.

마사 그레이엄의 전기를 쓴 작가이자 무용 파트너였던 애그니스 데밀은 루이스 호르스트에 대해 이렇게 설명했다.

호르스트는 마사가 작품을 완성하고 그 작품을 공연할 수 있는 상태로 준비하게 하는 데 마사 본인보다도 더 절도 있게 이끌 수 있는 유일한 사람이었다. 호르스트는 이런 면에서 상당히 실용적이었다. 몇 주나 때로는 몇 달의 시간 여유를 주고 나서 때가 되면 마침내 멈추라고 명령했고, 불안으로 분별력을 잃은 마사로서는 대개 내리고 싶지 않을 결정을 내리라고 요구했다. 그런 무용은 무대에 올랐다. 항상 완성된 것은 아닐지언정 공연은 이루어졌다.

그레이엄이 언제나 첫 공연을 올릴 수 있었던 것은 루이스 덕분이었다. 그리고 우리는 안다. 첫 공연이 없이는 우리가 언제나 닿고자 애쓰는 그 완벽한 접근선에 가까이 다가갈 기회가 절대 오지 않는다는 것을 말이다.

28

가장 어려운 일부터 시작하라

"하루가 끝날 때까지 더 역겨운 일을 절대 만나지 않기를 바란다면 매일 아침 두꺼비를 삼켜야 한다." 프랑스의 작가 니콜라 샹포르가 한 이 말보다 더 많은 오해를 일으키는 인용문도 드물 것이다. 심지어 미국의 소설가 마크 트웨인이 한 말로 잘못 알려지기까지 했다.

이 말의 진짜 의미는 하루가 시작될 때 개구리를 먹으면, 다시 말해 가장 하기 싫은 일을 먼저 해버리면 그날이 더 나빠질 가능성은 거의 없다는 말이다. 이 개념을 더욱 적용하기 쉽게 해석한 것이 시인이자 평화주의자인 미국의 윌리엄 스태퍼드가 말한 '어려운 일부터 먼저 하라'는 일상의 규칙이다.

각오를 다지고 나서 천천히 해도 된다고 타이르거나 다른 일을 먼저 해치운 다음에 하겠다고 말하는 것은 모두 그 일을 미루는 것이다.

지금 당장 그 일을 해야 한다. 그 일을 먼저 말이다. 그런 것을 바로 우선순위라고 한다. 어려운 일을 먼저 해치워 버리는 게 바로 자신을 스스로 돌보는 일이다.

토니 모리슨이 동트기 전에 일어난 것은 '나만의 시간'을 가지려는 것이 아니었다. 모리슨의 아침은 밀린 신문을 챙겨 읽거나 빨래를 개는 시간이 아니었다. 모리슨에게는 사용할 수 있는 여유 시간이 얼마 되지 않았는데, 그는 그 시간을 글 쓰는 데 썼다. 다른 사람들이 아직 일어나기도 전에 그날 하루를 장악한 것이다.

쉬운 일이 아니었다. 그러기 싫었던 날도 많았다. 하지만 끝까지 해냈을 때, 아침 햇빛 속에서 조용히 써야 할 글을 다 썼을 때, 모리슨은 위대한 작가가 된다는 목표에 더 가까이 다가갈 수 있었을 뿐 아니라 또 다른 의미에서 자신에게 '나만의 시간'을 주고 있었다. 그러고 나면 이제 그날의 나머지 시간은 보너스였기 때문이다. 어려운 할 일을 처리함으로써 모리슨은 자기 자신을 돌보고 있었던 셈이다. 아침을 온전히 소유했으니, 말하자면 그날의 개구리를 먹어 치웠으니 이제 나머지 모든 것은 여분이었다. 다른 그 무엇도 모리슨이 이미 승리를 거둔 그 전투보다 더 힘들지 않았다.

하루하루가 그날의 아침으로 이뤄지듯이, 인생은 하루하

루로 이뤄진다. 낮이든 밤이든, 젊어서든 늙어서든, 언제까지나 미적거리는 것, 나중으로 미루는 것은 패배자의 게임이다.

"모든 바보의 한 가지 공통점은 항상 살아갈 준비만 한다는 것"이라고 세네카는 말했다. 그들은 먼저 준비할 것이 있다고, 아직은 그것을 할 기분이 아니라고, 언젠가는 하겠지만 아직은 아니라고 말한다.

그렇다면 언제 하겠다는 말일까? 정확히는 절대 안 한다는 말이다. 결국 그들은 절대 그 일을 하지 않는다. 절대로 움직이지 않는다.

우리는 그들보다 더 영리해야 하고, 그보다는 더 절제해야 한다. 몽테뉴는 말했다. "나는 '다른 날 할 수 있는 일이라면 지금도 할 수 있다'라는 주문을 끊임없이 왼다." 고대 로마의 시인 호라티우스는 이렇게 썼다. "올바르게 살아갈 시간을 계속 미루는 자는 자기가 강을 건널 수 있도록 강이 다 마를 때를 기다리는 자와 같다."

스토아학파의 말을 바꿔 쓰자면, 지금 훌륭해질 수 있는데도 굳이 내일 훌륭해지기로 마음먹는다는 말이다. 미룬다는 것은 특권을 요구하는 것이다. 그것은 오만한 일이다. 그것은 나중이 있을 것이라는 가정이다. 그러니까 지금은 미루고 싶은 마음을 절제하지 못하면서도 나중에는 그 마음을 절제할 수 있으리라고 가정하는 것이다. 이렇게도 말할 수 있다. 사라진 잠재력의 묘지는 다른 뭔가를 먼저 하고 싶어 했던 사람들로 가득하다고.

그 일을 할 시간은 지금이다. 시작할 시간은 바로 지금이다. 우리가 당장 시작해야 할 것은 그 일의 가장 어려운 부분, 가장 하기 싫은 부분이다. 마지못해 하는 것이 아니라 어려운 일을 하도록 훈련된 육체와 예리하고 집중된 정신으로써 신속하게, 열정적으로 뛰어들자.

바보들은 절제하기에는 너무 나약하고, 너무 겁이 많으며, 자기 규율이라곤 찾아볼 수 없다. 이는 그들에게는 문제지만 우리에게는 기회다. 여기가 바로 우리가 승리할 곳이기 때문이다. 그들은 미룰 것이고, 우리는 앞질러 나갈 것이다. 우리가 지금 시작하기만 한다면 말이다.

29

패배자로 남지 않는 법

1959년 플로이드 패터슨은 자기 챔피언 타이틀을 걸고 스웨덴의 권투선수 잉에마르 요한손과 싸웠다. 패터슨은 이 경기를 위해 열심히 훈련했지만, 결전의 날이 다가올수록 그의 진영에는 무언가 빠져 있었다. 어쩌면 그것은 갈망이었는지도 모른다. 아니면 전념이었을 수도 있다.

패터슨은 따분해했고, 인내심이 없었으며 자신감은 지나쳤다. 그리고 링 위에 올랐을 때 그런 패터슨의 상태가 그대로 보였다. 패터슨은 승리할 자격이 있는 예전의 그가 아니었다. "모든 격투기 선수는 자신에게 일어날 수 있는 일에 어느 정도는 두려움이 있어야 한다. 두려움은 정신을 더 예리하게 하기 때문이다. 두려워하는 것이 하나도 없을 때 정신은 둔해진다." 그날의 경기를 돌아보며 패터슨이 한 말이다.

패터슨은 자기가 질 수 있다고 생각하지 않았고, 그가 예리하지 않다는 것은 경기장에 있는 누구라도 알아볼 수 있었다. 패터슨은 3회에 쓰러졌다. 그것도 일곱 번이나. 그렇게 경기는 종료되었다.

강타당한 머리에 피어오른 안개가 걷히자 끔찍한 말들이 들려왔다. "난 챔피언 타이틀을 잃었어." 패터슨은 그 사실을 믿을 수 없었다. 하지만 그것은 진실이었다. 그리고 그보다 더 고통스러운 진실은 그것이 모두 자기 잘못 때문이라는 것이었다.

이 이야기는 이렇게 끝났을 수도 있었다. 실제로 그때까지 권투의 역사를 통틀어 항상 그랬고, 그 후로도 거의 모든 타이틀전에서 그랬다. 일단 챔피언 벨트를 잃은 챔피언은 다시는 벨트를 되찾아오지 못했다. 그렇게 끝난 것이다. 한 번 쓰러지면, 주심이 10초를 세는 동안 일어나지 못했다.

패터슨은 몇 주 동안 자신을 책망하며 풀이 죽어 있었다. 죄책감 때문에 몸이 아팠다. 잠도 거의 자지 못했고, 아이들의 눈을 똑바로 바라볼 수 없었다. 패터슨은 케이오를 당해 나가떨어졌다.

그러던 어느 날 패터슨에게 패배해 챔피언 타이틀을 빼앗겼던 권투선수 아치 무어의 편지가 도착했다. "친애하는 플로이드에게, 자네 기분이 어떨지 잘 아네. 자네가 계속 낙담하고 있지는 않았으면 좋겠네. 많은 선수가 똑같은 일을 겪었어. 물론 나도 자네에게 진 것이 너무 싫었지만 운명이 그렇게 결정했지." 편지는 계속해서 그날의 경기와 패터슨의 전략에서 명백한 문제를 하나하나 분석한 뒤 이렇게 마무리했다. "자네가 공격에 집중하며 그 친구 주변을 빙빙 돌면 자네는 왕관을 되찾아오는 최초의 선수가 될 수 있을 거야. 자네는 할 수 있어. 자네의 친구, 아치 무어."

자기 타이틀을 앗아갔던 가장 강력한 적수가 가장 힘든 시간을 보내고 있을 때, 과거의 챔피언이 자청하여 이렇게 격려하는 편지를 쓴다는 것이 얼마나 믿을 수 없을 만큼 커다란 친절과 자기 절제를 요구하는 일일지를 먼저 생각해보자. 무어는 비아냥거리며 패터슨의 약을 올릴 수도 있었다. 하지만 무어는 패터슨이 다시 자기 자신을 믿을 수 있도록 도왔다.

이러한 자비의 순간이야말로 절망의 나락으로 미끄러지던 패터슨에게 너무나도 필요했다. 다시 시작되려던 나쁜 습관이 멈췄다. 자기 연민 속에서 질척거리던 시간도 끝났다. 패터슨은 자신이 주체적으로 상황을 바꿀 수 있다는 것을, 이 경험으로 무언가를 이뤄낼 수 있다는 것을 다시 떠올렸다.

훈련이 다시 시작되었다. 패터슨은 치욕스러운 자기 패배 영상을 자발적으로 보았고, 그것을 보는 고문 같은 시간 동안 매번 그날의 경험에서 무언가를 배웠다. 그리고 1960년 6월, 그날 이후 정확히 1년이 지난 날 플로이드 패터슨은 5회가 절반쯤 지났을 때 잉에마르 요한손을 케이오시켰다. 패터슨이 요한손을 얼마나 세게 쳤던지, 링의 한가운데 쓰러진 요한손이 의식을 되찾기까지 5분이나 걸렸다.

패터슨은 프로권투의 역사상 헤비급 타이틀을 되찾은 최초의 인물이었다. 이후로도 패터슨을 포함해 단 네 명뿐이었다. 이 일은 패배는 최종적인 것이 아니며, 과거의 악습으로 돌아가는 일도 멈출 수 있다는 것을 보여주는 강력한 증거다.

우리는 누구나 일을 망친다. 인생을 바꿀 기회에 아무 준비 없이 나선다. 체중을 조절하려거나 술을 끊으려다가 도중에 실패한다. 성미를 이기지 못하고 폭발해서 창피한 모습을 보인다. 우리는 실수할 것이다. 우리는 또 패배할 것이다. 그렇게 우리는 절제의 기대를 저버린다. 절제는 절대 우리를 실망시키지 않지만 말이다.

하지만 그렇다고 그것이 끝일까? 아니면 우리는 다시 일어날 수 있을까?

물론 지는 것이 언제나 우리의 탓은 아니다. 하지만 패배자가 되는 것은 우리 탓이다. 포기하는 것은 우리 탓이다. "아, 아무렴 어때, 그딴 게 뭐가 중요해?"라고 말하며 다시 일어설지 말지는 우리에게 달려 있다. 진 것이 분명한 싸움에서 한번 패배했다고 해서, 그 순간부터 그 싸움 자체를 포기하고 자기가 세운 기준을 포기하는가? 그런다면 지는 것에 그치지 않고 패배자가 되는 것이다.

체질적으로 차분하거나 완벽한 사람이 아니라고 해서 좌절할 것은 없다. 왜냐하면 아무도 그렇지 않고, 아무도 우리가 그런 사람이기를 기대하지 않기 때문이다. 만약 자기 기준이 너무 높아서 자기가 그 기준에 도달하지 못한다고 포기한다면, 사실 기준이 높은 것이 문제가 아니다. 그것은 핑계일 뿐이다.

이는 도덕적 완벽주의나 직업적 완벽주의가 그토록 위험한 또 하나의 이유다. 우리가 기준에 미치지 못할 때, 근본적 결함이 있고 취약하며 패배하기 쉽고 엉망인 사람이란 것이 드러날 때는 어떻게 해야 할까? 그럴 때 다시 시작하기란 어려울 수 있다. 플로이드 패터슨이, 마사 그레이엄이 그랬듯이 자신에게 너무 가혹하다면 스스로 자기 자신을 그 싸움에서 완전히 나가떨어지게 할 수 있다.

누구나 일을 망칠 것이다. 체중 조절이나 나쁜 습관 고치기나 그 무엇에서든 우리는 다시 과거의 나쁜 상태로 돌아갈 수 있다. 모두 보는 데서 실수할 것이고, 유혹이나 한순간의 욕구에 무너져서 마땅히 덤벼들어야 할 때 망설이고 비겁한 모습을 보일 수도 있다. 우리는 질 것이다. 살면서 오랫동안 승리만 하는 사람은 아무도 없다.

그런 다음에는 어떻게 할까? 자신을 추슬러 다시 일어날 수 있는가? 다시 정비하여 재도전할 수 있는가?

경이롭게도 불교 전통과 기독교 전통 모두 각자의 언어로 '일곱 번 넘어져도 여덟 번 일어나라'라는 금언을 품고 있다. 이것은 글자 그대로 패터슨이 그 끔찍한 경기의 3회 이후에 했던 일이기도 하다.

일본에서 활동한 대만의 위대한 홈런 타자 오 사다하루는 "운동선수에게 진다는 것은 내일 다시 더 나은 시도를 할 기회를 의미할 뿐"이라고 말했다. 이기는 일도 마찬가지다.

승리든 패배든 곧바로 다시 시작할 기회에 지나지 않는다는 것이 바로 프로로 산다는 것의 의미다. 우리가 자기 일터로 돌아가서 머무르는 것은 거기가 바로 가장 행복하고, 가장 잘할 수 있으며 가장 잘 맞는 지점이기 때문이다.

가장 쾌활하고 가장 강인하며 자기 절제를 가장 잘하는 사람도 상황이나 자기 행동의 결과가 더하는 무게 때문에 휘청거릴 수 있다. 오늘날 우리는 오스트리아의 심리학자 빅토르 프랑클을 나치의 유대인 대학살을 견디면서 끔찍한 참상을 겪고도 꺾이지 않은 낙천주의자이자 인간의 의미에 대한 흔들리지 않는 신념을 지킨 사람으로 기억한다. 하지만 1945년 전쟁이 끝난 직후에 프랑클은 친구에게 다음과 같은 글을 보냈다.

말할 수 없이 피곤하고, 말할 수 없이 슬프고, 말할 수 없이 외로워. (…) 수용소에서는 진짜 인생의 최저점에 도달했다고 확신했지. 그런데 돌아와 보니 많은 것이 사라졌음을, 나를 지탱해준 모든 것이 파괴되었음을 보기 싫어도 보지 않을 수가 없다네. 다시 인간이 되었다고 느끼는 바로 그때, 더욱 바닥 모를 고통의 나락으로 가라앉을 수도 있는 것이로군.

프랑클을 비난하기는 어렵다. 프랑클이 계속 이런 상태에서 허우적거렸다면, 아니면 심지어 포기해버렸다면 인류가 어떤 것을 잃었을지 가늠조차 할 수 없다. 하지만 그 모든 일에도 불구하고 프랑클은 그러는 대신 다시 일어났다. 프랑클은 인생에, 두 번째 시도에, 링에 다시 오르는 일에, 목표를 갖고 안간힘을 다해 행복으로 되돌아가는 길에 '네'라고 대답했다. 그리고 『죽음의 수용소에서』를 집필해 참혹함 속에서도 꺾이지 않았던 인간의 의지를 증언했다.

그 모든 일을 겪은 프랑클이 할 수 있었으니 우리도 할 수 있다. 절제는 모든 것을 가능하게 한다. 운명은 바로 거기 달려 있다.

30

중독과 몰입의 차이

미국의 제35대 대통령 존 F. 케네디는 잘생기고 부유하게 태어났을지는 모르나 신에게서 좋은 패를 받았다고 할 수는 없다. 그의 아버지는 냉랭하고 고압적인 사람이었고, 집안에는 술이나 약물 중독으로 목숨을 잃은 가족도 여럿 있었다. 케네디의 몸은 끊임없는 문제의 원천이었다. 궤양부터 부신피질부전증, 처음에는 미식축구, 나중에는 전쟁에서 입은 부상 탓으로 더 나빠진 퇴행성 요통까지 케네디는 거의 항상 통증에 시달렸다. 게다가 케네디에게 어린 시절의 정신적 외상과 힘든 직업은 스트레스와 긴장을 더할 뿐이었다.

이는 케네디의 잘못 때문이 아니었다. 그것은 막막함을 넘어서는 극도의 고통이었다. 어떤 날 아침에는 침대에 누운 채,

또 넘어졌을 때는 바닥에 누운 채 과연 다시 일어날 가치가 있을지 생각했을 것이다.

하지만 케네디의 병력을 읽어보고 그가 증상을 완화하려는 의지를 어느 정도나 발휘했는지를 알게 된 사람이라면 오싹함을 느낄 것이다. 대통령으로 재직하고 있을 때 케네디는 코르티코스테로이드, 프로카인, 로모틸, 테스토스테론, 진통제, 수면제, 페니실린, 암페타민 등 손에 넣을 수 있는 것은 무엇이든 썼다. 언젠가 케네디는 영국 총리에게 계속 성관계를 맺지 않으면 편두통이 생긴다고 말했다. 한 의사는 케네디가 암페타민과 진통제를 섞은 칵테일 주사를 맞는 것을 알고는 말리려고 했다. 그러자 "말 오줌이라 해도 나는 개의치 않습니다. 효과가 있으니까"라고 케네디가 말했다.

과연 정말로 효과가 있었을까? 케네디는 계속해서 점점 더, 더, 더 많은 것이 필요해질 뿐이었다.

그래서는 안 된다고 사람들이 경고하는데도 케네디는 쇼핑하듯 여러 의사를 찾아다니고, 미심쩍은 의료업자들을 대통령 집무실에, 자기 삶에 불러들였다. 케네디가 먹은 약들은 필연적으로 그에게 해를 입혔다. 케네디는 여전히 고통스러웠다. 우울증이 케네디를 삼켰다. 케네디는 명료히 생각하려고 하면 안개 속에서 헤매고 다니느라 애쓰는 느낌이 들었다. 그런데도 약을 줄여나가는 것이 아니라 오히려 더 늘려서, 엄청나게 강력한 항정신병약인 스텔라진 처방까지 받아냈다.

역사는 케네디가 쿠바미사일위기의 긴장감 넘치던 13일 동안 보여준 차분하고 현명한 자제력에 찬사를 보내지만, 더 가까이 들여다보면 그의 무모한 약물 편력이 수백만 명의 사람에게 매일같이 어떤 위험을 초래하고 있었는지 알 수 있다. "핵무기 발사를 명령할 수 있는 사람이 그런 약을 먹는 것은 극도로 무책임한 일입니다." 케네디가 스텔라진을 복용한다는 사실을 알게 된 한 의사가 그에게 즉각 그 약의 복용을 중단하지 않는다면 언론에 알리겠다고 위협하며 한 말이다.

이는 통증과 쾌락 둘 다에 해당한다. 통증과 쾌락은 몸에서 느껴지지만, 우리가 항상 보호해야만 하는 정신과 기분, 즉 절제에 영향을 미친다. 허용되는 약물과 치료법이 있을까? 물론이다. 우울증이나 만성통증에 도움이 되는 방법을 찾는 것이 절제의 원칙에 어긋난다고 생각해서는 안 된다.

에픽테토스는 고문으로 뒤틀리고 골절된 다리 때문에 평생 고통받았다. 만약 그 통증을 완화해줄 안전한 방법이 있는데도 에픽테토스가 안전한 방법을 찾아내려고 하지 않았다면 어리석은 사람으로 여겼을 것이다. 우리 역시 이런 상황에 처할 수 있다. 사고를 당할 수도 있다. 우리 육체는 노화할 것이다. 심장에 병이 생길 것이다.

케네디의 문제는 자기 문제를 다 사라지게 해줄 마법의 알약 같은 것을 바랐다는 점이다. 케네디는 성관계와 약을 도구가 아닌 도피처로 사용했다. 통증은 케네디의 잘못이 아니지만 그것을 없애고자 그가 내린 나쁜 결정은 그의 잘못이었다.

사실 케네디의 요통에 실제로 효과를 낸 치료법은 상당히 단순했다. 케네디가 약물을 사용하는 데 반대했던 그 의사는 그가 윗몸 일으키기를 한 번도 못 한다는 사실을 알게 되었다. 의사는 대통령에게 말했다. "운동을 시작하지 않는다면 곧 몸을 쓸 수 없게 될 겁니다. 일주일에 닷새는 해야 합니다. 그리고 지금 당장 시작해야 해요." 스트레칭과 숨쉬기운동, 근력 운동과 체조를 하면서 케네디는 신체 가동성을 상당 부분 회복했다. 통증 강도도 훨씬 관리하기 쉬운 수준으로 떨어졌다. "선생님을 10년 전에 알았다면 정말 좋았을 텐데 말입니다." 케네디가 그 의사에게 말했다. 허리보호대 사용도 그만둘 수 있을 것처럼 보였다. 암살되던 당시 케네디는 허리보호대를 차고 있었는데 그 때문에 그는 심하게 유연성이 떨어지는 고정된 표적이 되었다.

신선한 공기와 운동으로 모든 문제를 해결할 수는 없지만, 실질적인 노력 없이 통증을 사라지게 해줄 수 있다고 말하는 사람이 있다면 의심의 눈초리로 봐야만 한다. 캐네디의 의사 중 필굿 박사(Dr. Feelgoods)라는 별명으로 불린 의사는 그리스신화에 나오는 사이렌과 같다. 그들이 부르는 노래는 달콤하지만, 대개 치명적이다.

그런데도 사람들은 세대와 세대를 이어가며 이 사실을 무시한다. 적어도 신체적으로는 통증이 상당히 줄어든 오늘날의 사람들은 정신이나 심리의 병폐를 해결하고자 온갖 종류의 실험적인 향정신성 약물을 사용하면서, 이런 행동을 묘사하는 데 '그 일을 한다(doing the work)'라는 어구를 유행어처럼 쓴다. 마약 펜타닐의 급속한 확산이 기승을 부리며 자기네 주변 사람의 목숨을 앗아가고 있는데도, 세상이 마약성 진통제의 처방·중독·과다 복용으로 많은 문제가 발생한 오피오이드 위기로 휘청거리는데도, 그런 표현을 쓴다.

약물은 갖고 장난쳐도 되는 물건이 아니다. "마약 사용으로 의식을 없애버리고자 하는 충동을 피하는 것이 절제의 역할"이라고 했던 교황 요한 바오로 2세의 말은 옳았다. 육체뿐 아니라 이성의 기능 역시 우리에게 주어진 선물이다. 이성의 힘을 무디게 하거나 불필요하게 우리 몸의 화학작용에 함부로 손을 대서는 안 된다.

우리는 몸부림치며 고통에 맞서 싸우며 매일 조금씩 치유하고 매일 조금씩 더 나아질 수 있다. 아마도 이 필연적인 고통 때문에 케네디가 택한 길이 그토록 유혹적으로 느껴지는 것인지도 모른다. 『멋진 신세계』에 나오는 '소마'처럼 단 하나로 고통에서 벗어나게 해줄 약 또는 통증이나 권태, 절망에서 구해줄 기기가 존재한다고 믿는 것이다. 실제로 고통에 빠진 사람을 먹이로 삼는 도사나 의사에게 잘 속게 되는 것도 바로 이런 희망 때문이다. 도피의 수단을 제공하는 모든 것은 경계해야 하고, 지극한 행복감을 약속하는 모든 것은 오히려 커다란 고통을 줄 공산이 크다.

우리는 고통의 근원적 원인을 파악하고 증상이 아니라 근본적인 문제를 해결할 수 있어야 한다. 케네디에게는 물리적 치료뿐 아니라 심리적 치료도 절실히 필요했다. 이런 일에는 자기 절제뿐 아니라 진정한 용기가 필요하다. 그 일은 시간이 오래 걸리고, 두려운 것들을 직면해야 하며, 즉각적인 변화가 아닌 아주 작은 진전을 쌓아가며 천천히 나아가야 하기 때문이다. 심리적 치료는 쉽지 않을 것이다. 하지만 적어도 따르는 부작용은 아주 적다.

매일 조금씩 치유하는 일은 아무리 부당하고 불쾌하더라도 고통과 함께 살아가는 길을 찾는 일을 의미할 수도 있다. 스토아 철학자들에게는 이를 가리키는 단어로, 견뎌야만 하는 것을 뜻하는 '엠메네테아'가 있었다. 루 게릭은 야구의 경력을 길게 이어가려면 다친 채로도 경기해야 하고, 그것이 삶 자체의 요구기도 하다는 것을 알았다. 한 팀 동료는 이렇게 말했다. "루가 오른손 중지가 골절되었을 때가 기억난다. 루는 배트로 공을 칠 때마다 그 손가락이 아팠다. 공을 잡았을 때는 너무 아파 거의 뱃속이 뒤집힐 정도였다. 루가 얼굴을 찡그리는 것이 보였다. 하지만 루는 계속 남아 경기를 치렀다." 2044번째 경기 도중에 게릭은 극심한 요통이 찾아와서 똑바로 서 있는 것 자체도 엄청나게 어려운 도전이 되었다. 이렇게 끝이 났을까? 걱정하는 사람들에게 게릭은 말했다. "털어낼 거야. 그게 내가 항상 해온 일이니까." 술이나 아니면 더 나쁜 것에 의지할 수도 있었겠지만 게릭은 그러지 않았다. 게릭은 맑고 또렷한 정신을 유지했다. 그리고 계속 남아 경기를 치렀다.

때로 통증은 우리가 속도를 늦춰야 한다거나 변화가 필요하다는 것을 알려주는 신호, 경고음, 암시일 수도 있다. 그레그 포포비치가 기꺼이 벌금까지 내가며 선수들이 쉬도록 한 이유다. 금전적 고통이 고통스러운 부상과 진통제보다 낫다. 케네디는 너무 오랫동안 잘못을 바로잡는 일에 관심이 없었고, 위험한 것이 분명한데도 불륜을 저질렀으며, 자기 젊음이 영원할 것이라 생각했고, 계속 자기 한계를 부인할 방법을 찾는 데만 관심을 뒀다. 케네디의 몸은 그에게 경고하려고 노력했다. 의사들도 케네디에게 경고하려고 애썼다. 그러나 케네디는 다 무시했다.

엘리자베스 2세는 더없이 강인했다. 하지만 누구라도 자기 몸에 귀 기울이지 않고, 자신을 돌보지 않고 그 상태를 오래 유지할 수는 없다. 여왕은 지름길이 아닌, 계속 실천할 수 있는 방법에 의지했다. 며칠을 쉬지 않고 오랫동안 서서 보낸 뒤 아파하는 어느 외교관의 젊은 아내에게 여왕은 이렇게 조언했다. "이렇게 두 발을 딱 심듯이 놓아야 해요. 항상 두 발이 평행이 되도록. 체중이 고루 분산되게 해야 해요. 그거면 다 돼요."

물론 그것만으로 다 되는 것은 아니지만, 그렇게 시작하면 된다. 육체와 정신이 절도 있고, 착실하고, 침착하게 협력할 방법을 찾아내야 한다.

31

열정에 비상 브레이크 걸기

2004년 NBA 플레이오프의 웨스턴콘퍼런스 준결승전 7차전에서 미국의 농구선수 샘 카셀은 코너에서 경이로운 슛을 날려 미네소타 팀버울브스에 2점의 우위를 안겼다. 극소수만이 경험해보았을 엄청난 압박감 속에서 가장 우수한 선수만이 해낼 수 있는 멋진 슛이었다.

카메라와 관중이 다음 순간 벌어진 일을 그토록 좋아했던 것도 바로 그 때문이었다. 카셀은 다시 수비 위치로 돌아가는 동안 흥분과 자부심에 도취한 나머지, 두 팔을 늘어뜨려 가랑이 앞에 요람처럼 둥글게 모아서 마치 자신의 거대한 고환을 들어 나르는 것 같은 동작을 취한 채 의기양양하게 큰 걸음을 옮겼다.

빅볼댄스(Big Balls dance)라고 널리 알려진 이 세리머니를 하던 순간, 카셀의 엉덩이에 작은 찢김골절이 생겼다. 그 결과 플레이오프 기간 내내 홈팀의 이점을 누릴 수 있었는데도 팀버 울브스는 콘퍼런스 결승전에서 로스엔젤레스 레이커스에게 패 했다. 부상으로 능력을 한껏 발휘할 수 없었던 카셀은 거의 실 력을 발휘하지 못했다.

차분하게 가라앉은 상태에서 돌아볼 때는 상대 팀을 약 올 리기 위한 몇 초 동안의 세리머니와 NBA 최종 우승을 어느 누 구도 맞바꾸지 않을 것이다. 순간의 격정이란 바로 그런 것이 다. 열정은 때로 우리 눈을 멀게 한다. 넋을 앗아가며 판단력을 마비시킨다. 인내하는 것을, 입에서 튀어나오려는 말을 참는 것 을, 유혹에 저항하는 것을, 모욕을 무시하는 것을 불가능하게 한다.

이 때문에 우리는 어떤 대가를 치르고 어떤 후회를 자초하 는가! 때로 그 광기는 오만이나 흥분이다. 또는 순간의 분노, 또 는 불안, 또는 탐욕, 또는 시기다. 또는 정욕이다.

잘나가다가 성 추문 때문에 경력이 틀어진 남자와 여자를 생각해보라. 그들은 권력과 영향력이 있었고 장래도 밝았다. 무 엇에 씌면 그렇게 덧없는 쾌락을 위해 그 모든 것을 위태롭게 하는 것일까? 마틴 루서 킹 주니어처럼 용감하고 점잖은 사람 이 왜 그 지저분한 호텔방에서 아내를 배신한 것일까? 성(性)은 "가벼운 광기"라고 한 고대 그리스의 철학자 데모크리토스의 말은 틀리지 않았다. 그것은 우리를 미치게 하고, 수치스러운 행동을 하게 한다.

분노도 그보다 살짝 약하기는 하지만 역시 마찬가지로 하나의 광기다. 신은 자기가 파괴하고자 하는 사람을 먼저 미치게 한다고 또 다른 철학자가 말했다. 남북전쟁 당시 링컨은 남군을 쓰러뜨릴 기회를 놓친 북군의 장군에게 분노에 사로잡혀서 '뜨거운 편지'를 썼지만, 적절히 절제력을 발휘해 그것을 자기 책상 서랍으로 보내버렸다. 반면 미국의 제33대 대통령 트루먼이 임기에 일으킨 가장 무의미한 분란은 자기 딸에 대해 부정적인 글을 쓴 《뉴욕 타임스》의 한 비평가를 포함한 몇 사람에게 심술궂은 편지를 여러 통 쓴 것이다. 억제하지 못하고 폭발한, 격정이 담긴 이 편지들은 전반적으로 자기 절제력이 있었던 트루먼답지 않았다. 애석하게도 분노는 가장 훌륭한 사람도 무릎 꿇릴 수 있는 것이다.

개인적으로든 직업적으로든 역사적으로든 거의 모든 후회와 실수와 창피한 순간에는 한 가지 공통점이 있다. 바로 자기 감정을 통제하지 못하고 이성을 잃었다는 것이다. 그래서 누군가는 흥분하고, 누군가는 겁을 먹거나 방어적인 태도를 보이고, 누군가는 다음 몇 초 이후를 생각하지 않는다. 가톨릭교회의 교부이자 밀라노의 주교 성 암브로시우스는 "음주는 열정의 불쏘시개다"라고 말했다. 마약이나 술을 스스로 절제하지 못하면 감정을 드러내거나 결정을 내릴 때 자기 절제를 하기가 더욱 어려워진다.

이것이 바로 오늘날 '열정'을 아주 긍정적으로 보는 우리 집착이 모순인 까닭이다. 고대인은 그 단어를 우리와 정반대의 관점으로 보았고, 열정을 아주 위험하고 조심해야 할 것으로 간주했다. 열정은 긍정적일 때조차 우리의 길을 잃게 하고 정신 또는 육체, 때로는 둘 다를 장악해버리는 경향이 있다. 이런 사실은 치정 범죄(crime of passion)라는 말로써 우리의 법률 체계에도 성문화되어 있다.

만약 지금 자기 충동을 제어하지 못하고 꼭두각시 인형처럼 날뛴다면, 자신이 갈망하는 수준의 사회적 위치에 도달했을 때는 어떻게 될 것 같은가? 자기에게 권력이 있고, 자기를 위해 기꺼이 변명해줄 사람들이 있으며, 자기한테 그럴 수 있는 자원이 있을 때 말이다.

실수를 줄이고 더 면밀하게 살펴야 할 위치에서 자신을 통제하지 못한다면, 덜 중요한 일을 하는 사람은 별문제 없이 빠져나갈 수 있겠지만, 우리는 아니다.

우리에게는 한순간의 자기도취와 흥분으로 자신뿐 아니라 팀 동료들의 최종 우승까지 날려버릴 여유가 없다. 충동적으로 내린 결정으로 훈련을 망쳐버릴 여유도 없고, 열정이 차분하고 온화한 빛을 완전히 가려버리는 것을 허용할 여유도 없다. 다른 사람들은 그럴 수 있을지도 모른다. 하지만 우리는 아니다.

그렇다고 자연스러운 감정을 느끼거나 그 감정을 표현하면 절대 안 된다는 뜻은 물론 아니다. 사랑하고 사랑받으며 열정을 느끼라. 핵심은 기분이 상했을 때 자신이 사랑하는 사람에게 잔인한 말을 하려고 하거나 몇 초 동안의 유혹 때문에 자신이 사랑하는 사람의 신뢰를 배신하려고 하는 자신을 저지하라는 것이다. 우리도 화가 날 수 있다. 중요한 것은 화에서 촉발된 어떤 행동도 하지 않는 것이다.

그리고 '화'의 자리에는 순간 격정적으로 느끼는 다른 여러 감정을 대입할 수 있다. 존 우든은 자기 팀의 열정을 최소한으로 유지하려고 노력했다. 우든은 열정이 지속적이지 않으며 위험한 연료라고 생각했다. "나는 그들이 집념으로 가득하고 세밀하게 집중하되 자신을 통제하기를 바란다. 이런 태도에 재능과 훌륭한 가르침을 더하면 가장 높은 수준의 단계에서 경쟁하고 승리하는 팀을 이끄는 자신을 발견하게 된다. 자신이 열정의 노예라면 이런 일은 이뤄질 수 없다."

끊어야 할 모든 나쁜 습관 중에 가장 끊기 어려운 것이 열정이다. 그것은 돌발적으로 터져 나오는 데다가 너무나 강력하면서도 가연성이 강한 연료기 때문이다. 우리가 열정의 강력한 영향력 안에 있다는 것을 알아차리기도 전에 이미 피해가 발생한다. 열정을 품을 수는 있겠지만, 아무도 열정의 노예가 되어서는 안 된다.

이를 해결할 열쇠는 타오르는 속도를 낮추고 차분히 생각하는 것이다. 이해하거나 통제할 수 없는 힘에 휘둘리지 않도록 노력하라. 중독자가 갈망의 신호를 감시하고 경계해야 하듯이, 우리는 열정이 이성을 앗아가기 전에 개입하여 자기 절제를 발휘할 시점을 잘 찾아야 한다. 불안이든 공격성이든 사람이나 사물을 탐하는 욕망이든 들뜬 기쁨이든 엄청난 의심이든 이런 감정에 따라 행동하고 싶은 충동이 점점 강해지다가 결국 우리를 벽에 메어꽂기 전에 우리가 나서서 비상브레이크를 당겨야 한다. 출구 나들목이 나타나면 항상 그리로 빠져나가자.

엘리자베스 2세는 남편 필립 공과 함께 오래 이동한 어느 날 그가 흥분해서 실랑이를 벌이는 모습을 발견했다. 여왕은 자기 앞에 전시된 물건을 가리켜 남편의 주의를 끌며 필립 공을 그 자신으로부터 구해냈다. "이 도자기 좀 보세요." 엘리자베스는 차분하게 천천히 말했다. 그 말에 필립 공은 흥분 상태에서 빠져나오며 그쪽으로 고개를 돌렸고, 그러면서 왕족의 품위를 되찾았다. 그 대화를 우연히 들었던 한 정치인이 나중에 그들이 있던 자리로 가보았지만 거기에 도자기는 없었다고 한다.

미국의 어린이 방송 진행자 미스터 로저스가 부른 유명한 노래 「화가 날 때는 어떻게 하나요?」에는 이런 가사가 있다. "잘못된 일을 계획했을 때는 반드시 멈추고 대신 다른 일을 해야 한다." 누군가 타오르는 열정에 자신을 내맡기려 하는 것을 목격했다면, 그 사람의 에너지를 다른 곳으로 돌릴 방법이 있을지 생각해보라. 왜냐하면 언제나 그렇게 행동할지 말지를 결정하는 권한은 자기 자신에게 있기 때문이다. 우리가 받은 훈련과 교육, 우리의 재능, 우리의 선한 기질이 우리를 안내해준다. 이런 것들이 주도권을 쥐어야 한다. 절대 열정에 주도권을 빼앗기지 말자. 순간적이고 가벼운, 혹은 그리 가볍지 않은 광기에 주도권을 빼앗겨서는 안 된다.

32

강한 자는 적게 말한다

스파르타 사람들의 용맹함이 너무 경탄스러운 나머지 우리는 종종 그들의 강인함을 간과한다. 고대 페르시아제국의 왕 크세르크세스의 화살들이 태양을 가려버렸다는 말을 들은 스파르타의 왕 레오니다스는 "그러면 우리는 그늘에서 싸우면 되겠군"이라고 대답했다. 또 다른 침략자가 "만약 우리 군대가 스파르타의 성벽을 부순다면 모든 병사를 한 명도 빼지 않고 도륙하겠다"라고 하자 스파르타 사람들은 "만약이라…"라는 단 한마디로 대답했다.

목숨이 걸린 상황에서 이렇게 대답한다는 것은 분명 용기가 필요한 일이다. 무뚝뚝할 정도로 최대한 적은 수의 단어로 뜻을 표현했던 스파르타 사람들의 간결한 말투는 그들의 자기 절제 문화에서 비롯되었다. 그들은 한 단어로 말할 수 있을 때 두 단어를 쓰는 법이 없고, 절대 필요 이상으로 말한 적이 없었다. 함부로 떠드는 일도, 쓸데없이 많은 것을 알리는 일도, 끝없이 주절거리거나 허세를 부리는 일도 없었다.

고대 그리스의 자연과학자 아르키메데스가 어느 스파르타인의 만찬에서 설명했듯이 "말에 관한 전문가는 말하지 않아야 할 때가 언제인지도 안다." 스파르타 사람들은 함부로 말하지 않도록 늘 자기 혀를 단속했는데 자기가 무시당할 때조차 그랬다. 어느 언쟁에서 한 스파르타인은 상대의 말을 듣고도 아무 말도 하지 않았다. 누군가 그 스파르타인에게 "당신은 어리석은 것이냐, 아니면 그냥 무슨 말을 할지 몰라 당황한 것이냐"라고 물었다. "어리석은 사람이 조용히 입 다물고 있지 못한다는 것은 분명하오"라고 스파르타인이 대답했다. 어느 유명한 스파르타인에 대해서는 "그보다 더 많은 것을 알면서도 더 적게 말하는 사람을 찾는 것은 불가능하다"라는 말이 있었다.

베스트셀러 『인간 본성의 법칙』을 쓴 작가 로버트 그린은 이렇게 표현했다. "강한 사람은 더 적게 말함으로써 깊은 인상과 두려움을 심어준다." 물론 모순적이게도 권력에는 자기가 말하고 싶은 것을, 말하고 싶을 때 언제든, 말하고 싶은 상대에게 말할 자유가 따른다. 하지만 강력한 존재감은 오히려 그런 언행을 하지 않는 절제에서 나온다.

그것은 쉬운 일이 아니다. 특히 오늘날에는 더더욱 그렇다.

생각하는 것은 뭐든 말하고 싶어 하는 자아뿐 아니라 그런 자아를 이용하는 기술이 노골적으로 자기 이야기를 남들에게 알리도록, 자기 생각을 말하도록, 무의미한 언쟁을 벌이도록, 불확실하고 설익은 정보를 앞다퉈 까발리도록 유혹한다.

우리가 무턱대고 입을 여는 것은 원래 사람들이 다 그런다고 생각하기 때문이다. 또 말을 함으로써 오히려 멍청함을 확실히 증명할 위험을 감수하게 된다는 것도 모르고, 가만히 있다가 멍청해 보이고 싶지 않기 때문이다. 그리고 누군가가 틀린 생각을 갖고 있으면서도 그 사실을 모르면 그것을 지적하지 않고는 못 배기기 때문이다.

이러면 우리는 어떤 상황에 부닥치게 될까? 대개는 문제가 생긴다. 어떤 종류든 좀처럼 긍정적인 변화가 나타나지 않는다. 우리에게 가장 중요한 일을 하는 데도 전혀 도움이 되지 않는다. 거의 항상 그 중요한 일에서 주의를 빼앗기만 할 뿐이다. 우리는 어떤가? 다음의 질문에 답을 해보자.

- 비밀을 지킬 수 있는가?
- 자기가 싫어하는 누군가 또는 무언가에 관해 말하고 싶은 것을 참을 수 있는가?
- 새로운 소식을 다른 누군가가 전하게 둘 수 있는가? 꼭 자신이 전하지 않아도 괜찮은가?
- 오해받는 상황을 참을 수 있는가?

그것은 균형이다. 우리는 누구나 소리 높여 진실을 말할 수 있는 용기를 키워야 하지만, 동시에 집중력을 유지하고 입을 다물어야 할 때가 언제인지, 그리고 실제로 말할 때는 최대한 경제적으로 말하는 방법은 무엇인지 판단할 수 있는 자기 절제도 키워야 한다.

모든 생각을 다 말로 표현해야 하는 것은 아니다. 언제나 자기 의견을 밝혀야 하는 것도 아니다. 특히 아무도 묻지 않았을 때는 더욱 그렇다. 대화가 끊겼다고 해서 자신이 그 공백을 채워야 하는 것도 아니다. 다른 사람들이 모두 말하고 있다고 해서 우리가 대화에 뛰어들어야 하는 것은 아니다. 어색해도 그냥 앉아 있으면 된다. 침묵을 자신에게 유리하게 이용할 수도 있고, 가만히 기다리며 지켜볼 수도 있다.

언어를 사용하는 말은 하지 않기로 하고, 일이 우리 대신 말하게 할 수도 있다. 앙겔라 메르켈은 말할 때 수식하는 말을 거의 사용하지 않는 것으로 유명하지만, 그가 일단 말을 하면 누구든 그 말에 귀를 기울였다. 메르켈이 쓰는 모든 단어 하나하나는 이유가 있어서 나온 말임을 알기 때문이다. 카토는 말하지 않고 두는 것이 더 나쁘다는 확신이 설 때만 말하기를 선택했다. 할 말이 없는데도 지껄이는 사람이라는 것을 증명해서 자신을 바보로 만들기보다는 단순하거나 맹하다고 여겨지는 쪽이더 낫다. 자기가 한 말 때문에 후회하기보다 하지 않은 말 때문에 후회하는 것이 낫다.

부정확한 언어를 사용하는 것, 즉 중요한 단어가 과장되고 오용되다가 결국 아무 의미도 남지 않게 되는 것은 허술한 사고를 보여주는 표시일 뿐 아니라 나쁜 기질을 드러내는 표시기도 하다. 우리가 말할 때 그 말은 중요한 말이어야 하고 또한 무언가를 의미해야만 한다.

말할 자유는 권리이지 의무가 아니다. 고대 그리스의 철학자 제논은 제자들에게 이렇게 말했다. "귀는 둘이고 입은 하나다. 이 비율을 올바르게 존중하라."

사람들이 우리가 더 많이 말하기를 바라게 하자. 무슨 생각을 하는지 궁금해하도록 말이다. 말수를 줄이면 자신이 하는 말에 더 큰 무게가 실린다.

질문을 받았을 때 "모릅니다"라는 말로 대답해도 된다. 모욕적인 말은 그냥 무시해도 되고 초대를 거절해도 된다. 이유를 일일이 설명하지 않아도 괜찮고 대화가 멈춘 상황을 그냥 둬도 괜찮다. 말하는 대신 공책에 기록해둬도 좋고 남의 말을 듣고만 있어도 좋고 침묵을 지키며 앉아 있어도 좋다. 우리는 말하기보다 듣기를 더 많이 할 수 있다. 말하지 않는 것이 더 나쁘다는 확신이 들 때만 말할 수도 있다. 행동이 대신 말하게 하는 것도 좋은 방법이다.

33

결정적인 순간이 올 때까지 기다리라

언젠가 처칠은 앞에 나서서 이끌고 모든 일의 중심에 서려 했던 자기 야망을 일컬어 '밀어붙이기의 한평생'이라고 표현했다. 그런 그의 인생에 나치의 위협이 현실로 다가왔을 때 그는 얼마나 간절히 공격하고 싶었을까? 처칠은 10년 동안 권좌에서 물러나 있으면서 이 순간을 바라고 꿈꾸고 계획해왔다. 그리고 마침내 그의 시간이 왔다.

독일군은 1940년 초여름 프랑스를 격파했고, 프랑스의 지도자들은 이제 영국에 영국 공군을 보내달라고 애원하고 있었다. 프랑스의 패배를 알게 된 이탈리아도 막 그 싸움에 뛰어들어 프랑스와 영국 양국에 전쟁을 선포한 터였다. 세계대전이 시작된 것이다. "이제 결정적 시점에 도달했습니다." 프랑스군 총사령관 막심 베강이 파리 외곽에서 만난 회담 자리에서 처칠에게 호소하며 말했다. 그들에게 "남은 시간이 바닥나고 있다"는 것이었다. 처칠은 베강이 "영국은 한 명의 군인도 영국에 남겨둬서는 안 됩니다. 모두 다 프랑스로 보내셔야 합니다"라고 말하는 소리를 들었다. 대범함과 대담함으로 똘똘 뭉친 인물, 끔찍한 시나리오를 줄곧 예측해왔고 이제 막 총리의 권력을 새롭게 거머쥔 처칠에게 이는 긴급하고도 중대한 기회임이 틀림없었다. 처칠이 성급히 그 싸움에 뛰어들었을까? 아니다. 그는 그럴 생각이 없었다.

"지금은 결정적 시점이 아닙니다." 처칠은 잠시 멈추고 숙고하며 용기와 자기 절제, 눈앞에 놓인 길고 험난한 길에 대한 예감을 저울질한 뒤 다시 입을 열었다. "지금은 결정적 순간이 아니에요. 결정적 순간은 히틀러가 공군력을 영국을 향해 퍼부을 때일 겁니다. 우리가 영국을 이루는 섬들의 상공에 대한 지배권을 유지할 수 있다면, 그 다음 당신들이 다시 승리를 되찾도록 도울 겁니다. (…) 여기서 무슨 일이 일어나든 우리는 끝까지, 언제까지라도 단호히 싸울 겁니다."

분명 처칠이라는 존재를 이루는 거의 모든 부분은 빨리 참전해야 한다는 요청에 곧바로 '그렇게 하겠소'라고 대답하고 싶었을 것이다. 처칠을 향한 모든 압력도 그러라고 종용하고 있었다. 수백만 명의 목숨이 위태로웠고, 말로 다 할 수 없는 파괴가 발생했다. 그런데도 처칠은 강인함을 조용히 끌어모아 우방 프랑스의 호소를 거절하고, 그들이 마지막 남은 희망이라고 느꼈을 부탁을 들어주지 않기로 했다. 영국의 전투기는 영국에서 일어날 전쟁을 위해 아껴두기로 한 것이다. 그리고 이후 역사는 정확한 때를 기다린 이 결정이 더없이 옳았음을 증명했다.

우리라면 이런 결정을 내릴 수 있었을까? 우리는 홀로 모두와 맞설 만큼 자신을 충분히 신뢰하는가? 스토아 철학자처럼 냉철하게 비판과 의혹을 견뎌내고 자신이 옳다고 생각하는 것을 꿋꿋이 밀고 나갈 수 있는가? 엄청난 대가를 치르고서라도 그럴 수 있겠는가? 이런 일을 할 수 없는 지도자라면, 지도자가 아니라 추종자다.

전쟁의 모든 국면이 처칠을 도발했다. 동맹국도 영국 국민도 적군도 처칠에게 항상 뭔가 하라고 충동질하고 압력을 넣었다. 하지만 대부분 전략이 그러하듯이 성공은 냉철한 자제에 달려 있었다.

1942년과 1943년에는 연합군이 유럽에 상륙하여 소위 독일에 대항하는 제2전선을 열어야 한다는 압력이 쌓여갔다. 이번에도 처칠은 버텨냈다. 한밤중에 미국의 한 외교관과 함께 이미 심하게 폭격당한 의회를 둘러보며 처칠은 왜 성급한 공격에 반대할 수밖에 없는지 설명했다. "이 건물의 복도와 층계를 다니다 보면 여기에 있었어야 할 얼굴들이 보입니다. 내가 이렇게 멀쩡히 살아 있는 것은 오로지 나의 동년배들이 죽었기 때문입니다. 그들은 1916년과 1917년에 프랑스 솜강과 벨기에 파스

샹달에서 벌어진 전투에서 독일군과 싸우다가 죽었지요. 우리는 영국의 또 한 세대가 대량으로 학살되는 참극을 더는 견딜 수 없습니다."

정치적으로는 공격을 지지하는 것이 더 쉬운 일이었다. 군대가 원하고, 국민이 원했다. 하지만 처칠은 뇌리에 어른거리는 영국군 전사자들의 모습을 떨쳐낼 수 없었다. 프랑스 해안에 둥둥 떠다니거나 벨기에 습지대의 진흙탕에 얼굴을 묻고 있는 전사자들의 모습 말이다. 처칠은 영국군이 유럽 대륙에 상륙할 기회는 단 한 번뿐임을 알았다. 그것은 절대로 실패해서는 안 되는 기회였다.

처칠은 거의 2년 내내 연합군의 강력한 간청을 물리치고 있었다. 싸우기 두려워서가 아니라 군대가 훈련하고 준비할 시간이 더 필요하다는 것을 알았기 때문이었다. 실제로 1943년 9월 이탈리아 상륙작전 당시 이탈리아에는 4년 동안의 실전 경험을 쌓은 독일의 정예 병력이 기다리고 있었고, 강력한 군대의 힘 앞에서 경험이 많지 않은 연합군은 오랜 시간 고전했다. 이는 베강의 요구대로 프랑스에 군대를 바로 투입했다면 성공하기가 얼마나 어려웠을지 엄청난 희생을 치르며 증명한 실례이자 귀중한 교훈이었다.

1944년 6월 6일에 연합군은 노르망디에 상륙했고, 영국의 6만 병력은 동쪽 측면 전체의 공격을 이끌었다. 바로 이것이었다. 처칠은 강렬한 집중력과 놀라운 자기 절제로써 단순히 최적의 순간을 기다리기만 한 것이 아니라 그때가 최적의 순간이 되게 했다.

충동은 우리를 들쑤신다. 혼자 뒤처지리라는 두려움이 우리를 몰아대고, 의심은 우리를 고문한다. 다른 사람들은 모두 이미 뛰어들었다. 혹시 우리가 때를 놓쳤다면 어찌한단 말인가? 이런 압력에 저항하려면 진정한 정신적 절제가 필요하다. 때로 우리는 앞으로 가라는 신호 대신 기다리고, 기다리고, 때를 기다리라는 신호를 보내야 할 때가 있다. 또는 그 계획을 실행하지 않는 것이 옳다는 것을 깨달을 때까지 오랫동안 생각해야 할 수도 있다.

시장이 확실한 저점 또는 고점을 칠 때를 기다리자. 아무리 모든 사람이 우리에게 미쳤다고, 멍청하다고 소리치더라도 우리는 아직 때가 아니라는 것을 안다. 자기 재능에 완벽히 부합하는 일을 기다리자. 실제로 적합한 가치가 있는 그 일을 손에 넣으려면 승진을 거절해야 할 수도 있고 계약 협상에서 물러서지 말아야 할 수도 있다. 성공할 기회가 오기 전에는 섣불리 행동하지 않아야 한다.

경쟁자가 자기 앞에 던져놓은 미끼에 넘어가지 말고, 자신이 파놓은 함정으로 그들을 끌어들이자. 파멸을 자초하는 적수의 행동을 막고 싶은 유혹에 넘어가지 말자. 모두가 미래를 약속해준다고 주장하는 최신 동향에 자기만 편승하지 못하는 한이 있더라도 고전적이거나 초월적이거나 파괴적일 정도로 대담한 것에 시간을 투자하자. 샌안토니오 스퍼스가 그랬듯이 시즌 중 일찍 휴식을 취함으로써 진짜 중요한 순간에 최고의 기량을 발휘해야 한다. 실제로 성공을 확보해줄 공격을 개시할 수 있을 때까지 예비 병력이 도착하기를 기다리고, 기다리고, 또 기다리자.

스토아학파에서부터 시작되어 특히 영국의 시인 존 드라이든이 멋지게 표현해낸 오래된 생각이 있다. 바로 「앱설럼과 어키터펠」이라는 시에 나오는 "인내하는 사람의 분노를 조심하라"라는 구절이다.

처칠에게 인내하는 것이 어려웠던 이유는 그가 분노한 사람이었기 때문이다. 처칠은 행동하는 사람이었다. 처칠은 등에 벽이 닿을 정도로 몰려 있었다. 그런데도 처칠은 차분하고 온화한 빛으로 전략적 탁월함을 발휘해 기다렸다. 불을 뿜고 싶은 마음을 끝까지 다스렸다. 그리고 마침내 처칠이 불을 뿜었을 때 그 불은 표적을 산산조각 냈다.

이것은 언젠가 무언가를 할지도 모른다는 희망으로 자신을 속이는 일이 아니다. 우리는 이미 행동하기로 마음먹었다. 이제 우리 앞에는 넘기가 더 힘든 장애물이 있다. 그것은 바로 기다리며 버티는 과정이다. 제대로 하려고 최고의 결과를 내놓고자 이렇게 버티며 신중하게 움직이는 동안 비난을 고스란히 받아낼 수 있어야 한다. 이런 일을 감수하겠는가?

삶에서, 전쟁에서, 사업에서 우리는 대개 단 한 순간, 단 한 번의 기회만 얻는다. 아무도 다시 할 기회를 주지는 않는다. 모자랐던 준비를 보충하고, 더 나은 시기를 잡고, 더 많은 지렛대를 마련하고자 과거로 돌아가 다시 시도할 수는 없다.

딱 한 번의 시도. 그것을 기다리고도 남을 만큼 우리는 강인한가? 절제로써 그에 필요한 담력을 키울 수 있는가? 최고의 결과를 이루어낼 수 있겠는가? 우리는 할 수 있다. 그렇게 해야만 한다.

34

야망을 경계하라

1791년 젊은 나폴레옹은 상금 1200프랑을 받고 싶다는 희망으로 글짓기 대회에 나갔다. 제시된 글의 주제는 아주 강력했다. "사람이 행복해지는 법을 배우는 데 가장 중요한 진실과 감정은 무엇인가?"

나폴레옹이 이 글을 쓰는 데는 6개월이 걸렸고, 이 글은 입상도 하지 못했다. 하지만 젊은 혈기 가득하던 스물두 살의 나폴레옹은 만족할 줄 모르는 야망에 대해 더할 나위 없이 훌륭한 경고의 글을 남겼다.

"테베에서 페르시아로, 다시 인도로 다급히 치고 들어갈 때 알렉산드로스대왕은 무엇을 하고 있었던 것인가? 알렉산드로스는 도저히 가만히 있지 못하며 총기를 잃고 자신이 신이라고 믿었다." 다시 말하지만 이것은 미래의 정복자가 된 나폴레옹이 쓴 글이다. "17세기 영국의 독재자 크롬웰의 종말은 어떠했던가? 복수의 여신이 겨눈 단검으로 고통받지 않았던가?" 끝모를 무절제를 비판하는 확실한 예시다. 그것으로도 부족했는지 나폴레옹은 이어서 더없이 분명한 의미를 담은 선언으로써 최후의 일격을 가한다.

정부를 무너뜨리고 개인의 재산을 약탈하며, 피와 범죄를 먹고 자라는 야망은 (…) 과도한 모든 열정이 그렇듯이 목숨이 끊어져야만 끝나는 난폭하고 무분별한 열병과도 같고, 무자비한 바람의 부채질을 받아 거대하게 타올랐다가 모든 것을 다 집어삼킨 뒤에야 끝나는 화재와도 같다.

어른이 된 나폴레옹이 젊은 날 자신이 했던 이 말을 되새기기만 했더라면, 스스로 프랑스의 황제라 칭하고 예하, 저하, 각하같이 거만한 칭호로 자신을 부르도록 명령하면서 무능한 친척들을 유럽 전역의 왕좌에 앉혔던 그 혼란스럽고 파괴적인 시절에, 야망을 견제하지 못할 때 닥쳐오는 위험에 대해 나폴레옹 자신이 품었던 감정을 누군가 그에게 상기시켜줄 수 있었다면 얼마나 좋았을까. 나폴레옹이 육체적 절제를 잃은 것 역시 바로 이 시기임은 우연이 아니다. 아무리 나폴레옹에게 아첨하는 초상화가라고 해도 점점 더 퉁퉁해지는 그의 모습을 감출 수 없었던 것도 이 때문이다.

그런데 정말로 그에게 과거를 일깨운 한 사람이 있었다! 1800년대 초 외무장관이던 프랑스의 정치가 탈레랑이 기록보관소에서 그 글을 찾아내서 선물이자 경고의 의미로 그에게 건넨 것이다. 하지만 나폴레옹 폐하이자 그 자신이 부여한 또 다른 칭호였던 나폴레옹 전하는 선물로도 경고로도 그것을 받아들이기를 거부했다. 나폴레옹은 젊은 시절의 자신에 대해, 그 글을 쓴 자는 채찍질을 당해야 싸다고 말했다. "내가 얼마나 멍청한 소리를 했던 것인지! 저 글을 보존한다면 내가 몹시 노할 것이다." 나폴레옹은 이렇게 소리치며 그 글의 유일한 사본이라고 생각한 종이를 불 속에 던져 넣었다.

얼마 지나지 않아 나폴레옹은 다시 한번 유럽 대륙에 한 세대의 시체들을 흩뿌려놓았다. 그리고 더는 인류에게 해를 입힐 수 없도록 바다 가운데 작은 섬에 유배되었다.

역사의 대부분 시기에 걸쳐 알렉산드로스의 이야기는 고삐 풀린 야망을 경고하는 이야기였다. 물론 알렉산드로스는 총명하고, 대단히 놀라운 일을 성취했다. 하지만 그런 일이 알렉산드로스를 어떤 상태가 되게 했던가. 공허, 고독, 불만족의 상태가 아니었던가. "가라! 가서 그대들의 백성에게 말하라. 그대들이 세계 정복을 완성하려는 알렉산드로스를 두고 떠나왔노라고." 알렉산드로스를 따르던 사람들이 그가 절대 만족하지 않으리라는 것을 마침내 깨달았을 때 알렉산드로스는 이렇게 그들을 도발했다.

하지만 얼마 지나지 않아 알렉산드로스는 죽었고, 그와 함께 그의 제국도 멸망했다. 고대 로마의 시인 유베날리스는 온 세상이 알렉산드로스를 담아내기에 크기가 충분하지 않았다고 말했는데, 결국 관 하나만으로도 그를 담기에는 충분했다.

그 모든 일은 무엇을 위한 것이었던가? 나폴레옹이 그랬듯이 알렉산드로스의 정복 사업도 백성이나 어떤 대의를 위한 일이 아니었다. 알렉산드로스는 오직 자신만을 위해 공세와 침략 전쟁을 벌였다. 이는 병적인 성취욕이었고, 그에 따른 결과는 결국 다른 모든 사람이 짊어졌다.

나쁜 습관, 그중에서도 특히 탐욕적인 습관을 끊는 일에는 상당한 자기 절제가 요구된다. 그런데 세상의 모든 중독 가운데 가장 사람을 취하게 하고 가장 통제하기 어려운 것이 야망이다. 술을 마시는 것과 달리 야망을 추구하는 것에는 사회가 보상해 주기 때문이다. 우리는 성공한 사람을 우러러보며, 그들에게 어떻게 그 일을 했는지만 묻는다. 그들의 성취가 얼마나 적은 만족감만을 안겨주었는지, 그들 대부분이 얼마나 비참한 상태인지, 그리하여 다시 주변의 모든 사람을 얼마나 비참하게 하고 있는지는 속 편하게 무시해버린다.

나폴레옹처럼 야망 때문에 곤란에 빠진 적이 있었던 세네카는 고대 로마 시대의 나폴레옹이라 할 만한 마리우스라는 무자비한 장군에 관해 이렇게 말했다. "마리우스가 군대를 지휘할 때, 마리우스를 지휘하는 것은 야망이다." 세상을 불안과 혼란에 빠뜨리는 지도자, 사업가, 정복자는 사실 그들 자신이 불안하고 혼란에 빠진 것이라고 세네카는 개탄했다. 마리우스와 나폴레옹과 알렉산드로스는 강력한 인물이었지만, 궁극적으로는 무력했던 사람이다. 왜냐하면 그들은 멈출 줄 모르고, 아무리 해도 만족하지 못했기 때문이다. 그들이 수백만 명을 통제하려는 강한 욕구를 품었던 이유는 그들 자신을 통제할 힘이 없었기 때문이다.

약물이나 기기와의 관계에서도 그렇듯이 우리는 스스로 이렇게 물어야 한다. 여기서 통제권을 쥔 것이 누구인가? 우리 정신인가? 아니면 가장 성공하고, 가장 많이 승리하고, 가장 부유하고, 가장 권력이 크고, 가장 유명한 존재가 되고자 하는 노예 같은 욕구인가? 더 많은 일을 하고, 더 많은 것을 갖고, 계속해서 성취를 이루려는 욕망인가?

우리는 계속해서 질문해야 한다. 그것이 자신에게 정말로 가져다주는 것이 무엇인가? 실제로 이 일로 자신이 얻는 것은 무엇인가? 나폴레옹의 성취가 그를 행복하게 해주었던가? 권력과 부는 나폴레옹에게 안정감조차 주지 못했다! 나폴레옹은 명백히 그가 느껴 마땅한 감정인 죄책감과 수치심 외에 아무것도 없는 상태로 두 번째로 유배된 바다 한가운데 섬에서 외로이 죽음을 맞이했다!

이렇게 비판한다고 해서 모든 성취를 조롱해야 한다는 뜻은 아니다. 어떤 시도도 하지 않는다면 세상이 어떻게 되겠는가? 아무도 더 나아지거나 더 많은 일을 하려고 진취적으로 나서지 않는다면 어찌 되겠는가? 우리에게 야망, 즉 추구하는 어떤 큰 목표가 없다면 우리가 '아니오'라고 거절해야 하는 사소한 일이나 우리 주의를 산만하게 하는 일을 어찌 알겠는가?

야망은 좋다. 다만 그것을 적당히 조절해야 할 뿐이다. 자기 절제의 모든 요소가 그렇듯이 야망에 대해서도 중요한 것은 균형이다. 자기 욕구를 완전히 제거하려 노력하며 영적 완성을 위해 모든 사람과 모든 것을 거부하는 수도승이나 사제는, 계속해서 부를 쌓고 또 쌓는 억만장자나 은퇴는 전혀 고려하지 않는 주전 선수와 별반 다를 것이 없다. 그렇다면 아무 꿈도 꾸지 않고, 아무것도 믿지 않으며, 아무 시도도 하지 않는 사람은 어떨까? 이 경우도 별 의미가 없기는 매한가지다.

여기서 우리가 말하는 것은 진정한 절제다. 영국의 극작가 셰익스피어가 경고했듯이 자신의 무한한 야망이 "그 자신마저 뛰어넘기 전에" 야망을 견제할 수 있는 자의식과 가치관이 있어야만 한다.

이성을 잃고 휩쓸려가는 것을 막아줄 브레이크가 없다면, 야망은 행복을 앗아갈 뿐 아니라 아예 우리를 파괴해버릴 수도 있다. 그리고 만족을 모르는 정복자가 하나같이 그랬듯 다른 사람들에게까지 해를 입힐 수 있다. 그들이 일으킨 전쟁의 무고한 피해자든 그들이 사다리를 올라가는 동안 이용하고 버린 사람이든 그 과정에서 방치한 가족이든 또는 그들에게 영감을 받은 무수한 모방자든 말이다.

우리가 좋은 기분을 느끼거나 적당히 괜찮은 사람이 되는 데 꼭 성취가 필요한 것은 아니다. 그렇다면 우리에게 필요한 것은 무엇일까? 사실 그리 많은 것이 필요하지 않다. 약간의 음식과 물, 우리가 도전해볼 만한 일, 역경 속에서도 차분한 마음, 잠, 단단한 일상, 우리가 헌신할 대의, 더 잘하려고 노력하는 어떤 일 정도만 있으면 된다. 나머지는 모두 곁가지일 뿐이다.

35

성장의 복리를 쌓는 방법

소크라테스는 그리 많은 것을 알지 못했다. 확신한 것도 많지 않았다. 하지만 소크라테스는 "우리가 영원히 현재와 같은 상태로 머물 수는 없다"라는 것은 확신한다고 말했다.

소크라테스의 말은 이렇게 해석할 수 있다. '누구든 마찬가지다. 무슨 일을 했는지도 중요하지 않다. 자기가 될 수 있는 최대한으로 훌륭해진 사람은 없다. 그 누구도 완벽하지 않다. 누구나 더 나아질 여지가 있다.' 이보다 더 중요하고 이보다 더 위험한 자기 충족적 예언도 드물다.

만약 자신이 더 성장할 여지가 있다고 생각한다면, 우리는 더 성장할 수 있으며 더 성장할 것이다. 만약 지금이 자기가 될 수 있는 가장 좋은 상태라고 생각한다면, 그 말 또한 맞는다. 우리는 더 나아지지 않을 것이다.

역사상 가장 위대한 선수로 불리며, 미식축구의 최강자를 가리는 대회인 슈퍼볼에서 최연소 우승자이자 최고령 우승자기도 한 미국의 톰 브레이디는 이기는 것에 집착하는 사람은 아니었다고 한다. 브레이디가 초점을 맞춘 것은 승리가 아니었다. 브레이디는 4쿼터에 터치다운 패스의 정확성을 향상하고 조금이라도 더 빨리 공을 던지는 일에 집착했다. 브레이디는 똑같은 실력에 머물기를 거부했다. 그 '똑같은 실력'이 항상 리그에서 최고였는데도 말이다. 향상해가는 과정, 그것이 브레이디에게는 마약이었다. 그것이 브레이디가 쫓는 목표였고, 그가 늙지 않는 비법이자 모든 예상을 뛰어넘는 비법이었다.

일본어에는 지속적인 향상을 뜻하는 가이젠(かいぜん, 改善)이라는 단어가 있다. 항상 더 다듬을 무언가를 발견하고 그것을 조금이라도 더 발전시키는 것, 절대 만족하지 않고 항상 성장을 바라는 것을 의미한다. '혁명'이나 '변환'은 아마추어가 추구하는 것이다. 프로는 '진화'를 추구한다.

진화의 첫 단계가 그냥 해야 할 일을 해야 하는 자리에 가서 매일 그 일에 전념하는 것이라면, 다음 단계는 매일 무언가에 초점을 맞춰 그것을 더 나아지게 하는 것이다. 누적되는 성장이 복리로 쌓이는 바로 이 과정에서 우리는 아주 강력한 힘 하나를 갖추게 된다.

한번 생각해보자. 대부분의 사람은 할 일을 시작하지도 않는다. 시작하는 사람 중에서도 대부분은 자신을 온전히 밀어붙이지 않는다. 그러니 일을 시작하고 매일 향상하고자 스스로 단련한다면 어떻게 될까? 그렇게 한다면 희귀한 사람 가운데서도 가장 희귀한 사람이 된다.

만약 향상하는 것이 어려운 일처럼 들린다면 그냥 실수를 줄여가는 것은 어떨까? 이것이 바로 감독이 루 게릭에 관해 했던 말이다. 게릭이 야구선수로서 믿기 힘든 업적을 이룬 것은 단지 그가 야구에 헌신했기 때문만은 아니었다. 비결은 절대 같은 실수를 두 번 하지 않았다는 것이다. 한 회마다 적어도 한 가지는 실수하며 경력을 시작했던 이 남자는 한 경기에 실수 하나, 한 주에 실수 하나, 한 달에 실수 하나로 줄여가며 향상했다.

인간은 실수하는 존재지만, 매일 실수를 줄여가는 것은 신에게 가까이 다가가는 일이다. 우리는 스스로 어떤 기준을 설정할 뿐 아니라 앞으로 나아가는 동안 그 기준을 더 높여간다. 근력 운동에서도 마찬가지다. 우리가 드는 무게는 매번 훈련을 이어갈 때마다 꾸준히 증가한다. 자기 성과에 만족하지 않는 마음, 발전을 멈추지 않으려는 의지는 우리가 정체되는 것을 막아주고 우리를 앞으로 나아가게 한다.

자기 능력으로 도달하기에는 좀 벅찬 수준으로 기준이 계속 높아지는데 절대 그 기준에 '도착'하지 못할 것 같아서 의지가 꺾이는가? 그렇게 생각할 필요는 없다. 우리가 골대를 더 멀리 옮겨놓는 것은 경기가 따분해지지 않게 하려는 것이고, 더 중요하게는 경기가 절대 끝나지 않게 하려는 것이다. 그렇게 하는 것이 궁극적으로 더 큰 즐거움과 만족을 안겨준다. 그러지 않았다면 절대 볼 수 없었을 높은 곳에 도달하게 하는 것이다.

썩어가기를 원하는가, 아니면 익어가기를 원하는가? 우리는 더 나아지고 있는가? 만약 성장하고 있지 않다면, 아마도 더 나빠지고 있을 것이다.

어떤 일을 하고 있든 누구나 자기가 하는 일에서 실력을 더 높일 수 있다. 한 사람으로서, 한 시민으로서, 아들이나 딸로서 더 좋은 사람이 될 수 있다. 생각하는 방식을, 집중하는 방식을, 생각하는 내용을 더 개선할 수 있다.

"누군가는 자기 농장을 개조하는 일에서 기쁨을 느끼고, 또 누군가는 자기 말(馬)을 개량하는 데서 기쁨을 느끼듯이 나는 매일 나 자신을 향상하는 일에서 기쁨을 느낀다." 에픽테토스가 이 말을 한 것은 마침 소크라테스의 가르침에 관해 이야기할 때였다. 이 말을 했을 때 에픽테토스는 힘겹게 노예 신분을 벗어난 데다가 유배된 상태였다. 그리고 그때 에픽테토스는 손꼽히게 현명한 사람이었다. 그런데도 매일 모든 면에서 어떻게 하면 더 나아질지에 집중하고 있었다.

그 어두운 시간을 건너는 동안 자신을 향상하고자 단련하는 일은 에픽테토스에게 더할 수 없이 큰 도움이 되었을 것이다. 그러한 단련은 에픽테토스에게 집중할 무언가를 주었기 때문이다. 그것은 그의 주인도, 사회도, 삶에서 그가 처한 형편도 아닌 오직 그 자신만이 통제할 수 있는 무언가였다. 하지만 이러한 단련은 좋은 시절에도 도움이 되는데, 자만하거나 안주하는 것을 막아주기 때문이다.

점수판이, 은행 잔액이, 판매 수치가, 뉴스 머리기사가 뭐라고 말하는지는 중요하지 않다. 우리는 안다. 자신이 더 진보하고 있는지 후퇴하고 있는지, 하루하루 더 발전하고 있는지 아닌지를 안다. 더 진보하고 발전하고 있다면? 멋진 일이다. 더 개선할 여지가 있음을 안다면? 그 역시 멋진 일이다. 어느 쪽이든 우리가 해야 할 일은 똑같다.

성공이든 실패든, 명성이든 불운이든 무슨 일이 벌어져도 발전에만 초점을 맞추면, 자부심을 품고 거울 속 자신을 당당히 마주 보고 주위에서 벌어지는 모든 소동을 무시할 수 있다.

그것은 평생에 걸친 여정이다. 평생에 걸쳐 매일 조금씩이라도 발전한다면 얼마나 큰 발전을 이룰 수 있을까? 우리가 이룬 발전의 모든 조각이 좀 더 발전할 기회와 발전해야 할 의무를 모두 선사한다면, 그리고 우리가 매번 그 기회를 모두 붙잡고 그 의무를 완수한다면 이 여정은 어떠할까? 우리는 어디에 이르게 될까?

이 여정을 걸어가기를 선택하겠는가? 자신이 도달할 수 있으리라고 생각했던 것보다 훨씬 먼 지점에 이르더라도 계속 그 길을 가겠는가? 아니면 거기서 멈추겠는가? 계속 연습할 것인가? 아니면 그 정도면 충분하다고, 적당히 그만둬도 괜찮다고 생각하겠는가? 현재 그 상태에 머물 것인가? 아니면 자기 능력으로 이룰 수 있는 그 존재가 되어보겠는가? 일단 더 나아지기를 멈추었다면, 갈 수 있는 방향은 하나뿐이다.

　"네가 할 수 있는 최선을 다하라. 그리고 다시 또 최선을 다하라. 그런 다음에도 나아지는 것이 아무리 작을망정 계속 개선하라." 프랑스의 소설가 마르그리트 유르스나르의 아름다운 소설 『하드리아누스 황제의 회상록』에서 하드리아누스가 한 말이다. 그것은 아름다운 역설이다. 우리는 자신의 발전에 절대 만족하지 않지만, 그러면서도 항상 만족스럽다. 그것은 우리가 계속 발전하고 있기 때문이다.

36

일을 위임해야 하는 이유

유명한 가수이자 사회운동가인 해리 벨라폰테는 1956년에 마틴 루서 킹 주니어의 부인 코레타 스콧 킹에게 전화를 걸었다. 남편이 또다시 체포된 상태에서 코레타가 어떻게 지내는지, 흑인 민권운동을 위해 필요한 것이 없는지 알아보려는 것이었다. 하지만 두 사람은 도저히 대화를 이어갈 수 없었다. 코레타가 아이들을 돌보고, 오븐에서 굽고 있던 저녁 식사를 꺼내고, 초인종이 울려 문을 열어주러 가야 했기 때문이다.

코레타가 이 모든 일을 혼자 해내고 있음을 알아챈 벨라폰테는 코레타에게 왜 그들 부부가 집안일을 도와줄 일손을 두지 않느냐고 정중하게 물었다. 코레타는 자신도 남편에게 그러자고 말했지만 마틴이 절대 허락하지 않았다고 했다. 목사의 봉급으로 그런 호사를 부리는 건 무리한 일이라는 것이었다. 그리고 킹 부부는 사람들에게 받을 비판도 염려스러웠다. 수백만 흑인이 고통받는 와중에 킹 부부가 그렇게 편한 생활을 누리는 것은 있을 수 없는 일이라고 느꼈다.

"그건 전혀 말이 안 되는 소리예요. 마틴은 민권운동을 이끌며 그 모든 일을 하는데, 도와줄 사람을 둔다고 해서 사람들이 어떻게 생각할지 걱정한단 말입니까? 지금 곧바로 당신의 인생이 달라질 거예요"라고 벨라폰테가 코레타에게 말했다. 또 벨라폰테는 자신이 도와줄 사람의 급료를 직접 지급할 것이며, 마틴은 이 문제에 대해 절대 왈가왈부할 수 없다고 했다.

이는 단순히 과로하는 가족에게 선의의 제스처를 보내는 것에 그치지 않는다. 그것은 전략적인 행동이기도 했다. 벨라폰테가 마틴과 코레타에게 돈으로 사준 것은 단순한 일손이 아니라 바로 시간이었다. 마음의 평화이자 보호였다. 벨라폰테는 그들이 그런 도움을 받는다면 더 많은 힘과 집중력을 대의에 쏟을 수 있음을 알았다. 그들은 더 강인해지고 더 효율적으로 일할 수 있을 터였다. 벨라폰테는 마틴 루서 킹 주니어가 평화와 정의를 위해 행진하는 동안 냉장고에 우유가 남아 있는지 걱정하는 건 원치 않았다.

모든 일을 스스로 하겠다고 고집하지 않는 데도 절제가 필요하다. 특히 그 많은 일을 하는 방법을 아는 사람, 일 처리에 높은 기준을 세운 사람에게는 더욱 그렇다. 자기 집 잔디를 깎는 일이든지 자기 연설문을 쓰는 일이든지 일정을 짜는 일이든지 자신에게 걸려 온 전화를 받는 일이든지 간에 그런 일을 하는 것을 본인이 좋아하더라도 말이다. 고대 그리스의 전기작가 플루타르코스도 지적했듯이 "지도자는 모든 일을 할 줄 알아야 하지만 현실적으로 모든 일을 할 수는 없다." 그것은 물리적으로 불가능하고, 정신적으로도 불가능하다.

보통 짐의 무게를 관리하는 가장 좋은 방법은 짐을 나눠서 지는 것이다. 사소한 문제로 자기 자신을 지치게 해서 진짜 중요한 순간이 왔을 때는 이미 기운이 바닥나버렸다면 얼마나 안타까운가. 모든 일을 스스로 감당하느라 정신적으로 너무 지치고 심한 스트레스 상태인 사람과 그 주변 사람들에게는 상황이 잘못되었을 때 스트레스를 견딜 여력도 완화할 수단도 더는 남아 있지 않다.

폭식은 단순히 먹고 마시는 일에만 한정되는 것이 아니다. 어떤 사람은 처벌을 폭식한다. 또 누구는 관심을 폭식한다. 통제를 폭식하거나 일을 폭식하는 사람도 있다. 이런 문제를 해결하는 것은 둘째 치고 식별하기조차 어려운 이유는 그 문제가 대개 좋은 의도에서 시작되기 때문이다.

우리는 의무감을 느끼고, 돈을 쓰는 것은 나쁜 일이라고 느끼며, 도움을 요청할 때는 죄책감을 느낀다. 의도가 아무리 좋더라도 결과는 똑같다. 자신을 갉아먹고 지치게 하며, 대의에도 해를 입히고, 가장 중요한 일을 방기하게 된다. 결국 세상에서 발전을 앗아가는 일이다.

공을 다른 사람에게 패스할 줄 알아야 한다. 특히 그 사람의 길이 뚫려 있고 더 좋은 슛을 날릴 수 있을 때는 말이다. 다른 선수들에게 중요한 순간의 기회를 넘길 수 있어야 한다. 팀이란 원래 그런 것이다.

불안정한 사람은 그렇게 하지 못한다. 비판받을 것이 두렵기 때문이다. 사람들에게 무대 뒤를 보여주는 것도 두려워한다. 독재자와 자기중심적인 사람은 기회를 절대 남에게 넘기지 못한다. 인색한 사람도 그렇게 할 수 없다. 그들은 모두 다 자기가 차지하기를 원한다. 그들은 중심에 서지 못하고, 독보적인 존재가 되지 못하며, 모든 성취의 주인공이 되지 못하는 것을 견딜 정도로 강인하지 못하다.

대부분 독재정권에는 어떤 일이 일어나는가? 그들은 결국 무너진다. 모든 일을 직접 하려고 노력하는 것은 터무니없는 일이다. 일을 위임해야 한다. 어떤 일을 잘하는 사람을 찾아 그들에게 자신을 도울 권한을 주어야 한다. 열쇠를 넘겨줄 만큼, 통제권을 양도할 만큼, 한 사람보다 더 큰 체제나 조직을 만들 수 있을 만큼 강한 존재가 되어야 한다. 가장 중요한 일을 늘 가장 중요시하기를 원한다면 자신을 위해 완충 역할을 해줄 수 있는 사람, 자신을 대신해 '아니오'라고 말할 수 있는 사람을 고용해야 할지도 모른다.

의지력만으로는 충분하지 않다. 그냥 참고 다 해내려고 해서는 안 된다. 부담을 반드시 나누어야 한다. 그러니까 더 높이 올라가려 한다면, 자기 혼자보다 더 크거나 의미 있는 무언가를 세우거나 이루려고 한다면 말이다.

사실 이 모든 이야기는 어느 정도의 특권이 있을 때 실현 가능한 일이다. 우리가 모두 정규 직원을 고용할 여유가 있거나 기꺼이 돈을 대신 내줄 후원자가 있는 것은 아니니까. 하지만 누구나 자신의 한 시간이 얼마만큼 가치가 있는지는 분명히 알아야만 한다. 그 시간을 어떻게 사용하는 것이 최선인지, 그 시간이 맺을 열매에 어떻게 투자해야 하는지 알아내려면 절제가 꼭 필요하다.

얼마나 성공하고 얼마나 중요한 사람인지와는 상관없이 누구에게나 자동화할 수 있는 일이 있다. 오래전부터 형식적으로 해온 일을 다시 재분배해야 한다. 삶의 모든 일은 팀 스포츠다.

우리는 비효율적인 일이 존재한다는 것을 알면서도 그런 일을 남에게 넘기기를 거부한다. 모든 사람의 일을 계속 자신이 하려고 한다. 더는 미루지 말라, 당장 위임하라!

이것은 약삭빠른 행동이 아니다. 혼자 다 하겠다고 우기는 것이야말로 무지하고 오만한 일이다. 위임함으로써 생기는 가치는 사실상 헤아릴 수 없다. 그것이 우리에게 세상에서 가장 값진 것을, 바로 시간을 벌어주기 때문이다.

벨라폰테는 강제로 마틴 루서 킹 주니어가 일을 위임하게 함으로써 킹에게 그리고 넓게는 이 사회에 그가 자신의 핵심적인 일을 할 더 많은 시간을 벌어주었다. 비유적으로 말하면 우리는 누구나 째깍거리며 돌아가는 시계에 쫓기며 살지만, 킹의 시계는 비극적일 정도로 더 빠르게 돌아갔다. 그와 코레타가 집 안일에 쓰지 않아도 되었던 시간은 매분 매초가 알뜰히 쓰였다.

게다가 그들이 함께 보낼 수 있게 된 시간은 또 어떠한가? 위임이란 시간뿐 아니라 공간도, 그러니까 자유도 제공해주니까 말이다. 위임은 우리에게 미리 정보를 파악하고 생각하고 연결하고 이해할 여지를 허락해준다. 이후에 킹은 한 인터뷰 진행자에게 방해받지 않고 쉴 수 있는 일주일이 주어진다면 무엇을 하겠냐는 질문을 받았다. 당시 세상에 존재하는 부당한 일과 민권운동에 필요한 일을 생각하면 그런 일은 절대 있을 수 없다며 어이없어했지만, 그래도 다음과 같은 일을 하겠노라고 말했다.

만약 나에게 일주일이라는 호사가 주어진다면, 명상하고 책을 읽으며 나 자신을 영적으로 또 지적으로 재충전하는 데 그 시간을 쓸 겁니다. (…) 이 투쟁 속에서, 수많은 좌절과 끝없는 일 속에서 내가 영원히 주기만 하며 잠시라도 멈춰 내게 필요한 것을 흡수할 시간은 없다는 생각을 자주 합니다. 단 한 시간만이라도 여기서 빠져나가 혼자만의 시간을 보내며 재충전해야 한다는 긴급한 요구를 느껴요. 현재 진행되는 일에 관해 깊이 생각하고, 이 운동의 역학을 한 발 떨어져 바라보고, 운동의 의미를 성찰하려면 내게는 더 많은 시간이 필요합니다.

우리에게 일주일이 주어진다면 어떤 일을 해낼까? 한 시간으로는 무엇을 해낼까? 자신을 위한 시간과 공간을 마련해주는 도움을 받는다면 어떻게 하겠는가? 단 그건 아무 종류의 시간이 아니라 성찰하고 사고할 시간이며, 아무 종류의 공간이 아니라 배우고 계획할 공간이다.

그 약간의 시간과 공간이 매일 더해지면 우리에게 중요한 것이 무엇인지 숙고할 수 있고, 어떻게 살아가고 있는지 점검할 기회가 생긴다.

우리는 그런 시간과 공간을 누릴 자격이 있다. 하지만 우리가 그것을 가질 방법은 하나뿐이다. 일을 위임하고, 주변에 도움을 요청하는 것, 그리하여 변화를 일으키는 것이다.

37

시간을 내편으로 만드는 법

우승 반지를 열한 개나 차지하며 역사상 가장 위대한 NBA 감독이라 불리는 필 잭슨도 선수로 뛰던 신인 시절에는 주로 벤치만 지켰다. 어느 날 밤 경기가 거의 끝나가던 시간에 잭슨이 또 다른 후보선수와 대화를 나누는데 레드 홀츠먼 코치가 별안간 그의 허를 찌르며 이렇게 물었다. "시간이 얼마나 남았지, 잭슨?" "1분 28초입니다"라고 잭슨이 대답했다. "아니, 공격 제한 시간이 얼마나 남았냐고?" 레드 코치가 응수했고, 후보선수와 떠들던 잭슨은 당연히 그것을 몰랐다. "넌 그걸 알아야지. 네가 경기에 투입될 수도 있는데, 그걸 모르면 너 때문에 팀이 낭패를 볼 거다. 다신 그렇게 시시덕거리는 꼴 나한테 들키지 마라." 화가 난 코치가 말했다.

우리에게는 모두 매일 똑같이 스물네 시간이 주어진다. 모든 농구팀에게 24초의 공격 제한 시간이 주어지듯이 말이다. 그 시간을 인식하지 못하는 것은, 그 시간을 존중하지 않는 것은, 그 시간을 어떻게 사용하고 관리할지 모르는 것은, 단순히 부주의한 것이 아니라 삶이 선사하는 소중한 기회를 놓치는 짓이다.

우리는 항상 경기를 치른다. 우리가 그 시간을 정확하게 알아야 하는 이유는 언제 그 시간이 끝나게 될지 절대 알 수 없기 때문이다. 그것이 바로 라틴어 메멘토 모리(memento mori, 죽음을 기억하라)가 상기시키는 바다. 그 누구도 시간이나 인생을 당연히 주어지는 것으로 여길 수 없다. 모두에게 언젠가는 그 시간이 바닥나기 때문이다.

절제를 추구한다는 것은 모든 면에서, 특히 작은 일에서도 절제한다는 것을 의미한다. 그리고 절제를 통해 미세하게 증가하는 간극을 어떻게 사용하는지에 따라, 아주 짧은 시간도 아주 큰 것이 될 수 있다.

어떤 사람들은 시간이란 인간이 머릿속에서 구상한 개념일 뿐이라고 주장한다. 그 말이 사실이라면 아마 그것은 인간의 가장 위대한 창조물일 것이다. 시간이란 우리에게 있는, 진정으로 재생할 수 없는 유일한 자원을 측정하는 방식이기 때문이다. 그 누구도 더 많은 시간을 만들어내지 못한다. 일단 사라진 시간은 되찾을 수 없다. 또한 시간은 믿을 수 없을 만큼 강력한 힘이다.

작은 이자가 충분히 긴 시간에 걸쳐 불어가는 과정을 지켜본 사람이라면 누구라도 그렇다고 증언할 것이다.

낭비된 시간은 우리 자신까지 낭비한다. 시간을 죽이는 건 자신을 죽이는 것이다. 시간을 사용하는 방법을 배워야만 한다. 그렇지 않으면 시간이 우리를 완전히 소진하고 말 것이다.

그것이 우리가 즉각 일을 처리하는 이유다. 핵심으로 바로 들어가는 이유다. 회의에서 안건을 벗어나지 않는 이유다. 지루하게 같은 소리를 반복하지 않고, 주제에서 이탈하는 것을 참지 않으며, 주의를 산만하게 하는 것을 허용하지 않는 이유다. 그것은 또한 우리가 책상을 깨끗하게 유지하는 이유다. 그래야 물건을 찾느라 시간을 낭비하지 않을 테니 말이다.

나아가 우리가 일찍 일어나는 이유기도 하다. 그래야 하루에서 가장 쌩쌩한 때 더 많은 시간을, 방해받지 않는 시간을 가질 수 있기 때문이다. 또 우리가 무엇에 '네'라고 말하고 '아니오'라고 말할지를 신중하게 저울질하는 이유기도 하다. 우리는 시간이 선물이고, 우리가 그 선물을 어디에 쓰는지가 중요하다는 것을 알기 때문이다.

미국의 시인 W.H. 오든은 좀 더 실질적인 측면에서 이렇게 말했다. "현대의 스토아 철학자라면 열정을 절제하는 가장 확실한 방법이 시간을 절제하는 것이라고 말할 것이다. 하루 동안 자신이 하고 싶은 일 또는 해야 하는 일이 무엇인지 결정하고, 그 일을 매일 정확히 같은 시간에 항상 한다면, 열정이 말썽을 일으킬 일은 없을 것이다." 지금 우리가 이 충고를 글자 그대로 따라야 하는 것은 아니지만, 깊은 메시지는 여전히 의미가 있다. 그것은 바로 주의 산만함, 일을 미루는 버릇, 게으름 같은 부정적 요소를 억누르는 일에서 규칙적인 일상이 핵심적인 도구라는 뜻이다.

아무 때나 일어나고, 일어난 뒤에는 아무 일이나 하며, 일과의 순서를 아무렇게나 정하는 사람은 항상 시간이 모자라고 언제나 뒤처질 것이다. 그렇다면 시간을 더 절제하는 사람, 즉 토니 모리슨처럼 일어나야 할 때 일어나는 사람, 윌리엄 스태퍼드처럼 어려운 프로젝트를 제일 먼저 해치우는 사람, 부커 T. 워싱턴처럼 비본질적인 일에는 '아니오'라고 말하는 사람은 어떠한가? 이들은 자기 시간을 낭비하지 않고 충만하게 사용하는 사람이다.

잠시 시간을 내서 자신이 작년을, 지난달을, 지난주를, 어제를 어떻게 보냈는지 생각해 보라. 그중 얼마나 많은 시간을 낭비하고, 얼마나 많은 시간을 건성으로 보내고, 얼마나 많은 시간을 자신이 통제할 수 없는 일에 헛되이 썼는지 생각해 보라. 그리고 만약 이번에는 꽤 괜찮은 결과를 내놓았다고 해도, 여전히 그 시간을 더 잘 보낼 여지는 있었을 것이다. 우리 모두 다 그렇다.

흘려보낸 순간순간, 방만하게 처리했다가 다시 해야 했던 일, 응하지 말았어야 했지만 응했던 제안 등 이 모든 일을 우리는 더 잘할 수도 있었을 것이다. 다만 그러지 못했을 뿐이다. 그 순간은 영원히 사라졌다는 사실, 절대 그 시간을 되돌릴 수 없다는 사실은 도저히 부정할 수 없다.

우리는 더 나아질 기회를 놓쳐버렸고, 우리가 기다리게 했던 다른 사람들을 존중하지 못했으며, 몸소 참여하지 않음으로써 우리 대의를 존중하지 못했다.

하지만 이 비극에도 한 줄기 희망은 있으니, 바로 삶은 두 번째 기회를 준다는 것이다. 적어도 지금은 그렇다. 왜냐하면 오늘이 있으니까. 우리에게는 현재라는 순간이 있다. 그 시간을 어떻게 쓰겠는가? 그 시간으로 어떤 결과를 만들어낼 것인가? 그 시간이 어디에 도달하게 하겠는가?

그리고 분명히 해두자. 그것은 단순히 서두르라는 의미가 아니다. 언젠가 한 보좌관은 사람들이 모인 장소에서 엘리자베스 2세의 어머니에게 시간이 없다며 서둘러 가기를 재촉했다. "시간은 나를 지배하는 독재자가 아니에요. 명령은 내가 시간에게 내립니다." 그러면서 여왕의 어머니는 멈춰 서서 자신을 보려고 기다렸던 한 사람 한 사람과 악수를 나눴다.

시간은 궁극적으로 지구에서 살아가는 모든 존재의 지배자가 맞지만, 그래도 그 시간을 어떻게 보낼지는 우리가 결정한다. 우리가 시간을 인식하고 시간의 가치와 시간 관리의 중요성을 인식하는 한 그럴 수 있다. 그리고 비록 유한성의 측면에서 시간은 우리에게 불리한 쪽으로 움직이기는 하지만, 그래도 시간이 우리를 위해 일하도록 쓸 수 있다.

지금이 그 시간이다. 우리에게 있는 유일한 시간은 지금뿐
이기 때문이다.

38

에너지 뱀파이어와 경계선 굿기

조지 워싱턴은 감정과 개인적인 느낌을 겉으로 표현하지 않는 신중한 태도로 유명했다. 앙겔라 메르켈은 가장 가까운 보좌관들에게도 절대 자기 집의 내부 모습을 보여주지 않았다. 엘리자베스 2세가 평생을 카메라 앞에서 보내며, 그토록 많은 사람을 만나고, 그토록 많은 행사에 참석해 연설하고, 세계 지도자들의 알현을 받았는데도 "여왕님은 어떤 분인가요?"라는 아주 흥미로운 질문에 답할 사람이 아무도 없다는 것을 떠올리면 참 대단한 일이다.

상상해보라. 엘리자베스는 자신과 나눈 이야기를 보도해도 된다고 허락하고 기자와 대화한 적이 한 번도 없다. 무려 70년 동안이나! 이란 국왕은 언젠가 엘리자베스에게 여왕으로 재위하는 동안 노동당 총리가 더 많았는지 보수당 총리가 더 많았는지 물었다. 여왕은 그 답을 몰랐다. 그것은 자기가 알 바가 아니기 때문이었다. 그것을 따지는 것이 오히려 부적절한 일일 것이다.

엘리자베스 2세는 단지 자기 직책에 따르는 다양한 규칙을 잘 지키기만 하는 사람이 아니었다. 엘리자베스의 절제가 미치는 범위는 정치에 관여하지 않는 것을 훌쩍 뛰어넘었다. 엘리자베스의 손주들은 그가 자기들에게 명확하게 충고하는 일은 드물며, 반드시 어떤 일을 해야 한다고 말한 일은 한 번도 없었다고 증언한다. 오히려 엘리자베스는 자신이 손주들에게 질문을 던지거나 판단하지 않고 들어줄 때 손주들이 스스로 답을 알아낼 수 있다는 것을 잘 알았다.

이 모든 것을 한 단어로 쓰면 무엇일까? 바로 경계선이다. 그리고 서글프게도 오늘날 이런 종류의 절제는 너무나 희귀하다.

소셜 미디어가 점령하고 즉각적 만족을 부추기며 뻔뻔함을 추켜세우는 세상에서 우리는 경계선을 설정하고 지키는 사람을 그리 존중하지 않는다. 자기 일에만 신경을 쓰는 것, 규칙을 정하고 따르는 것, 사생활은 사적인 영역에 남겨두는 것, 사람들이 자신을 진흙탕으로 끌어들이게 내버려 두지 않는 것, 다른 사람들의 잘못된 행동에 얽혀들지 않는 것, 자기 자신의 잘못된 행동에 남을 얽어매지 않는 것, 자신이 좋아하는 것과 싫어하는 것이 무엇인지 분명히 알릴 만큼 충분히 강해지는 것, 다른 사람들의 공간과 취향을 존중하는 것 말이다.

모두 아주 기본적인 일처럼 보이지만 기본적으로 아무도 제대로 하지 못한다. 이런 사람들을 묘사할 때 우리가 쓰는 단어를 생각해보라. TMI(too much information, 지나치게 많은 정보) 유포자, 실수투성이, 호구, 드라마퀸, 참견꾼, 만만한 사람, 똥물 휘젓는 녀석, 떠버리….

우리는 저속함과 무분별, 미성숙과 이기심의 시대에 산다. 우리가 자유라고 생각하는 것이 사실은 어리석고 진지하지 못하고 도를 넘어서는 방종인 시대다. 관심을 돈으로 바꾸는 인플루언서, 자극적인 논란을 퍼나르는 유튜버, 선동적 정치인 등 현대인들의 영웅을 보라.

이들은 영웅이 아니다. 그들은 우리에게 경고를 전하는 우화의 주인공이다. 우리가 존경해야 할 사람은 조용한 사람이다. 품위가 있는 사람, 나서지 않는 사람, 진지하고 전문적인 사람, 자신과 다른 사람들을 모두 존중하는 사람이다.

플루타르코스는 지도자가 모닥불 곁에 함께 둘러앉아 콩을 우물거리는 모습을 너무 자주 보인다면 신하들에게서 큰 존경을 받지 못할 것이라고 경고했다. 플루타르코스가 중시한 것은 엘리자베스 2세와 앙겔라 메르켈, 조지 워싱턴이 모두 실천했던 바로 그 거리를 유지하고 언행을 삼가는 행동이었다.

한편 카토는 이른바 조상의 관습(mos maiorum)이라는 것을 열렬히 옹호했다. 그것은 말없이 전해지기도 하지만 말로 표현되기도 하는 조상이 추구한 삶의 방식이다. 예의와 도덕 사이

어디쯤에 해당하는 그 규칙은 어떻게 행동해야 하는지, 어떻게 사람을 대하는지, 어떻게 처신해야 하는지, 속도위반 딱지를 받았을 때는 어떻게 해야 하는지, 혹은 법과 규칙이 하면 안 된다고 규정한 일과 해도 괜찮다고 허용한 일 사이에 틈새가 있을 때 어떻게 해야 하는지를 우리에게 알려준다.

하지만 단지 거기서 끝나는 것이 아니다. 경계선이란 자신 주변에 몇 가지 선을 긋는 것이다. 우리가 남들에게 말할 것과 말하지 않을 것, 용납할 것과 용납하지 않을 것, 자신이 남들을 대접하는 방식과 남들에게서 대접받기를 기대하는 방식, 자기 책임인 일과 자기 책임이 아닌 일 사이에 긋는 건강한 선이다.

언젠가 제이지(Jay-Z)가 자기 성공과 명성에 맞춰 삶을 조정하는 일에 관해 설명하면서 말했듯이, "중요한 것은 자기가 어떤 사람인지를 알고, 남들에게 휘둘려 수천 가지 방향으로 끌려가지 않고, 자기 마음에 편한 일을 하는 것이다. 만약 우리가 허용하기만 한다면 사람들은 (…) 우리에게 온갖 잡다한 일을 다 시키려 들기 때문이다. 하지만 어떤 일을 한다면 그것은 자신이 보기에도 하는 것이 맞는 일이어야만 한다."

우리가 '아니오'라고 말하지 못하거나 다른 사람들이 자신에게 과도하게 많은 일을 요구할 때 거절할 줄 모른다면, 가장 중요한 일을 가장 중요하게 처리할 수가 없다. 자신이 어떤 사람이며 자신이 지지하는 가치가 무엇인지 모른다면, 스트레스가 심한 상황에 처했을 때 정신을 다잡을 수 없다. 자기 상태가 엉망이거나 아직도 부모가 자기 인생을 휘두르도록 내버려 두고 있다면, 그런 사람은 강한 부모가 될 수 없다. 소셜 미디어의 유혹에 자기 인생을 지배당한다면, 무슨 일을 해내겠는가? 다른 사람들이 자신을 어떻게 생각할지 지나치게 걱정한다면, 한번 실패한 후 어떻게 다시 일어설 수 있겠는가? 다른 사람들의 일을 사소한 것까지 하나하나 다 관리한다면, 자기 일에 전력을 다할 수 없다.

에너지 뱀파이어라는 단어는 자기 경계선을 설정하지 못한 탓에 남들에게 의존하며 보채고, 이기적으로 굴고, 제 할 일은 제대로 못 하며, 자기 상황과 감정을 극적으로 쏟아냄으로써 다른 사람들의 진을 빼놓는 사람을 가리키는 말이다. 자기 자신이 에너지 뱀파이어가 되지 말아야 하는 것은 물론이고 그런 종류의 사람이 존재한다는 사실도 분명히 인식하고 있어야 한다. 그들이 아무리 아름답거나 재능이 뛰어나도, 그들이 우리 가족이거나 오랜 친구이더라도, 그들의 딱한 사정이 아무리 우리 동정심을 자극하더라도 그들과 거리를 둘 만큼 강단이 있어야 한다.

국경이 없는 국가는 사실상 국가가 아니라는 말이 있다. 사람도 마찬가지다. 경계선이 없다면 우리는 압도되고 만다. 너무 무리하다가 자신을 혹사한다. 그 결과 한때 자신을 정의했던 특징이 하나둘 사라져 이윽고 어디까지가 자기 자신이고 어디부터가 에너지 뱀파이어인지 구분할 수 없는 지경이 되고 만다.

이것이 우리가 책상을 깨끗이 정리해야 하는 이유다. 자신과 무관한 도발을 무시하는 이유다. 머리에 떠오르는 모든 생각을 전부 말하지 않는 이유다. 돈을 책임감 있게 다루고 시간을 효율적으로 관리하는 방법을 찾아내는 이유다. 그리고 매일 정해진 취침 시간을 지키고 매일 아침 일찍 일어나는 이유다.

그것은 이 모든 것을 다 관리할 수 있도록 우리 생활과 감정과 관심사에 울타리를 둘러주려는 노력이다. 일에 통제당하는 것이 아니라 일을 통제하려는 것이다.

알아야 할 것이 있다. 중요한 일을 하는 사람 대부분은 우리가 한 번도 들어본 적 없는 사람이다. 그것이 그들이 원한 것이다. 행복한 사람 대부분은 자기가 얼마나 행복한지 다른 사람들이 알아주기를 원하지 않으며, 아예 다른 사람들의 존재를 생각하지도 않는다. 누구나 어떤 곤란한 일을 겪지만, 그중에는 자기 문제를 다른 모든 사람에게 속속들이 까발리지 않는 쪽을 선택하는 사람이 있다. 가장 강한 사람은 자기 일을 자기 안에서 해결하는 사람이다. 그들은 항상 자신을 통제한다. 그리고 자기 일을 그 일이 속한 바로 그곳에, 바로 자기 일 안에 둔다.

어떤 사람들은 부적절하게 행동하고도 아무 문제 없이 빠져나간다는 것이 사실일까? 그렇다. 심지어 그들은 그러면서 재미도 누리고 부자가 되기도 한다. 그 뒤에는 어떻게 될까? 결국 그들의 행동이 자신에게 해를 불러온다는 것을 우리는 안다.

영국의 정치가 윌리엄 펜이 한 유명한 말처럼 분명한 경계를 세워둔 사람은 "똑같은 의무를 수행하면서도 훨씬 더 주체

적이므로 나머지 모든 사람의 지배자가 된다." 자기 경계선을
단단히 세우자. 그리고 점잖지만 단호하게 그 경계선을 확실히
지키자. 자기 경계선이 존중받기를 원하는 만큼 다른 모든 사람
의 경계선도 존중해야 한다. 그래야 정서적 어린이로 가득한 세
상에서 진짜 어른이 될 수 있다.

39

지미 카터를 대통령 자리까지 이끈 질문

지미 카터라는 이름의 앞날이 창창한 젊은 장교가 미국 해군의 핵잠수함 프로그램에 지원했다. 면접장에서 카터는 두 시간 넘게 하이먼 리코버 제독과 마주하고 앉아 있었다. 리코버는 1955년에 순전히 의지의 힘으로 세계 최초의 원자력 해군을 창설했을 뿐 아니라 이후 30년 동안 엄청난 집중력을 쏟아부으며 그 군대를 운영했다. 그 일에는 소중한 핵잠수함을 만질 사람을 한 명 한 명 직접 면접하는 일도 포함되었다.

앉아서 대화를 나누는 동안 두 사람은 당시의 시사 현안부터 해군의 전술, 전자공학, 물리학까지 다양한 주제를 다루었다. 몇 주 동안이나 이 면접을 준비해왔던 카터는 매 질문에 긴장해서 열심히 대답했고, 그동안 리코버는 웃음기 없는 얼굴로 계속 질문의 난도를 높여갔다. 마침내 리코버는 부드러운 목소리로 가벼운 질문을 던졌다. "해군사관학교에서 석차는 어땠는가?"

"820명 중 59등이었습니다." 카터는 자랑스러운 마음으로 대답했다. 하지만 그때까지 미국 최고의 군사 인재를 봐왔던 리코버에게 그리 대단해 보이는 성적은 아니었다. "그런데 그게 자네가 최선을 다한 결과였나?"

그런 질문을 받으면 누구나 그렇듯이 카터는 곧장 "물론입니다"라고 대답하려고 했다. 하지만 카터가 미처 그 말을 내뱉기도 전에 내면의 무언가가 그를 붙잡아 세웠다. 피곤했던 때는 어떻게 했던가? 성적에 자신감이 넘쳐서 대충해도 된다고 생각했던 과목들은 또 어떻게 했고? 모르는데도 묻지 않았던 질문들과 주의가 산만하게 보냈던 시간은 어떠한가? 교수가 따분하다고 생각해서 주의를 기울이지 않았던 수업은? 무기 체계라든가 역사, 과학, 삼각법 등에 대해 추가로 책을 찾아 읽으며 공부할 수도 있었지만 하지 않았던 일은 어떻고? 아침 PT 체조를 슬렁슬렁하고 넘기던 때는 언제였지?

"아닙니다." 카터는 결국 이렇게 고백하고 말았다. "항상 최선을 다했던 것은 아닙니다." 이 답을 듣고 리코버는 자리를 뜨려고 일어났는데, 가기 전에 마지막 질문을 하나 더 던졌다. "왜 최선을 다하지 않나?" 이 질문은 남은 평생에 걸쳐 여러 형태로 카터에게 도전과 영감을 주었다. 이를테면, '왜 전력을 다하지 않는가?', '왜 대충대충 하는가?', '왜 시도하기를 두려워하는가?', '왜 이것이 중요하다고 생각하지 않는가?', '이 일에 정말로 전념한다면 무슨 결과를 해낼 수 있을 것인가?', '최선을 다하지 않을 거라면 애초에 왜 그 일을 하는 것인가?' 등이다.

이 대화를 보고 리코버가 실패에 대해 변명하는 것을 용납하지 않는 무자비한 감독관이라고 생각할지도 모른다. 그 생각은 일부분만 옳다. 리코버가 자기 자신과 자신이 채용한 모든 이에게 기대한 엄격한 기준은 미합중국을 세계의 강대국으로 변모하게 했을 뿐 아니라 카터가 결국에는 제39대 대통령의 자리에까지 오르게 했으니 말이다.

한 번의 임기 동안 카터에게는 해외에서 단 한 건의 전쟁도 치르지 않고, 이스라엘과 이집트 사이에 평화가 정착하게 하고, 파나마운하조약을 협상해서 비준하고, 중화인민공화국과의 외교관계를 정상화하는 등 성공도 있었지만 투쟁도 있었다. 그중 한 분야가 에너지정책이었고, 미래를 생각하는 카터는 1977년 전 국민을 향한 연설에서 에너지 문제와 기후변화 문제가 "도덕적으로 전쟁에 맞먹는 일"이라고 선언했다. 카터는 자기 제안이 미국인 사이에서 인기가 없을 것을 잘 알고 "앞으로 입법 과정에서 얼마나 험악한 전쟁을 치러야 할지 상상도 안 된다"라고 말했다. 카터는 임기 내내 의회와 전쟁을 벌이고, 백악관에 태양전지판을 설치했다는 이유로 조롱당했다. 카터의 노력과 진정성에도 불구하고 목표를 달성하는 데는 실패했다.

에너지 문제를 해결하려는 카터의 노력에 대해 리코버는

이렇게 말했다. "대중도 결국에는 카터를 이해하고 그가 미국 국민을 보호하고자 했던 선견지명 있는 사람이라고 생각하리라는 데는 의심의 여지가 없다. 예수 그리스도의 메시지가 받아들여지는 데는 약 400년이 걸렸다. 그전까지는 예수도 '실패자'로 여겨졌다. 사람이 자신이 옳다고 생각하는 일을 위해 최선을 다하는 한 결과가 어떻든 그는 성공한 것이다."

이것이 최선을 다하는 일의 멋진 점이다. 그것은 우리가 노력한 결과물과 우리의 자아 사이를 살짝 떨어뜨려 놓는다. 결과에 신경 쓰지 않는다는 것이 아니다. 최선을 다하는 것만으로 비장의 카드를 쥐게 된다는 말도 아니다. 성공한다고 해도 그것으로 우쭐하지 않는 것은 그보다 더 많은 것을 해낼 수도 있음을 스스로 알기 때문이다. 실패해도 파멸하지 않는 것은 자기가 할 수 있는 만큼 최대한 다 했다는 확신이 있기 때문이다.

최선을 다할 것인지 그러지 않을 것인지는 언제나 자신이 통제할 수 있다. 그 누구도 우리가 최선을 다하는 것을 막지는 못한다.

반에서 꼭 1등을 하거나 항상 모든 일에서 이겨야 하는 것이 아니다. 이기지 못하는 것이 그렇게 중요한 것도 아니다. 중요한 것은 우리에게 있는 모든 것을 쏟아붓는 것이다. 그 정도로 하지 않는다는 것은 우리가 받은 선물에 대한 예의가 아니다. 잠재력이라는 선물, 기회라는 선물, 우리가 시작한 일이라는 선물, 우리에게 맡겨진 책임이라는 선물, 다른 사람들이 준

가르침과 시간이라는 선물, 인생 그 자체라는 선물 말이다.

랠프 엘리슨이 작가가 되기 전 터스키기대학교에 재학하고 있을 때, 당시 피아노 강사였던 미국의 피아니스트 헤이즐 해리슨은 엘리슨에게 시간과 에너지뿐만 아니라 모든 연주자와 재능 있는 사람의 의무에 관한 사고방식도 선물해주었다. 엘리슨은 「치호역에 있는 작은 사람」이라는 글에서 해리슨이 자신에게 해준 이야기를 소개한다. "연주할 때는 항상 최선을 다해야 해. 비록 치호역 대합실에서 연주하더라도 말이야. 이 나라에서는 네가 무엇을 연주하건 간에 항상 그 음악과 전통 그리고 그것을 연주하는 데 필요한 음악적 재능의 기준을 아는 (…) 작은 사람이 난로 뒤에 숨어 있거든."

치호역은 터스키기대학교 교정 근처에 있는 기차역이었다. 그러면 난로 뒤의 작은 사람은 누구인가? 그는 엘리슨을 이끌어준 예술적 양심이 되었다. 카터의 뇌리에 늘 따라다니던 리코버의 기준처럼, 첫날부터 양말 신는 방법을 가르치며 선수들을 이끌었던 존 우든의 말처럼 말이다.

"최선을 다한 것으로 충분하다."

완벽한 것은 아니다. 하지만 자신이 할 수 있는 최선이다. 나머지는 점수판에, 심판에게, 신에게, 운명에, 비평가에게 맡기라.

40

몸과 정신이 균형을 이룰 때
잠재력이 발휘된다

자기 머리와 몸을 상대로 경쟁하는 사람이 2등이 되는 일은 잘
없다.

— 피트 캐릴(미국의 농구 감독)

영리하거나 총명한 것, 성공하거나 힘이 있는 것이 무엇이든 자유롭게 할 권리를 부여한다면 얼마나 멋지겠는가. 하지만 현실은 절대로 그렇지 않다. 실상은 우리에게 주어진 재능과 자원과 책임 때문에 우리는 자신을 더욱더 잘 통제해야 한다. 의식적으로, 사려 깊게, 끊임없이 내면을 점검하고 자기 자신과 자기 충동을 견제해야 한다.

'너 자신을 알라'는 오래된 경구를 육체와 정신 양면 모두에서 따라야 한다. 그리고 '그 무엇도 지나치지 않게 하라'는 또 하나의 오래된 경구도 따라야 한다.

우리는 열심히 일하고, 골똘히 생각하고, 높은 기준을 엄격히 적용한다. 이를 지속해서 한다면 행복하고 생산적인 사람으로 살 것이다. 그리고 드물게 실패하게 되더라도 우리는 괜찮을 것이다. 스스로 최선을 다했음을 마음 깊이 알기 때문이기도 하지만, 여정에 차질이 생겨도 견딜 만큼 용기와 기개가 있기 때문일 것이다. 그리고 우리에게는 다시 일어나 계속 걸어갈 수 있는 결단력과 균형감도 있을 것이다.

우리가 경솔하고 게으르며 허술하고 나약하다면, 자기 향상에 힘쓰는 일을 그만둔다면 어떻게 될까? 위대한 에픽테토스가 말하길, 그러면 "발전은 멈추고 우리는 평범한 사람으로 살다가 사람들을 실망시키고 죽을 것"이라고 했다. 거기서 끝나지 않는다. 플루타르코스는 한때 소크라테스의 촉망받는 성실한 제자였던 알키비아데스의 예를 들어, 무절제의 대가가 자신뿐 아니라 그에게 의존하는 사람들에게까지 영향을 미친다는 것을 보여주었다.

알키비아데스의 무절제와 후안무치한 삶의 방식은 그를 파멸시켰고, 그는 사치와 방종으로 국가를 위해 이바지할 수 있었을 자기 잠재력을 모두 망쳐버렸다.

자기 절제는 운명일 뿐 아니라 의무기도 하다. 잠재력, 국가, 대의, 가족, 함께 살아가는 모든 인류, 우리를 존경하는 사람들, 후손에 대한 의무다.

왜냐하면 머지않아 우리는 진정한 시험을 치르게 될 것이기 때문이다. 그것은 가장 훌륭한 자기 자신으로 나아가는 여정에서 우리가 어떤 장해물 앞에서도 끈질기게 지속하고 어떤 방해에도 저항해 왔던 평범한 방식을 뛰어넘는 시험일 것이다. 삶은 더 위대한 것, 영웅에 가까운 무언가를 요구할 것이다. 육체와 마음과 정신이 잘 조화를 이룬다면, 해낼 수 있다고 생각했던 것 이상을 이뤄낼 능력이 자신에게 있음을 깨닫게 된다.

3부

영혼

자신을 지배할 때 우리는 백성이 아닌 주권자의 책임이
주어진다.

– 시어도어 루스벨트

자기 육체를 지배하는 사람을 발견하는 것은 그리 드문 일
이 아니다. 또한 어떤 일을 하든 자기 마음과 정신을 통제하는 똑
똑한 사람도 적지 않다. 이례적으로 드문 것은 이 두 가지 절제를
일상에서 수행할 뿐 아니라 공적인 생활에서도 실천하고 이를 통
해 사회에 기여하는 사람이다. 물론 절제와 자제는 수도원과 산
속 은거지에서도 발견할 수 있지만, 그것은 우리가 추구하는 것
이 아니다.

삶이라는 혼돈 속에서 평온과 균형을 이룰 수 있겠는가? 온
갖 유혹에 둘러싸인 채로도 그럴 수 있겠는가? 군중이 환호하든
조롱하든 상관없이 할 수 있겠는가? 참아야 할 것이 무엇이든,
용인되는 것이 무엇이든, 사람들이 가능하다고 생각하는 것이 무
엇이든 상관없이 말이다.

이 희소하고 초월적인 상태는 주인의 차원이다. 이는 정신적

으로, 육체적으로, 온갖 형태로 늘 자신을 지배하는 것이다. 그리고 어떻게든 그 자신마저 넘어서는 도구를 발견하고, 세상에 내놓을 수 있는 더 많은 것을 찾아내며, 자기 자신에게서 더 많은 것을 끌어내는 것이다. 이것이 바로 우리가 추구하는 영혼의 위대함이다.

운명의 순간이나 거대한 난관이 닥쳐서 일이 뜻대로 되지 않을 때, 인생에서 가장 스트레스가 심한 상황에서 육체와 마음과 정신은 바로 이 위대함의 영역에 집결한다. 이 위대함은 모든 희생이 무엇을 위한 것인지, 우리가 무엇으로 만들어진 존재인지를 보여준다. 그리고 세상을 소유하면서도 우리 영혼을 지키는 일이 실제로 가능하다는 것을 증명한다.

41

절제는 전염된다

안토니누스는 25년에 걸친 노력으로 로마 정계의 가장 높은 자리에 올랐다. 이제 오랜 지병으로 죽음의 문 앞에 다다른 로마제국의 제14대 황제 하드리아누스는 마침내 안토니누스에게 왕관을 넘겨줄 준비가 되었다.

"안토니누스 아우렐리우스, 나는 그대가 고결하고 온화하며 순종적이고 사리에 밝은 데다가 어린 시절부터 성격이 까다롭거나 고집이 세거나 응석받이도 아니었고 나이가 들어서도 무분별하지 않다는 것을 안다." 하드리아누스 황제가 누구에게나 사랑받는 지도자였던 안토니누스에 대해 한 말이다.

그러나 그 말은 잔인한 속임수였다. 안토니누스가 재무관과 행정관, 집정관, 원로원 의원으로서 이바지한 흠잡을 데 없는 공헌, 나무랄 데 없는 인격과 완벽한 이력은 다른 누구도 비할 수 없을 만큼 그를 권좌에 오를 적임자가 되게 했지만, 하드리아누스에게는 다른 계획이 있었다. 안토니누스에 대해 한 친절한 말에도 불구하고 히드리아누스는 로마의 진정한 미래가 다른 누군가에게 있다고 생각했다. 꼭 집어 말하자면 그것은 바로 마르쿠스라는 이름의 소년이었다. 안토니누스의 역할은 마르쿠스가 성장할 때까지 자리를 대신 맡아 지키는 것이었다.

옛 왕들의 실제 역사는 현대와는 전혀 다르다. 고대 세계는 잔인하고 난폭한 곳이었다. 일단 권좌에 오르면 권력을 강화하여 자신을 지키고, 후세에 길이 남을 업적을 세우려 했을 것이다. 자신이 과소평가되어왔음을 증명하고, 갈망하는 것을 손에 넣으려 할 터였다.

안토니누스는 왕좌를 지키는 꼭두각시로는 얼토당토않은 정도로 과하게 훌륭한 자격을 갖춘 이였다. 그런데 그는 그렇게 행동하지 않았다. 안토니누스는 막강한 권력을 쥔 권좌에 올랐는데도 23년 동안 한 소년을 자기 뒤를 이을 후계자로 준비시킨다는 터무니없고도 거북한 과제를 수행하면서 절제의 끝판왕이 어떤 것인지 보여주었다. 그는 단지 한 인간으로서만 균형 잡히고 기품 있는 것이 아니라 전능한 신 같은 왕으로 수백만 백성이 숭배하는 거대한 제국의 수장으로서도 균형 잡히고 기품 있는 사람이었다.

안토니누스는 단 한 번도 자신을 가장 우선시하지 않았다.

자기 가족의 이익을 우선시한 적도 없었다. 불평하거나 음모를 꾸미는 대신, 부당하고 전혀 보람 없어 보였을 과제를 조용히 수행하기 시작했다. 고대의 역사가들이 전하는 바에 따르면, 안토니누스는 왕좌에 오른 기간에 외국에서든 국내에서든 단 한 번도 사람들이 피 흘릴 일을 만들지 않았다. 이러한 온화함과 조국, 대의, 자기가 사랑하는 사람들에 바치는 헌신 때문에 그는 알렉산드로스 '대왕'처럼 영광스럽거나 '정복왕' 윌리엄처럼 외경심을 자아내는 것은 아니지만 훨씬 더 위대한 별명, 바로 '경건한(피우스)' 안토니누스라는 별명을 얻었다.

7000~8000만 명의 백성과 약 900만 제곱킬로미터의 영토로 이루어진 제국의 수장으로서 직면했던 유혹과 스트레스 속에서 안토니누스 피우스가 착실히 수행한 절제는 신성하다는 말로밖에 표현할 수가 없다.

로마 황제는 법률을 통과시키고 집행하며 법률 소송을 검토할 권력이 있었다. 세계에서 가장 무자비한 군대의 수장으로서 전쟁을 일으킬 권력도 있었다. 황제에게는 로마 달력을 완전히 통제할 권한도 있어서, 한 주의 날짜를 늘리거나 줄일 수도 있었다. 또한 황제는 종교의 수장인 최고 제사장이기도 하므로, 로마 종교의 교리를 정하고 또 수정할 권력도 있었다. 우리는 황제 대부분이 이 권력으로 무슨 짓을 했는지 안다. 책장이 그들의 악행과 무절제로 가득 채워졌다. 그렇다면 그런 일반적인 로마 황제들과 전혀 달랐던 안토니누스가 이렇게 잘 알려지지 않은 이유는 무엇일까?

그것이 바로 절제의 모순이다. 절제는 우리를 더 위대하게 하면서도 그 위대함을 인정받고자 하는 마음은 별로 일으키지 않는다. 안토니누스는 명예에 무관심한 것으로 유명했을 뿐 아니라 그러한 명예를 적극적으로 피했다. 안토니누스의 재위가 거의 끝나갈 무렵 원로원은 그를 향한 경애의 표현으로 9월이나 10월의 명칭을 안토니누스와 그 아내의 이름을 기려 바꾸겠다고 제안했지만, 그는 이 제안을 즉각 거절했다. 2000년이 흐른 지금도 7월(July)과 8월(August)은 여전히 율리우스 카이사르와 아우구스투스 카이사르를 기린다. 안토니누스는 겸손함 때문에 그러한 영원한 명성을 누리지 못했다.

안토니누스에게 자신의 성공적인 삶이 미친 영향이 있다면, 그가 자기 성공의 피해자가 되었다는 점이다. 19세기 프랑스의 역사가 에르네스트 르낭에 따르면, "안토니누스가 자신과 똑같은 수준으로 선량하고 겸손한 데다가 그 빛나는 재능과 인류의 기억에 오래도록 살아남을 매력까지 겸비한 이를 자기 후계자로 지목하지 않았더라면, 그는 매우 위대한 군주 중 한 사람이라는 명성을 누렸을 것이다." 안토니누스는 자기 경쟁자이자 양자이자 후계자인 마르쿠스 아우렐리우스를 암살하지 않음으로써, 아니 오히려 그를 양부인 자신보다도 더 큰 명성으로 빛을 발할 위대한 인물로 길러냄으로써 스스로 역사의 각주 자리로 밀려날 운명을 자초했다.

절제(discipline)라는 단어의 어원은 '학생'을 뜻하는 라틴어 디스키풀루스(discipulus)다. 이 단어는 학생의 존재뿐 아니라 스승의 존재도 내포한다. 이것이 바로 안토니누스와 마르쿠스 아우렐리우스의 관계에 담긴 아름다움이다. 전자는 사리사욕에 휘둘리지 않고 자기 통제와 친절로 스승이자 조언자가 되었다. 후자는 배우려는 의지와 겸손으로 그러한 자기 절제와 덕성이 있는 스승의 제자(disciple)가 되었고, 그 결과 세상을 떠난 뒤에는 신 같은 존재로 숭상받았다.

스스로 선택한 것이 아니었지만, 두 사람은 자신들이 함께하는 예외적인 상황에 부응하여 같이 상상을 뛰어넘는 위대함을 일궈냈다. 모두가 재앙으로 끝나리라고 예견했을 법한 상황이었는데도 말이다. 잔인한 권력의 장을 장식할 위대함이 아니라 동화책이나 우화에 어울리는 그런 위대함이었다.

안토니누스가 마르쿠스에게 가르친 것은 정확히 무엇이었을까? 먼저 몸에 관한 이야기부터 살펴보자. 안토니누스는 정말로 강인한 사람이었다. 안토니누스는 "편두통이 생겼는데도 이내 기운차게 하던 일을 곧바로 다시 시작"하여 젊은 마르쿠스에게 깊은 인상을 남겼다. 안토니누스는 자기 몸을 잘 보살폈는데, 단지 건강이 중요해서가 아니라 건강해야 국사를 더 잘 처리할 수 있기 때문이었다. 건강에 신중한 양아버지의 태도에 관해 마르쿠스는 이렇게 썼다. "건강을 지나치게 염려하거나 외양에 집착하지도 않지만, 그런 일을 무시하지도 않았다. 그 결과 의사의 치료나 약이 필요한 적이 없었고, 심지어 고약이나 연고조차 필요하지 않았다." 안토니누스는 마르쿠스에게 큰 권력과 부를 지닌 사람이라도 수많은 경호원이나 지위를 뽐내려는 허세 없이도 완벽히 잘살 수 있음을 몸소 보여주었다. 마르쿠스는 양아버지가 거의 모든 면에서 평범한 사람처럼 행동하면서도 절대 "통치자로서 공적인 의무를 수행할 때 엉성하거나 부주의한" 모습을 보이지 않는 것을 보고 배웠다.

안토니누스는 처리해야 할 일이 있을 때 거의 매일 아침 동이 틀 때부터 해가 질 때까지 기운차게 일했다. 또한 소박한 음식으로 식사를 하고 물도 잘 챙겨 마셨지만, 나랏일을 처리하면서 부적절한 순간에 자리를 뜨지 않도록 화장실에 다녀오는 시간도 미리 계획해두었다. 사소해 보이는 일이지만, 마르쿠스는 이를 절대 소홀히 넘기지 않았다. 안토니누스에게 이런 것은 사소한 일이 아니라 상징적이고도 중요한 일이었다. 안토니누스는 나이가 들면서 등이 굽기 시작하자 자세를 똑바로 세우려고 옷 속에 얇은 보리수나무 부목을 넣고 다녔다고 한다. 비유적으로도 이미 더할 수 없이 꼿꼿한 사람이었는데, 그 꼿꼿함을 확실한 사실로 만든 것이다.

우리는 이런 엄격함을 즐겁지 않은 삶으로 착각해서는 안 된다. "안토니누스는 대부분 사람이 너무 의지가 약해서 삼가지 못하는 것을 삼갈 수 있었고, 사람들이 너무 쉽게 빠져들어서 오히려 즐기지 못하는 것도 적당히 즐길 수 있었다." 마르쿠스는 『명상록』에서 이렇게 균형을 이룰 줄 아는 안토니누스의 능력을, 남달리 검소하면서도 재미있게 즐길 줄 아는 것으로 유명했던 소크라테스에게 빗대어 말했다. 안토니누스가 "어떤 일을 상황에 따라 밀고 나갈 수도 있고 절제력을 발휘해 삼갈 수도 있을 만큼 의지가 강했던" 것이라고 마르쿠스는 썼다. 안토니누스는 인생이 풍부하게 선사한 물질적 안락을 잘 받아들이고 누리면서도 오만하게 과시하거나 그런 편리에 얽매이지는 않았다. "있을 때는 편하게 사용하지만 없다고 해서 아쉬워하지는 않았다."

기질은 어땠을까? 이 역시 안토니누스가 모범이 되었다. 안토니누스는 마르쿠스에게 "일단 내린 결정이라면 흔들림 없이 고수할 것"을 가르쳤는데, 이는 "모든 것을 철저히 검토하고 완벽히 이해했다는 확신이 들기 전까지는" 함부로 행동하지 말라는 뜻이었다. 안토니누스의 가장 놀라운 특징은 "회의 석상에서 꼼꼼히 파고들어 질문을 던지는 것이었다. (…) 처음 받은 인상에 대충 만족하거나 논의를 성급히 끝내는 일이 전혀 없이 모든 사안에 철저히 집중했다." 안토니누스는 "밀고 나갈 때와 물러날 때"의 그 미묘하고 섬세한 선을 구분할 줄 알았다. 어떤 문제를 다룰 때든 그 사안에 "논리적으로 접근하여 차분하고 정연한 방식으로 숙고하고, 허술하게 남겨두는 부분은 전혀 없었다." 한 가지 주제를 다룰 때는 다른 곳에 주의를 빼앗기는 일 없이 계속 그 생각만을 유지했다. 한 주제에 깊이 빠져드는 일은 있었을지언정 샛길로 빠지거나 긴 이야기로 사람들을 지루하게 하지는 않았다. 그리고 자신이 잘못했을 때는 자기 실수를 인정하고, 그에 대한 책임이나 비난을 두려워하지 않았다.

아무리 훌륭한 사람이라도 지도자의 위치에 있다면 비판을 피할 수는 없다. 안토니누스도 많은 비판을 받았는데, 그중 상당수가 부당하고 근거 없는 것이라고 해도 그는 옹졸함에 옹졸함으로 응수하기를 거부했다. 안토니누스는 밀고자와 소문을 무시했다. 사람들이 자신에게 의문을 제기하는 것도 너그럽게 받아들였는데, 그 결과가 자기 실수를 인정하게 되는 것일지라도 그로써 자신이 더 나아질 수 있기 때문이었다. 재능이 뛰어나다는 이유로 한 시인을 추방했던 네로와 달리, 안토니누스는 자기 생각이 다른 사람들에게서 더 좋은 쪽으로 다듬어지는 일에서 기쁨을 느꼈다. 안토니누스는 명석하고 권위가 있는데도 전문가에게 발언권을 넘기고 그들의 충고에 귀 기울이는 일을 전혀 마다하지 않았다. 무한한 권력을 손에 쥔 사람 가운데 이런 능력이 있는 이는 소수이며, 그 능력을 유지하는 이는 더욱 적고, 그 능력을 키우려고 노력하는 이는 더더욱 적다.

일을 처리하다가 화를 내는 안토니누스의 모습을 보는 일은 흔치 않았고, 친구들과 함께할 때 그러는 일은 더욱 드물었다. 마르쿠스에 따르면 안토니누스가 땀 흘리는 모습을 본 사람은 아무도 없었다고 한다. 황제의 일이 주는 스트레스에도 불구하고 "그는 거친 모습을 보이거나 자기 통제력을 잃거나 난폭해지는 일이 절대 없었다." 이것이 그리 대단한 칭찬처럼 보이지 않는다면, 하드리아누스는 실수를 하나 했다는 이유로 한 시종의 눈을 펜으로 찌른 적이 있다는 이야기를 들으면 생각이 달라질지도 모르겠다.

안토니누스에게 아부는 통하지 않았지만, 대신 그는 다른 사람들을 편안하게 해주고자 최선을 다했다. 친구를 만나러 갈 때는 황제의 권위를 모두 내려놓고 평범한 한 사람으로서 보통 사람들과 똑같이 친구와 함께할 뿐 그 이상의 대접은 마다했다. 한 친구는 안토니누스가 자기 집 장식에 관해 몇 마디를 하자, 모든 제국 신민의 생사를 좌우할 권력을 쥔 황제인 그에게 아무 거리낌 없이 "남의 집에 들어왔으면 아무것도 안 들리고 아무 말도 못 하는 사람처럼 굴어야 하는 법"이라며 나무랐다.

이처럼 안토니누스는 웃을 줄 알고, 놀림을 받는 것도 개의치 않는 사람이었다. 황제의 일은 무겁게 생각했지만 자신은 무겁게 생각하지 않았다. 마르쿠스의 표현을 빌리면 안토니누스는 "무게는 있으나 허세는 없는" 완벽한 조합의 사람이었다.

하드리아누스는 오랫동안 제국의 각 지방을 순회하는 여행을 했지만, 안토니누스는 그런 일은 거부했다. 황제의 자리에 오르기 전에 이탈리아와 아시아의 속주 총독을 지냈던 그로서는 그런 방문이 황제의 행렬을 맞이해야 하는 백성에게 얼마나 엄청난 부담인지 잘 알았기 때문이다. 안토니누스가 아무리 소박하게 하라고 명령한다고 해도 군주의 짐을 실어 나르는 행렬에게는 크나큰 부담을 주는 일이었다. 그는 피할 수 있다면 그 누구에게도 그런 부담을 주지 않으려고 노력했다.

바로 이러한 육체적·정신적 절제가 안토니누스라는 인물 안에서 융합하여 그를 가장 먼저 자신을 지배한, 자비롭고 신중하며 동요하지 않는 사람으로 만든 것이다. 그의 운명은 애초에 그가 원했을 법한 모양의 운명은 아니었지만, 돌이켜보면 그 운명을 무엇과도 바꾸지 않을 운명으로 만들어낸 건 자신이었다. 23년 동안 안토니누스는 안정을 지키며 로마를 지배하고, 마르쿠스와 깊은 연대감을 키우며 로마가 번성하는 모습을 지켜보았을 뿐 아니라 자기만큼 능력 있고 신중한 사람의 손에 제국을 물려주었다.

명성이라는 보상은 받지 못했을지 몰라도, 여전히 안토니누스는 정치에 몸담은 모든 이의 궁극적 쾌거를 이뤄냈다. 그것은 바로 깨끗한 손으로, 그리고 마르쿠스 아우렐리우스가 가장 존경했던 깨끗한 양심으로 자기 경력을 마무리한 일이었다.

서기 161년, 안토니누스의 시간이 끝나가고 있었다. 이제 마르쿠스가 왕관을 쓰고 안토니누스의 모범에 따라 살아갈 차례였다. 안토니누스는 "완성된 현인의 차분함"을 끌어모아 죽음을 마주할 준비를 했다고 한다. 마지막 일을 정리하고 나서 안토니누스는 자기 지배권을 양자에게 넘겨주기 전에 마지막 말을 남겼다. 그것은 안토니누스가 후계자에게 주는 하나의 조언이자 자기 인생을 요약한 한 마디일 뿐 아니라 우리가 각자 목표로 삼아야 할 말이었다. 바로 라틴어로 '평정'이라는 뜻의 '아이콰니미타스'였다.

평정은 완벽한 좌우명이다. 역대 미국 대통령들의 임기 전후의 모습을 보면 분명히 알 수 있다. 국가의 수장 노릇을 한다는 것은 한 사람을 큰 무게로 내리누르는 일이다. 왕관을 쓴 자의 머리는 무겁고, 왕관 아래 머리칼은 회색으로 변한다. 어마어마한 책임은 끊임없이 지도자를 갉아먹고, 때로 그들은 그 책임에 완전히 압도된다. "나약한 자는 지원하지 말라"라고 말하기는 쉽겠지만, 사실 나약한 자가 지원하는 일도 종종 있다. 그럼으로써 자신뿐 아니라 그 과정에서 자신이 섬겨야 할 국민에게까지 해를 입힌다.

운명은 안토니누스에게 평화와 안정의 시기를 선물했다. 마르쿠스 아우렐리우스는 그런 행운을 누리지 못할 터였다. 마르쿠스는 역사에 남을 홍수와 야만족의 침입과 수백만의 목숨을 앗아갈 파괴적인 역병에 직면하게 된다. 가까운 친구 하나는 마르쿠스를 배신하고 죽이려고 할 터였다. 로마제국의 쇠퇴와 몰락이 마르쿠스에게 달려 있었다. 마르쿠스의 잘못 때문은 아니지만 그가 책임져야 할 일이었다. 그것은 마르쿠스가 매일 만나는 악몽이 되었다.

마르쿠스가 겪었을 공포와 좌절과 엄청난 스트레스를 상상해보라. 사람들의 목숨이 위태로웠고, 마르쿠스의 가족도 위험에 처해 있었다. 사람이 과연 그 무엇으로 이 정도의 역경에 대비할 수 있을까.

날마다 새로운 위기, 새로운 문제가 일어나서 안 그래도 부족한 자원이 더욱더 고갈되었다. 이전 황제들이 다스리던 시기에는 공포와 분노가 충돌하면 로마의 거리에 붉은 피가 흘러넘쳤다. 마르쿠스 시절에는 그렇지 않았다. 마르쿠스는 확고한 태도로 절박한 상황을 하나하나 타개해나갔으며, 자기가 세운 원칙에 타협하지 않았을 뿐 아니라 그 원칙을 모든 이가 볼 수 있게 내보이기를 고집했다. 마르쿠스는 로마인에게 자신이 실천하는 절제가 태평한 시절에만 부리는 여유가 아니라 골수 깊이 새겨진 자기 통제임을 말과 행동으로 일깨웠다.

평범한 사람이라면, 그리고 서글픈 현실이지만 마르쿠스와 같은 수준에 이르지 못한 전형적인 지도자라면 이렇게 끝없이 이어지는 비극에 탄식했을 것이다. 마르쿠스는 그러지 않았다. 마르쿠스에게 이런 일이 일어난 것은 나쁜 일이 아니었다. 오히려 그것은 기회였다. "행동을 방해하는 것이 행동을 진전시킨다. 길을 막고 서 있는 것이 길이 된다." 마르쿠스가 자신에게 한 말이다. 모든 역경, 모든 어려움뿐 아니라 엄청난 권력과 호사까지도 마르쿠스에게는 자신을 증명할 기회였다. 마르쿠스가 정말로 안토니누스에게서 제대로 배웠다는 것을, 단순히 절제의 가치를 믿는 것이 아니라 몸소 절제를 실천한다는 것을 보여줄 기회였다.

로마제국의 제2대 황제 티베리우스는 기원전 14년에 제위에 올랐을 때 카프리섬의 휴양용 궁전에 틀어박혔다. 제5대 황제 네로는 모친의 영향력에서 벗어나자, 리라를 들고 스스로 로마에서 가장 재능 있는 예술가라고 자처하며 국사는 내팽개치고 자기 자아만을 실현하고자 했다. 마르쿠스는 자기 경계를 위해 이런 이야기들을 되새기면서, "우리가 그토록 열렬히 원하는 것들은 이렇게나 사소하다. 우리에게 주어진 것을 취하고 강직함과 자기 통제, 신에 대한 복종을 보여주되 그것이 엄청나게 대단한 일인 양 힘을 주지 않는 것이 훨씬 더 철학적인 일"이라고 생각했다.

마르쿠스는 정확히 그렇게 했지만, 처음에는 그도 완전히 확신해서 한 일은 아니었다. 마르쿠스 아우렐리우스는 자기가 황제가 되리라는 말을 듣고 울었다고 전해진다. 마르쿠스는 자신이 과거에 겪은 바를 통해, 그것이 더 나은 삶으로 안내하는 축복이 아님을 잘 알았을 것이다. 그것은 어려운 일일 터였다. 그냥 황제가 아니라 그 자리를 지키면서도 타락하거나 파괴되지 않는 좋은 황제가 되는 일은 쉽지 않다.

마르쿠스에게도 황제가 되지 않을 수만 있다면 무슨 일이라도 하고 싶었던 순간, 운명이 자신에게 지워준 짐보다는 책과 철학에 몰두하고 싶었던 순간이 분명히 있었을 것이다. 한 스승은 마르쿠스에게 이런 글을 전했다. "그대가 클레안테스나 제논의 지혜를 얻는다고 하더라도, 자기 의지에 반하여 철학자의 모직 망토가 아닌 황제의 자주색 망토를 걸쳐야만 합니다."

마르쿠스가 그 일을 해낼 수 있을까? 그 망토 때문에 타락하지 않고, 그 망토를 명예와 위엄으로 입을 수 있을까? 선대로마제국의 황제 칼리굴라처럼, 베스파시아누스처럼, 클라우디우스처럼 타락할 수도 있다는 가능성에 직면하면 마르쿠스는 뱃속이 뒤집히는 것 같았을 것이다.

어느 날 밤 마르쿠스는 자기 어깨가 상아로 되어 있는 꿈을 꾸었다. 꿈속의 모습처럼 마르쿠스는 아주 강했다. 황제라는 직책 때문에 파괴되지 않았다. 자신도 그렇게 될까 걱정하던 그 황제들처럼 되지 않았다. 마르쿠스는 황제라는 직위를 걸작을 그릴 캔버스로 썼다.

자기 시종에게도 영웅인 사람은 없다는 말이 있다. 하지만 안토니누스에게 시종보다 더 가까웠던 마르쿠스는 20년 넘게 그의 좋고 나쁜 모습을 모두 다 본 뒤에도 여전히 그를 숭배했다. 마르쿠스의 다른 스승과 조언자들도, 그리고 그가 매진한 스토아 철학 연구도 모두 그의 궁극적인 성공에서 한 역할을 담당했다. 그러나 르낭이 썼듯이 "마르쿠스에게는 세계 각지에서 뽑아온 그 모든 스승보다 더 뛰어나고 그가 다른 누구보다 더 존경했던 한 명의 스승이 있었으니, 바로 안토니누스였다. (…) 마르쿠스의 곁에는 완벽한 삶을 보여주는 가장 아름다운 모범이자 그가 이해하고 사랑했던 모범이 있었고, 그 덕에 그는 마르쿠스 아우렐리우스가 될 수 있었다."

그리고 안토니누스는 정말로 영웅이었다. 안토니누스가 마르쿠스에게 숭배받은 것은 그가 전쟁터에서 보여준 한순간의 용감한 행동이 아니라 하루하루 지키고자 노력했던 특별하면서도 평범한 절제를 통해 보여준 행동의 결과였다. 마르쿠스는 그런 안토니누스의 절제를 지켜보고 목격했으며 거기서 영감을 받아서 자기 삶도 그러한 절제로 일관했다.

그것이 바로 절제의 특별한 점이다. 용기가 그렇듯이 절제도 전염된다. 안토니누스의 절제는 마르쿠스에게 옮아갔고 그 덕분에 그는 그 현명한 황제, 믿을 수 없이 훌륭한 황제 마르쿠스 아우렐리우스가 되었다.

안토니누스가 누리던 특별한 권력을 마르쿠스가 물려받았을 때, 그는 안토니누스가 겪었던 일과 크게 다르지 않은 시험에 직면했다. 하드리아누스의 계승 계획에 따라 마르쿠스에게도 역할이 무엇인지 불분명한 양형제가 있었기 때문이다. 황제라면 이러한 잠재적 경쟁자를 어떻게 처리해야 할까?

옛날 어느 스토아 철학자는 예전의 한 황제에게 "카이사르가 너무 많으면 좋은 것이 없다"라며 다른 남자 상속자들을 모두 처치하라고 경고했다. 마르쿠스는 생각에 생각을 거듭하다가 역사상 그만큼 관대하고 이타적인 유례를 찾을 수 없을 만한 해결책을 떠올렸는데, 이는 절대 권력은 절대적으로 부패한다는 격언에 대한 반박 그 자체였다. 마르쿠스는 양형제를 공동 황제로 선포했다. 마르쿠스가 절대적 권력을 부여받고 한 첫 번째 행동은 그 권력의 절반을 나누어준 일이었다.

마르쿠스 아우렐리우스와 그의 양동생 루키우스 베루스는 서로 그보다 더 다를 수가 없었다. 루키우스는 마르쿠스만큼 자신에게 엄격하지 않았고, 철학책을 읽는 사람도 아니었다. 그래서 마르쿠스는 자신이 그보다 더 우월하다고 생각했을까? 『명상록』에서 마르쿠스가 루키우스에게 표현한 감정은 "자신의 인격으로써 나 자신을 돌아보고 개선할 기회를 마련해주고 사랑과 애정으로 내 삶을 풍요롭게 해주는 동생이 있는"것에 느끼는 고마움뿐이다.

마르쿠스 아우렐리우스의 진정한 품격은 오직 자신만을 향해 엄격함의 잣대를 들이댄다는 점이라고들 한다. 마르쿠스는 "플라톤의 국가를 기대하지" 않았다. 사람이란 완벽한 존재가 아니라는 것을 잘 알았다. 마르쿠스는 결함이 있는 사람들과 함께 일할 방법을 찾아내서 그들이 제국의 이익을 위해 봉사하게 했으며, 그들에게서 찾아낸 미덕을 칭송하고 자기가 통제할 수 없는 그들의 나쁜 점은 받아들였다.

"우리에게는 우리만의 것이라고 할 수 있는 것이 아무것도 없습니다. 우리가 사는 집마저도 여러분의 것이지요." 마르쿠스가 원로원에서 자기 가족의 부에 관해 한 말이다. 마르쿠스가 원로원에 직접 내린 유일한 명령은 쿠데타를 시도했던 자기 정적들에게 자비를 베풀라는 것뿐이었다고 전해진다.

마르쿠스 아우렐리우스가 내린 명령 대다수는 자기 자신에게 내린 것이었다. 영국의 고전학자로 『명상록』을 번역한 로빈

워터필드에 따르면, 그 책에 실린 488편의 글 중 300편이 마르쿠스가 자기 자신에게 명령한 규칙이라고 한다. 마르쿠스는 일찍 일어나고, 일기를 쓰며, 항상 활발하게 활동했다. 건강이 좋지는 않아도 절대 불평하지 않고 그것을 핑곗거리로 삼지도 않았으며, 절대로 피치 못할 상황이 아니라면 그 때문에 늑장을 부린 적도 없었다. 부와 권력이 있는데도 검소하게 생활하고 풍요 속의 절제라는 그 어려운 균형을 유지하며 재위 기간 대부분을 대리석으로 지은 화려한 궁전이 아니라 전장에 쳐놓은 병사들의 소박한 천막에서 보냈다.

그렇다면 마르쿠스가 실패하거나 실책을 저질렀을 때는 어땠을까? 그는 다시 일어나 계속 시도했고, 최선을 다하기가 아주 어려울 때조차 항상 최선을 다하려 했다.

165년에서 180년 사이에 극심한 전염병이 로마제국을 덮쳤다. 이 시기의 공동 황제인 마르쿠스와 루키우스는 둘 다 안토니누스의 양자이므로 이들의 성(姓)인 안토니누스를 따서 그 전염병을 '안토니누스 역병'이라 불렀다. 루키우스의 이른 죽음 역시 이 병 때문이라고 추정할 정도로 막대한 인명 피해를 입힌 이 전염병은 로마의 국고를 고갈시키며 로마제국 쇠락의 첫 단추를 끼웠다.

그 절망의 나락 속에서 마르쿠스는 두 달 동안 황궁 잔디밭에서 자기 보석과 수집한 예술품, 아내의 비단옷 등 없어도 살 수 있는 물건을 판매했다. 제국의 재정문제를 해결할 다른 방법은 없었을까? 물론 있었다. 세금을 올릴 수도 있고, 지방을 약탈할 수도 있으며, 법령을 제정해서 로마 과두정치 집권층의 부동산과 재산을 압류할 수도 있었다. 문제 해결을 뒤로 미루기만 하다가 후계자에게 떠안길 수도 있었을 것이다. 그 이전과 이후의 거의 모든 황제는 이런 쉬운 방법을 선택하고 더 깊이 고민하지도 않았다.

그러나 마르쿠스는 그 문제에 대한 책임을 고스란히 스스로 떠안았다. 이것이 위대한 지도자가 일하는 방식이다. 그들은 자신이 희생을 치러야 할 때 더욱 옳은 일을 한다.

마르쿠스는 비판을 받아도 아무렇지 않게 넘겼다. 마르쿠스에게는 아첨꾼이나 모략꾼에게 낭비할 시간이 없었다. 안토니누스가 그랬듯이 마르쿠스도 자기가 틀렸음이 드러나면 자기 실수를 인정하고 생각을 바꾸었다. 분주하고 쉴 새 없는 삶이지만 그 속에서도 고요함을 찾아내며 도서관과 멀리 떨어진 천막의 간이침대에서도 철학을 공부했다. 마르쿠스는 현재에 충실하고 "로마인답게 매 순간 집중"하고자 자기 생각을 검토하고 잡념을 걸러내며, 자기 영웅에게서 배운 온화함과 끈기로써 자기 앞에 놓인 일을 처리했다. 무슨 일이든 간에, 그 일 때문에 자신이 칭송받든 멸시당하든 개의치 않고 그 일에 최선을 다했다.

누군가 마르쿠스에게 그릇된 행동을 하거나 그에 관해 거짓된 말을 할 때 그는 자신에게 "이건 의미를 부여할 만한 일은 아니다"라며 마음을 다잡았다. 무언가에 욕망을 느낄 때는 자신을 멈춰 세우고 그 욕망이 자신을 태워버리거나 자기가 후회할 짓을 저지르기 전에 욕망을 가라앉혔다. 마르쿠스는 훌륭한 선택을 내리고 사람들에게서 최고의 모습을 찾아내며 남들의 입장을 헤아리려고 노력하고, 스스로 봉사함으로써 이끌고자 노력했다. 마르쿠스가 자기 인생에서 자랑스러워했던 것은 그 누구에게도 호의를 부탁해야 할 일이 없었을 뿐 아니라 누군가 자신에게 돈이든 충고든 도움이든 간에 무언가를 부탁할 때는 관대하게 나눠줄 수 있다는 점이었다.

"무제한의 절제"

풍요와 음모 가운데서 마르쿠스는 이 아름다운 좌우명을 지켰고, 그 좌우명 또한 마르쿠스를 지켰다. 왕이 된다는 것과 철인왕이 된다는 것은 다른 일이며, 좋은 철인왕이 되는 것 또한 완전히 다른 일이다.

자기 지위가 무엇이든 우리는 왕 같은 사람이 될 수 있다. 무엇에도 얽매이지 말고, 중요하지 않은 것은 무심하게 넘기며, 스스로 충만해지고, 스스로 동기를 부여하며, 헌신하고, 올바른 때에 올바른 행동을 올바른 방식으로 하자. 마르쿠스 아우렐리우스는 황제라는 지위 때문에 명예를 얻은 것이 아니라 탁월한 인격을 갈고닦았기에 황제 가운데서도 남다른 특별한 존재가 되었다.

순응을 요구하는 세상에서 자기 자신으로 남으려면 용기가 있어야 한다. 쾌락과 열정을 용인하고 합리화하며 그런 쾌락과 열정에 탐닉하지 않는 사람을 공격하고 조롱하는 과잉의 세상에서 절제를 유지하려면 용기가 필요하다.

마르쿠스도 평정을 잃고 화를 낸 일이 있었을까? 물론이다. 그런 적이 없다고 큰소리칠 수 있는 지도자는 거의 없을 것이다. 하지만 고대 역사가들의 이야기를 들어보면 마르쿠스가 복수심이나 옹졸함, 잔인함, 무절제를 보였다는 증거는 찾기 어렵다. 마르쿠스의 치세에는 추문이나 수치스러운 행동, 부패가 없었다. 기준이 너무 낮은 것 아니냐고? 예부터 현재까지 그 이전과 이후의 지도자들이 일으킨 역겹고 잔인한 범죄와 참사의 목록을 생각해보면, 큰 권력을 손에 쥔 자리에서 정직하고 품위 있는 지도자를 찾는 것이 세상에서 가장 어려운 일처럼 느껴질 정도다.

마르쿠스는 훌륭한 인격자였지만, 인격이란 항상 갈고닦고 늘 더 개선해야 하는 것임을 잘 알았다. 더 나아지려는 노력을 멈추는 순간 서서히 더 나빠지기 시작한다는 것도 알고 있었다. 안토니누스가 세상을 떠난 뒤로도 마르쿠스는 평생 철학 공부를 손에서 놓지 않고, 노인이 되어서도 겸허하게 서판을 챙겨들고 학교로 갔다. 마르쿠스는 절대 배움을 그만두거나 향상을 위한 노력을 멈추지 않았다.

마르쿠스는 과연 무엇을 얻고자 한 것일까? 마르쿠스가 추구했던 운명은 무엇일까? 물론 불가능한 이상이겠지만, 마르쿠스가 평생에 걸쳐 한 일은 "쾌락이나 고통에 전혀 흔들리지 않고, 분명한 목적에 따라 행동하며, 언제나 정직하고 가장하지 않으며, 다른 사람이 하거나 하지 않는 행동에 연연하지 않는" 상태 또는 그가 다른 글에서 묘사한 것처럼 "자신을 전적으로 신뢰하고 운명의 주사위 굴리기 앞에서도 굳건히 흔들리지 않는" 상태를 향해 나아가려는 움직임이었다.

어떤 의미에서는 그러한 자족하는 마음, 목적의식, 명료함, 강인함이야말로 바로 절제다. 거기 도달하는 길은 하나뿐이며, 그것은 순간적 통찰로 이를 수 있는 길이 아니다.

안토니누스와 마르쿠스 아우렐리우스는 먼지가 켜켜이 쌓인 과거의 우화도, 역사책에 인쇄된 이차원의 등장인물도 아니다. 그들은 우리와 똑같은 사람이었다. 그리고 그들은 완벽하지 않았다. 하지만 그들이 완벽한 사람이었다면 우리에게 아무런 희망도 주지 못할 것이다.

우리가 그들을 사랑하는 것은 그들이 노력했기 때문이다. 실패하면 궤도를 수정하고, 승리했을 때도 겸손하며, 열심히 노력해서 노력의 결과를 이뤄냈기 때문이다. 이는 우리의 길을 내는 방법이기도 하다. 안토니누스가 삶으로써 보여주고 사랑으로써 가르친 모범이 마르쿠스 아우렐리우스를 형성했던 것처럼 이 두 사람의 삶과 교훈도 우리를 형성할 수 있다.

우리는 자기 절제를 통해 의식과 존재와 미덕의 더 높은 단계에 다다를 수 있다. 안토니누스는 그 길을 찾아냈고, 그가 닦아놓은 그 길은 마르쿠스에게 자신이 나아갈 길을 보여주었다. 그들의 발자국을 따라갈 것인가? 이 영웅들을 존경할 것인가? 아니면 네로의 길을 갈 것인가? 그것이 지금 우리가 자신에게 던져야 할 질문이다.

42

아들 잃은 슬픔을 견딜 수 있었던 이유

누군가 헤밍웨이에게 용기를 어떻게 정의하느냐고 물었다. 헤밍웨이는 '먼저 나서서 전장으로 뛰어드는 것', '야수를 죽이는 것'이 용기라고 말하지 않았다. '강력한 권력자에게 도전적으로 맞서는 것'도 아니었다. 그렇다고 헤밍웨이의 정의가 그런 것들을 배제한 것도 아니었지만 말이다.

압력 아래서도 품위를 지키는 것.

이것이 헤밍웨이가 표현한 용기였다. 늘 침착하고 중요한 순간에 절제하는 모습으로 용기를 정의했다.

엘리자베스 2세는 자기 삶이 위협받는 순간, 이를테면 하늘에서 무언가가 떨어졌을 때나 언론이 궁전에 몰려들어 질문을 퍼부을 때도 늘 침착하게 자신을 잘 통제했다. 그러나 여왕에게는 이것이 모두 자기 직업의 일부였다. 2005년 7월 7일, 런던 지하철에서 쉰두 명이 사망한 테러 공격을 받은 참사 이후 여왕은 그러한 평정이 중요하다고 설명했다. 평정은 인격의 선언이라는 것이었다.

여왕은 슬픔에 빠져 있으면서도 그 절망에 잠식되지 않으려 노력하는 영국 국민을 향해 말했다. "어제 폭파로 큰 충격에 빠졌겠지만, 그래도 정상적인 삶을 다시 이어가기로 차분하게 결단한 우리 수도의 시민에게 존경하는 마음을 표하고 싶습니다. 그것이 이 극악무도한 행위에 대한 우리의 대답입니다." 여왕은 코로나19 팬데믹 초기에 한 연설에서도 같은 주제를 다시 거론했다. "장차 모든 사람이 이 힘겨운 도전에 우리가 어떻게 반응했는지를 기억하며 자부심을 느끼는 날이 오기를 바랍니다. 우리의 후손들은 이 세대의 영국인은 더없이 강인했다고 말할 것입니다. 자기 절제와 조용하고 씩씩한 결단력과 동료 의식은 여전히 이 나라에 가득합니다."

175년에 마르쿠스 아우렐리우스는 반란을 기도한 장군 아비디우스 카시우스에게 배반당했다. 마르쿠스는 언제나 그랬듯 자신과 가족의 목숨이 위험에 처한 이때도 침착하게 대응했다. 그리고 이러한 위기의 순간에 대해 이렇게 썼다. "사람이 평온한 마음에 더 가까울수록 강인함에도 더 가깝다. 화내는 자나 불평하는 자와는 달리 그런 사람에게는 힘과 용기와 인내심이 있다." 마르쿠스는 제대로 된 사람이라면 분노나 공포에 무너지지 않는다고 되뇌며, 안토니누스 같은 사람이 되고자 노력했다.

알다시피 이런 특성은 그냥 생기는 것이 아니다. 수년간 공부하고 실천하며, 넘어져도 다시 일어나며, 매일 더 나아짐으로써 결국 이뤄내는 성취다. 나폴레옹은 말했다. "감정이 나 자신을 배신하는 것을 막을 정도의 자기 통제력을 키우는 데 수년이 걸렸다." 나폴레옹이 야망 가득한 과대망상증 환자였을 수는 있지만, 전쟁터에서 그가 보인 침착성을 부인할 사람은 아무도 없다.

반대로 사무라이 미야모토 무사시의 천재성은 적의 평정을 무너뜨리는 능력에 있었다. 적을 동요하게 하고 상대의 집중력을 흩트리며 마음을 혼란스럽게 하고자 수단과 방법을 가리지 않았다. 일단 그렇게 하고 나면 적은 무찌르기 쉬운 상대가 되었다.

압력을 받는 상황에서도 품위를 드러내는 것은 겉보기에 아름답지만, 대가다운 자기 통제와 의지력이 있어야 보일 수 있는 모습이다. 물론 그 사람도 겁이 날 것이고, 지치고 피곤할 것이며, 도발을 받으면 흥분할 것이다. 하지만 그들은 어떻게든 이 모든 것을 끌어안고 넘어서 버린다.

그 어떤 지도자도, 예술가도, 부모도 강한 압박을 받는 상황을, 모든 일이 통제 불능으로 치닫는 때를, 자신이 다음에 할 일에 모든 것이 달린 엄중한 순간을 통과하지 않은 채 성취를 이룬 이는 없다. 그들이 어떤 사람인지 드러나고 그들의 운명이 실현되는 곳은 바로 그런 순간이다.

파스토르라는 고대 로마의 기사가 있었다. 제3대 황제 칼리굴라는 파스토르의 젊고 인기 많은 아들에게 없는 죄를 뒤집어씌워 감옥에 집어넣었다. 파스토르가 아들을 구하려고 탄원하자 칼리굴라는 잔인한 악의로 그 아들의 처형을 명했다. 그러고는 파스토르를 더욱 괴롭힐 생각으로 아들이 죽은 날 밤 그를 만찬에 불렀다. 파스토르로서는 거절할 수 없는 초대였다. 파스토르는 어떻게 했을까? 생때같은 아들의 죽음을 명령한 사람 앞에서 파스토르가 할 수 있는 일이 무엇이었을까?

파스토르는 만찬 자리에 나갔다. 그리고 자신의 고통이나 분노를 한 치도 드러내지 않았다. 칼리굴라가 파스토르의 건강을 기원하며 축배를 들었고 파스토르는 한 방울도 남김없이 잔을 비웠다. 칼리굴라가 선물을 내리자 파스토르는 그 선물을 받았다.

그 자리에서 웃고 떠드는 사람들 틈에 앉아 있던 파스토르를 상상해보라. 그때 파스토르는 세상에서 가장 큰 고독과 슬픔과 분노에 잠겨 있었을 것이다. 하지만 눈물 한 방울 흘리지 않고, 거친 말 한마디를 내뱉지 않았다. 오히려 사랑하는 아들이 그 잔인한 황제의 변덕에 희생되지 않고 살아남은 것처럼 행동했다.

어떻게 그럴 수 있었을까? 상실을 견디는 것은 괴로운 일이다. 그런데 잔인한 광기의 괴물이 재미 삼아 상처를 헤집는 그 상황을 어떻게 버텼을까? 살인자의 식탁에서 음식을 다 토해내고 비명을 지르고 싶을 그런 순간에 어떻게 완벽한 자기 통제로 음식과 술을 넘겼을까? 누가 이런 일을 견딜 수 있을까? 파스토르는 그냥 슬픔과 분노에 마비되어버렸던 것일까? 감정도 없는 짐승 같은 사람이었던 것일까? 그저 기상이 꺾이고 용기를 잃었던 것일까?

아니다. 답은 그 모든 것보다 더 단순하다. 파스토르에게는 아들이 하나 더 있었기 때문이다. 파스토르가 자식을 더 잃지 않으려면 평정을 잃어서는 안 되었다. 그래서 그렇게 하지 않았다. 말로 표현할 수도, 사람의 머리로 이해할 수도 없는 강인함과 위엄을 끌어내어 끝까지 버텨내고 가족의 안전을 지켰다.

절제가 단순히 스트레스가 심한 상황에서 온화함과 침착함을 유지하는 것만이 아니라는 점을 우리는 알아야 한다. 그것은 이따금 비판을 참아내거나 충동을 자제하는 것 정도에서 그치지 않는다. 때로 절제란 너무나도 간절히 하고 싶은 일을 하지 않는 강인함을 발휘하는 것이다. 가장 자연스러운 감정이며 누구나 이해하고 용서할 수 있는 감정까지도 억제하는 것이다. 요컨대 그것은 상황에 대한 감정적 대응을, 줄행랑 치고 싶은 마음을, 무너질 듯한 감정을, 공포로 얼어붙은 감정과 기뻐하며 축하하는 마음을, 저주를 퍼붓고 싶은 분노를, 똑같이 보복하고 싶은 마음을 억제하는 것이다. 이런 격정을 행동에 옮기는 것은 적이 죄 없는 사람에게 해를 입힐 구실을 찾을 때 원하는 구실을 만들어주는 일이 된다.

공격적인 인터뷰 질문에 답할 때도, 수백만이 보는 중요한 경기 중에도, 목숨이 위협받을 정도로 위험한 상황에서도, 지금까지 쌓아온 모든 경력을 내건 도전 앞에서도 우리가 사랑하는 사람들을 위해서 우리는 무슨 일이라도 견뎌낼 만큼 강해야 한다. 우리가 헌신하는 대의나 소명을 위해서는 힘겨운 일을 견뎌낼 만큼 더 강해야 한다.

파스토르가 그럴 수밖에 없었듯이 우리도 고통을 삼킬 수 있다. 마르쿠스와 엘리자베스 2세가 수없이 그렇게 했듯이 우리도 자신을 추스를 수 있다. 우리가 그렇게 하는 이유는 우리 아이들, 우리를 따르는 사람들, 동료들, 세상 사람들이 보고 있기 때문이다. 우리는 그들을 실망시키고 싶지 않을 뿐 아니라 그들에게 영감을 주고, 무엇이 가능한지를, 나아가 우리가 이런 일들에 정말로 신념을 갖고 있음을 보여주고 싶기 때문이다.

세네카는 말했다. "무엇을 견디는지는 중요하지 않다. 중요한 것은 어떻게 견디는가 하는 것이다." 진정으로 위대한 사람들은 우아하고 품위 있게, 침착하게, 용감하게, 절제하며 견뎌낸다.

43

자기중심성 벗어나기

소(小) 카토도 자기 증조부 대(大) 카토만큼 엄격한 사람이었다. 카토는 부에 무관심했다. 평범한 옷을 입고 맨발과 맨머리로 로마를 돌아다녔다. 군대에서는 병사들과 함께 땅바닥에서 잤다. 거짓말을 한 적도, 자신에게 관대하게 군 적도 없었다. 그래서 로마에서는 "우리가 다 카토처럼 될 수는 없다"라는 말이 생겨나기도 했다.

카토의 기준에 필적하기가 불가능할 정도로 어렵다는 것을 카토의 동생인 카에피오만큼 잘 보여주는 이도 없을 것이다. 카에피오는 사치를 사랑하고 값비싼 향수를 좋아하며 카토라면 절대 가까이하지 않을 자들과 어울렸다. 하지만 카토는 오직 자기 자신에게만 절제를 요구했다. 절제가 '자기' 절제인 데는 그럴 만한 이유가 있다는 것을 항상 기억했다.

우리가 자기 자신에게 적용하는 기준을 가장 높이 세우고 우리의 바른 행동이 남들에게 전염되기를 바라더라도 다른 사람들이 모두 우리와 같기를 기대할 수는 없다. 그것은 타당한 일도 아니거니와 가능한 일도 아니다.

카토가 자신과 다른 삶의 방식에도 불구하고 동생을 사랑하고 지지했던 것은 아마도 증조부가 말한 규칙을 철저히 실천했기 때문일 것이다. 대 카토는 말했다. "나는 기꺼이 모든 사람의 실수를 용서할 준비가 되어 있다. 나 자신의 실수만은 제외하고."

수세대 후 미국 건국의 아버지라 불리는 정치가 벤저민 프랭클린은 그보다 더 나은 규칙을 제시했다. "다른 사람들에게서는 그들의 미덕을, 너 자신에게서는 너의 악덕을 찾아라." 이 규칙은 마르쿠스 아우렐리우스의 표현을 빌리면, 다른 사람에게는 관대해지고 자기 자신에게는 엄격해지라는 뜻이다.

진정으로 엄격하게 대하기가 어려운 유일한 사람은 바로 자신이다. 그러려면 자기 통제력의 마지막 한 방울까지 끌어 써야 한다. 자신에게 엄격하기가 어려워서가 아니라 자신에게는 절대 허용하지 않을 일을 남들이 하는 것을 보고도 그대로 내버려 두는 일이 너무 어렵기 때문이다. 그들에게 그 일이 해롭다는 것을 뻔히 알면서도 내버려 두고, 훨씬 큰 가능성이 있는 사람들이 게으름을 피우는 것도 내버려 두어야 한다.

어렵지만 우리는 그래야만 한다. 우리는 그들의 인생을 통제할 수 없다. 각자의 방식으로 살아가는 것을 허용하지 못한다면 우리 자신이 지쳐서 나가떨어질 것이기 때문이다. 그들이 한 노력을 먼저 인정해주자. 그들이 부닥친 상황을 인정하고, 그들을 용서하고, 그들의 일을 잊자. 만약 그들이 도움을 거부하지 않는다면 그때 더 나아지도록 도우면 된다.

모든 사람이 다 우리와 같은 훈련을 받는 것도, 우리가 아는 지식을 갖고 있는 것도, 우리와 같은 의지력과 헌신하려는 태도가 있는 것도, 이런 유형의 인생을 원하는 것도 아니다. 그러니 사람들에게 관대하고 너그러워야 한다. 그러지 않는 것은 부당할 뿐 아니라 오히려 역효과를 낳는다.

1996년에 미국의 프로농구팀 뉴저지 네츠는 미래의 슈퍼스타가 될 코비 브라이언트라는 청년을 선발하려고 했다. 한 차례의 개인 훈련이 끝난 뒤, 브라이언트를 비행기에 태워 서부 해안 지역으로 보내야 하는 상황에서 돈을 아끼고 효율을 중시하는 팀 문화에 따라 구단은 여섯 시간 동안 비행해야 할 브라이언트에게 일반석 중간 좌석을 잡아주었다. 코비는 이 일을 잊지 않았다. 네츠는 한순간의 인색함으로 농구 역사상 손꼽힐 정도로 훌륭한 선수를 잃었다.

안타깝게도 코비 자신에게도 경력 내내 이와 유사한 문제가 있었다. 브라이언트는 농구 코트에 오른 모든 선수 가운데 매우 섬세한 경기를 펼치고 팀에 헌신하는 선수 중 하나였다.

하지만 그는 팀 동료들이 "모두 코비가 될 수는 없다"라는 사실을 잘 받아들이지 못했다. 사실 코비처럼 되기를 원하지 않는 이도 많았다. 브라이언트는 동료들을 자신만큼 거칠게 몰아붙이려다가 종종 그들을 극도로 지치게 했고, 자신과의 불화 탓으로 다른 팀으로 이적한 샤킬 오닐의 경우처럼 팀에서 동료를 몰아내는 결과를 낳기도 해서 능력 있는 동료들을 떠나게 했다.

성공한 사람이나 재능이 뛰어난 사람이 분노를 터뜨리는 가장 주된 원인 중 하나는 다른 사람들이 자기 기대에 부합하지 못한다는 점 때문일 것이다. 침착함을 유지하는 일은 이토록 어렵다. 왜 그들은 그렇게 단순한 일도 제대로 하지 못하는가? 왜 우리가 처음에 보여주었던 대로 하지 못하는가? 왜 그들은 그냥 우리처럼 되지 않는 것인가? 왜냐고? 그건 그들이 우리가 아니기 때문이다! 설령 그들이 실제로 우리와 비슷하다고 하더라도, 자신들이 원한 적 없는 일을 그들에게 기대하는 것이 정당한 일일까?

간디의 친구들은 자신들의 선택이나 자유로운 삶의 방식에 대해 비판하지 않는 그에게 항상 감사함을 느꼈다. 간디가 엄격하게 대한 사람은 자기 자녀들뿐이었다. 셰익스피어의 『십이야』에서 토비 경은 묻는다. "너는 고결한 사람이라서 안주도 술도 더는 내줄 수 없다는 것이냐?" 절제를 실천하기 위해 타인에게 인색해질 필요는 없다. 그들은 그들의 재미를 즐기며 그들이 원하는 대로 살고 일한다. 우리는 자신의 운명에 대해서만 생각해도 걱정할 거리가 충분하다. 다른 모든 사람을 바꾸는 것은 우리가 할 일이 아니다. 스스로 강해지고 영감을 주는 모범이 되면 그것으로 충분하다. 그런 다음에는 사람들을 이해하려고 노력하자.

미국의 정치가이자 군인 콜린 파월은 걸프전을 준비하는 동안 자기가 사무실에서 잔다는 것을 참모들에게 완전히 비밀로 했다. 그 부담은 그들이 아닌 자기 몫이고, 그들이 그럴 수 있다고 하더라도 자신과 똑같은 희생을 치러야 한다고 느끼게 하고 싶지 않았기 때문이다.

링컨 대통령의 비서관 중 한 사람은 대통령이 "그 누구에게도 완벽함을 요구한 적이 없고, 심지어 자신에게 적용하는 높은 기준조차 다른 사람들에게는 요구하지 않는" 점을 경이롭게 여겼다. 훌륭한 절제에 전염성이 있는 것은 맞지만, 그토록 엄격히 절제하며 살아가야 하는 사람은 우리 자신뿐이라는 것도 인정할 만큼 강한 사람이 되어야 한다.

절제는 운명이다. 마르쿠스 아우렐리우스는 안토니누스로부터 자기 결함을 없애려는 노력만 해도 평생을 걸고 해야 할 만큼 아주 어려운 일이라는 것을 배웠다. 다른 사람의 용기를 의심하고, 남들의 습관에서 흠을 잡으며, 남들이 잠재력을 실현하도록 밀어붙이는 일에 많은 시간을 쏟아도 될 만큼 완벽한 사람은 아무도 없다. 자기가 더 노력해야 할 일이 아주 많을 때는 더욱 그래서는 안 된다. 이를 이해하면 덜 가혹해질 뿐 아니라 이해심도 더 깊어진다.

엘리자베스 2세와 그의 남편 필립 공은 자녀와 형제자매에게만큼은 그러기가 쉽지 않았다. 두 사람 다 너무나 자기 자신에게 엄격하고 의무를 중시했으니 그들의 자식들로서는 그런 사고방식에 넌더리가 났을 수도 있겠다. 그들도 카토와 마르쿠스 아우렐리우스의 모범을 따랐다면 좋았을 텐데 말이다. 카토는 자기가 동생보다 낫다고 으스대지 않고 오히려 동생을 사랑했다. 마르쿠스는 양형제 루키우스 베루스를 싫은데도 억지로 참아낸 것이 아니다. 마르쿠스는 루키우스에게서 자기에게는 없는, 사랑할 점과 칭찬할 점을 찾아냈다.

그렇다면 루키우스의 약점은 어떻게 대했을까? 마르쿠스는 자기 형제의 악덕을 살펴 오히려 자신을 더욱 개선했다. 두 사람 다 서로 삶을 함께함으로써 더 나은 사람이 되고, 서로에게서 찾아낸 공통적인 기반과 애정으로 더욱 풍요로워졌다. 이것이 바로 그 더 높은 경지다. 연민과 친절, 이해와 사랑이 우리의 자기 절제를 보완해주는 경지 말이다.

절제가 고독과 고립이라는 열매를 맺어서는 안 된다. 그것은 쓰디쓴 열매일 것이다. 우리는 타인을 존중하지 않는 무절제를 가리켜 '자기중심적'이라고 말한다. 우월함은 타인을 향해 휘두르는 무기가 아니다.

사람마다 서로 다른 삶의 방식을 선택한다. 그들이 불안이나 무지 때문에 우리의 선택을 공격할 수도 있다. 그들은 언젠가 우리가 혐오스럽거나 무절제하다고 여기는 일을 했다가 그에 응당한 결과를 감당해야 할 수도 있다. 그런 일이 일어난다면 그것은 그들이 해결해야 할 일이며, 우리는 무시해야 할 일이다.

여기서 우리가 걸어가는 이 길은 자기실현의 여정이다. 다른 사람의 실수는 그 사람들에게 맡기면 되고, 모든 사람을 우리처럼 되게 하려고 노력할 필요는 없다. 만약 그 일에 성공했다고 상상해보자. 그렇게 된다면 세상이 더 따분해질 뿐 아니라 우리가 가르침을 받을 수 있는 사람도 훨씬 적어질 것이다!

자신에게 엄격하고 타인에게 관대한 태도를 더 잘 갖출수록 우리는 더 친절해질 것이고, 더욱 기꺼이 다른 방향도 바라보려 할 것이다.

우리에겐 우리의 여정이 있다. 그것이 까다롭고 어려운 여정인 것은 사실이다. 하지만 우리는 다른 사람들도 그들 자신의 길을 가고 있으며, 각자 자신에게 주어진 것을 최대한 활용하여 최선을 다함을 안다. 판단하는 것은 우리 몫이 아니다. 우리가 할 일은 그들을 응원하고 인정하는 것이다.

44

절제의 파급효과

안토니누스처럼 엘리자베스 2세의 아버지인 조지 6세도 처음부터 중요한 자리를 위해 선택된 사람이 아니었다. 조지는 자기 형인 에드워드 8세가 열정에 사로잡혀 왕위를 버리는 바람에 우연히 왕좌에 올랐지만 역사에 큰 흔적을 남겼다. 그것은 조지가 처칠과 함께 끔찍한 전쟁 시기에 영국을 이끌어서이기도 하지만 주변 사람들에게 미친 영향력 때문이기도 하다.

조지는 지독한 말더듬증을 극복함으로써 그 문제로 고생하는 여러 세대의 사람들에게 영감을 주었다. 그가 행사할 수 있는 권력은 헌법으로 제한되어 있었고, 그의 육신은 56세에 암으로 무너졌지만, 그의 품격은 엘리자베스에게로 이어졌다. 엘리자베스는 늘 "아버지라면 어떻게 하셨을까?"라고 자문했다.

소(小) 카토 역시 그랬다. 카토는 자기가 하는 모든 일, 자신이 시도했던 모든 일에서 실제로 만나본 적도 없는, 엄격하고 금욕적인 스토아 철학자였던 증조부의 유산을 기리고 그의 모범에 부합하게 살고자 노력했다. 이 말은 두 카토를 영웅으로 삼은 이후의 무수히 많은 이에게도 똑같이 적용된다.

카토가 세상을 떠나고 100년쯤 지났을 때, 세네카는 우리 모두에게 "자신을 위한 카토를 선택하라"고 충고했다. 그러니까 자기 기준이 될 척도 같은 존재, 자신이 어떤 존재가 될 수 있을지에 영감을 주는 모범을 선택하라는 말이었다. 네로의 졸개가 세네카를 죽이러 갔을 때, 그는 자기 삶의 마지막 순간에 카토의 강인한 모습을 떠올렸다. 그로부터 약 1700년 뒤에 조지 워싱턴은 카토를 자기 전 생애의 모범으로 여기고, 자기 영웅이 한 말을 자신의 유명한 주문으로 삼았다.

이 두 남자는 카토를 만나본 적이 없지만, 카토는 그들을 더 강한 존재가 되게 했다. 카토의 절제는 중요한 순간에 그들의 신념을 더욱 굳건하게 해주었다. 카토와 조지 6세는 자신에게 엄격함으로써 자신을 따르는 많은 사람들의 귀감이 되었다. 우리가 자기 운명에 도달하려면 그런 영웅이 필요하다. 그러나 진실로 그 운명을 달성하려면, 자신이 그러한 영웅이 되어야 한다. 다른 사람들에게 스스로 운명을 만들라고 강조할 수 있는 방식으로 우리 스스로 살아가야 한다는 말이다.

바로 이것이 안토니누스를 그렇게 위대한 사람이 되게 한 것이 아닐까? 안토니누스의 반듯함, 충실함, 경건함은 자신에게 큰 힘이 되었다. 그 자체만으로도 훌륭하지만, 안토니누스의 덕목은 마르쿠스 아우렐리우스라는 인물을 형성하는 데도 이바지했다. 안토니누스는 마르쿠스 아우렐리우스에게 엄격하게 굴 필요가 없었다. 엄격함을 비롯한 안토니누스의 모든 미덕에는 전염성이 있었으니 말이다.

"그들의 흘러넘침이 / 우리를 낮은 곳으로부터 들어 올린다." 이는 미국의 시인 롱펠로가 「성 필로메나(Santa Filomena)」라는 시에서 플로렌스 나이팅게일을 비롯해 진정한 절제를 아는 경이로운 모든 사람에 대해 노래한 말이다. 제2차 세계대전 당시 암담한 시절의 처칠을 생각해보라. 처칠의 용기와 자기 통제, 아무리 강한 압력을 받아도 침착함을 잃지 않는 모습은 영국인이 용기와 자기 통제, 침착성을 찾는 데 힘이 되었다. 바로 이것이 위대한 지도자가 하는 일이다. 그들은 사람들을 더 나은 사람이 되게 한다. 고대 인도의 힌두교 경전 『바가바드기타』에 쓰여 있듯이 "위대한 사람이 가는 길은 온 세상을 위한 지도가 된다."

스스로 절제하는 사람은 남을 꾸짖지 않는다. 그들은 무엇도 요구하지 않는다. 그저 자기 할 일을 할 뿐이다. 수치심을 느끼지도 않는다. 예외가 있다면 자기 행동 때문에 미묘한 수치심을 느끼는 정도다. 그들과 함께 있을 때 우리는 한 단계 올라서고, 한 걸음 앞으로 나아가고, 더욱 깊이 들어가라는 부름을 듣는다. 그렇게 할 수 있다는 것을 그들이 보여주었기 때문이다.

"몸소 함께할 때뿐만 아니라 남들의 생각 속에 있는 것만으로도 그들을 더 나은 사람이 되게 할 수 있는 사람은 참으로 행복한 사람이다." 카토뿐 아니라 자신에게 영감을 준 모든 사람들에 대해 세네카가 한 말이다. 그것이 바로 절제의 힘이다. 절제는 우리가 더 나은 존재가 되게 하고, 그것이 우리 주변의 세상에 미치는 긍정적 효과로 말미암아 더더욱 좋은 사람이 되게 한다.

우리 모두가 카토가 되어야 하는 것은 아니다. 다시 말하지만 이 말은 우리가 카토가 될 수 없음을 내포한다. 하지만 우리는 자신이 속한 공동체 안에서 긍정적인 힘을 발휘할 수는 있다. 자녀와 이웃, 동료, 직원 들에게 좋은 선택이란 어떤 것인지 보여줄 수 있다. 매일 자기 자리에서 자기 할 일을 해 보임으로써 헌신이란 어떤 것인지, 도발이나 유혹에 저항한다는 것이 어떤 의미인지 보여줄 수도 있다. 어떻게 견뎌야 하는지, 어떻게 인내하는지도 보여줄 수 있다. 어쩌면 그들이 우리의 노력을 잘 알아줄 수도 있다. 어쩌면 그 때문에 우리를 미워할지도 모른다. 어쩌면 우리는 칭송받을 수도 있고, 미움받을 수도 있다. 그것은 우리가 통제할 수 없는 부분이다.

우리에게 달린 것은 우리가 선량한가, 올바르게 행동하는가, 자기 자신을 극복하는가 하는 점이다. 우리는 그 누구에게도 우리처럼 똑같이 하라고 강제할 수 없다. 하지만 씨앗을 심을 수는 있다. 그 씨앗이 언젠가는 반드시 누군가를 위한 변화를 일으키리라는 것을 알기에 우리는 자기 운명 안에서 편안히 쉴 수 있다.

우리 안의 뜨거운 불은 다른 사람들을 따뜻하게 해줄 만큼 밝게 타오를 수 있다. 우리 안의 빛은 다른 사람들을 위해 길을 밝혀줄 수 있다. 우리가 이룬 일이 다른 사람들에게 가능성을 열어줄 수 있다. 그것은 우리와 함께 시작되고, 우리 안에서 시작된다. 하지만 거기서 멈추지는 않는다. 절제에는 전염성이 있으니 말이다.

45

특권에는 책임이 따른다

1998년 크리스마스 날, 미국의 군인 찰스 C. 크룰랙 장군은 콴티코 해병대 기지에 도착했다. 크룰랙은 당연히 사병 한 명이 초소에서 보초 근무를 서고 있으리라고 예상했다. 놀랍게도 보초병은 없었다. 더 놀라운 것은 제임스 매티스 준장이 보초를 서고 있다는 사실이었다. 무슨 일이 일어났던 것일까?

특별한 문제가 있었던 것은 아니었다. 하지만 그날 보초 근무 당번인 병사에게는 가족이 있었고, 매티스는 그가 가족과 함께 집에서 크리스마스를 보내야 한다고 생각했다. 매티스는 그 병사보다 스무 살 이상 연상이고 그 시간에 할 수도 있었을 일이 수백 가지는 되었을 텐데도 평범한 병사의 지루한 임무를 대신 맡았다.

지도자는 이기심이 없어야 하고, 희생할 줄 알아야 하며, 조직 내의 결핍을 다른 모든 구성원과 똑같이 감내해야 한다. 이렇게 할 수 있다면 "그들은 세상 끝까지 그 지도자를 따를 것이다." 매티스는 이를 영국의 군인 윌리엄 슬림 장군이 쓴 글에서 배웠다.

언젠가 매티스는 임무를 게을리하는 어떤 중위에게 이렇게 말했다. "지휘권의 특권은 지휘하는 것이다. 더 큰 막사를 배정받는 것이 아니다." 최고의 지휘관은 오히려 더 작은 막사를 선택한다. 그리고 자신에게 주어진 추가의 식량을 병사들에게 넘긴다. 자신에게 더 관대한 것이 아니라 오히려 더 엄격하다. 이제 그것이 단순히 자신만의 일이 아님을 알기 때문이다.

고대 그리스의 군인이자 작가 크세노폰이 그리스의 1만 병사를 이끌고 페르시아에서 철수할 때 한 보병이 이렇게 불평했다. "우리는 바닥을 걷고 있습니다. 당신이 말을 타고 가고 있을 때 나는 지친 몸으로 방패를 짊어지고 간단 말입니다." 이 말을 들은 크세노폰은 바로 말에서 뛰어내려서 돌아가는 길 내내 그 병사의 방패를 지고 갔다.

'상사'라는 것은 하나의 직위다. '지도자'라는 것은 언행으로써 얻어내는 위치다. 그 자리는 자기 절제를 발휘함으로써 다른 누군가를 대신해 비난을 받아내거나 책임을 지는 희생의 순간을 통해서 도달해야 한다.

앞에서도 말했듯이 성공은 자기 통제로부터 우리를 자유롭게 하지는 않는다. 힘든 일이나 행위의 결과로부터도 자유롭지 못하다. 성공하고 나서는 다른 사람들이 자기 짐을 지고 가는 것도 기꺼이 도와야만 한다. 보상을 받아들일 때는 그에 따르는 책임도 받아들여야 하기 때문이다.

안토니누스는 황제의 자리에 올랐을 때, 아내에게 이제부터는 더욱 관대해져야 함을 상기시켰다. 또한 자신에게는 더욱 엄격해지고, 통제해야 한다고도 말했다. "이제 우리는 제국을 얻었으니 예전에 가졌던 것조차 잃은 것이오."

권력이나 성공이 우리에게서 시간을 잡아먹고 따분하고 불편하고 어려운 모든 일을 면제해준다면 참 좋을 것이다. 권력과 성공은 사실 더욱 무거운 의무를 짊어지게 하며, 에너지를 더 많이 쏟아부을 것을 요구한다. 지도자는 가장 먼저 나타나 마지막으로 떠난다. 가장 열심히 일하며, 자기보다 다른 사람들을 먼저 생각한다. 비판과 비난을 받는 것도 지도자의 몫이다. 나머지 모든 것은 허울과 직함일 뿐이다.

자명해 보이는 일이지만 애석하게도 모든 사람이 그렇게 행동하지는 않는다. 역병이 돌 때 궁전의 가구들을 팔았던 마르쿠스 아우렐리우스가 있는가 하면, 선거구민은 물도 전기도 끊긴 상태에서 집에서 추위에 떨고 있을 때 따뜻한 기후의 지역으로 여행을 가는 의원도 있다. 팬데믹 기간에 자기 봉급을 포기한 기업 경영자가 있으면, 정부 보조금을 챙기고 직원들을 해고한 뒤 경영진에게 상여금을 지급하는 회사도 있다. 팬데믹 기간에 공중보건을 위해 희생한 사람이 있으면, 파티를 즐기는 총리와 최고급 레스토랑에서 화려한 만찬을 즐기는 주지사도 있다.

플루타르코스는 "다스리는 일의 가장 좋은 점이 자기 자신은 다스려지지 않아도 된다는 것이라고 생각하는 지도자가 너무 많다"라고 한탄했다.

지도자가 되었다면 이제부터는 규칙을 글자 하나하나 엄정히 준수해야 하는 것은 바로 자신이다. 규칙을 지키는 일에 진심이라는 것을 보여줘야만 한다. 이뤄낸 일이 많아질수록 우리가 반드시 충족해야 할 기준도 더 높아진다. 가진 것이 더 많아질수록 더욱 이타적인 사람이 되어야 한다. 겉으로 보이는 모습을 위해서가 아니라 그것이 올바른 행동이고, 그것이 책임을 떠맡는 순간 우리가 하겠다고 선택했던 일이기 때문이다.

말이 아니라 행동으로 보여야 한다. 위험한 상황에서는 가장 앞에 서야 하고, 보상받는 자리에서는 가장 뒤에 서야 한다. 임무에는 가장 먼저 나서고, 표창에는 가장 뒤로 물러서야 한다. 이끌려면(to lead) 피를 흘려야 한다(to bleed). 비유적으로 하는 말이지만, 때로는 글자 그대로를 의미할 때도 있다. 이것이 정말 부당한 일일까? 그것은 자신이 하겠다고 나선 일이 아니던가? 우리가 큰돈을 받는 것은 그런 일을 하는 대가가 아닌가? 그것이 바로 지휘의 특권이다.

46

너그러울 때 성장한다

스토아학파의 창시자인 제논의 후계자 클레안테스는 원래 남의 일에 간섭하지 않는 사람이었다. 그런데 어느 아침에 이 스토아 철학자는 아테네의 거리를 걷다가 어떤 잘못된 일에 대해 자신을 호되게 비난하는 남자를 만났다. 뭔가 말하지 않을 수 없었던 클레안테스는 화를 내는 낯선 사람을 멈춰 세우고 상냥하게 말했다. "당신에게 말을 걸고 있는 이 사람은 그리 나쁜 사람이 아니라오."

물론 자기 절제의 핵심은 엄격함이다. 우리는 자신에게 높은 기준을 세운다. 핑계는 용납하지 않으며, 항상 더 나아지도록 자신을 밀어붙인다. 하지만 그것이 자신을 채찍질하라는 뜻일까? 자신을 미워하라는 뜻일까? 나쁜 사람을 대하듯이 자신을 대하고 자신에게 모진 말을 하라는 뜻일까? 절대로 그렇지 않다. 하지만 우리는 무의식적으로 항상 그런 부정적 자기 대화로 빠져든다. "넌 진짜 별로야. 너 때문에 다 틀렸어. 네가 망쳐버렸다고."

티베트의 종교적·정치적 지도자 달라이라마가 자신을 그렇게 대하리라고 생각하는가? 우리가 망쳐버렸다고 해도 어떻다는 것인가? 우리는 완벽한 사람도 아니고 슈퍼맨도 아니다. 그런 사람은 아무도 없다. 미국의 저널리스트 타네히시 코츠는 이렇게 생각하게 해준다. "우리가 모두 항상 재키 로빈슨이 될 순 없다. 재키 로빈슨조차 항상 재키 로빈슨이었던 건 아니다." 재키 로빈슨은 공민권법이 제정되기 전 인종차별이 극심하던 1947년에 흑인으로는 최초로 메이저리그에 데뷔한 미국의 야구선수이자 인권 운동가다. 그 업적을 기려 로빈슨의 등번호 '42'는 역사상 유일하게 전 구단 영구결번으로 지정될 정도로 훌륭한 인물이다. 하지만 코츠의 말처럼 로빈슨도 항상 모든 면에서 위대할 수는 없었다. 이는 카토도, 마틴 루서 킹 주니어도, 토니 모리슨도, 엘리자베스 2세도 마찬가지다.

마르쿠스 아우렐리우스도 그렇다. 마루쿠스는 자신에게 그리고 모두에게 이렇게 일렀다. "하루가 현명하고 도덕적인 행위로 가득하지 못했더라도 분노하거나 패배감에 빠지거나 낙심하지 말라. 실패했을 때는 다시 일어나라. 그리고 비록 불완전하지만 인간답게 행동하고, 착수한 일에 전념하는 자신을 대견히 여기라."

　실패는 피할 수 없고, 실수는 일어나게 마련이다. 우리가 존경했던 모든 사람도 평정을 잃고 화를 터뜨린 적이 있다. 그들도 일을 미루기 위해 '몇 분 뒤 다시 알림' 버튼을 누르고, 나쁜 습관에 빠진 적이 있다. 그들도 늘 완벽한 배우자나 이웃이나 부모는 아니었다. 우리가 그들의 그런 순간을 목격했다면 어떻게 했을까? 그래도 그들을 무가치하다고 생각하거나 비난하지는 않았을 것이다. 우리는 그들을 안심시켰을 것이다. 그들이 해낸 모든 선한 일과 그들이 이미 성취한 업적이 얼마나 대단한지 상기해주었을 것이다. 다시 일어나서 하던 일을 계속하라고 설득했을 것이다.

　그렇다면 그 말을 자신에게도 할 수 있지 않을까? 차분하고 온화한 철학의 빛 속에서 자신을 바라볼 수 있는가? 아니면 그러기에 당신은 너무 야망이 넘치고, 너무 예민하고, 너무 가혹한 사람인가? 미국의 사상가 소로는 『월든』에서 약간의 과장을 섞어 이렇게 말했다. "남부의 노예 감독관 밑에 있는 것은 힘든 일이고, 북부의 노예 감독관 밑에 있는 것은 더 힘든 일이지만, 최악은 당신이 자기 자신의 노예 감독관인 경우다." 폭정을 좋아하는 사람은 없다. 그런데 왜 자기 자신에게 폭군이 되려 하는가?

　스토아 철학은 자신을 벌하는 것이 아니다. 물론 강고한 학파인 것은 맞지만, 세네카가 말했듯이 "사실 철학 학파 중에 스토아학파보다 더 친절하고, 온화하며, 인류를 사랑하고, 공공의 이익에 신경 쓰는 학파는 없다. 그래서 스토아학파의 목적은 유용하고, 도움을 주고, 인류 모두의 이익을 생각하는 학문이 되는 것이다." 그리고 '모든 인류'에는 우리도 포함된다. 그것은 평생 철학을 공부한 세네카가 마지막으로 자신의 성장을 평가한 방식이기도 하다. "나는 어떤 발전을 이루었는가? 나는 나 자신의 친구가 되었다."

'자기 자신의 친구.' 우리는 적이 아니다. 자신이 할 수 있는 최선을 다하는 사람이다. 매일 더 나아지는 사람이다. 우리는 친구가 자신을 무가치하다고 말하는 것을 그냥 듣고 있지 않을 것이다. 친구가 너무 늦었다는 이유로 포기하게 내버려 두지도 않을 것이다. 친구가 자신의 가치를 폄하하게 두지도 않을 것이며 자신을 학대하고 괴롭히는 것을 두고 보지도 않을 것이다.

친구의 일에서 우리는 침착함을 유지하고, 친구에게 확신을 심어주고, 친구가 안심하게 해줄 수 있다. 친구에게는 훈계가 아닌 충고를 할 수 있다. 이는 그저 친절한 행위가 아니라 크나큰 도움이 되는 일이다. 우리는 친구를 위한 자원이 될 수 있고, 깊은 심연에서 그들을 끌어내 성공과 행복을 향한 길 위에 다시 세울 수도 있다.

이제 우리가 기회가 있을 때마다 자기 자신을 격려하고 자기에게 도움을 준다면 어떤 일을 해낼 수 있을지 상상해보라. 사랑과 지원을 받을 때 우리는 성장한다. 자신에게 친절하고 좋은 친구가 되는 것은 자기 절제의 실천이다. 자신을 책망하지 말고 자신을 굳건히 일으켜 세우자. 스스로 더 나은 사람이 되게 하자. 친구라면 그렇게 할 것이다.

47

권력의 유혹을 거절하라

조지 워싱턴은 모든 일을 끝내고 집으로 향했다. 이제 막 미국 독립 전쟁에서 대영제국을 무찔러서 미 대륙 전체가 그 앞에 전리품으로 펼쳐졌지만, 여기서 그는 권한을 내려놓았을 뿐 아니라 그 어떤 명예도 실질적으로 거부했다.

워싱턴은 자기 자신을 왕이라 선포하고 자기 가문이 수 세기 동안 통치할 기반을 다져놓을 수도 있었을 것이다. 그러나 워싱턴은 절을 하고 검을 내려놓았다. 이 이야기를 듣고 도무지 믿을 수 없었던 영국의 왕 조지 3세는 미국의 화가 벤저민 웨스트에게 말했다. "정말 그렇게 한다면 워싱턴은 세상에서 가장 위대한 사람이 될 것이오."

실제로 워싱턴이 건국의 아버지 가운데 가장 위대한 사람이 된 것은 노예를 해방하고 힘을 그들에게 넘겨주는 올바른 일을 했기 때문이다. 건국의 아버지 중에서 그렇게 한 사람은 워싱턴이 유일했다.

나폴레옹처럼 워싱턴도 젊은 시절에 과거의 정복자들을 공부했다. 또한 워싱턴 역시 알렉산드로스대왕과 율리우스 카이사르의 사례에서 경고로 삼아야 할 이야기를 보았다. 다만 워싱턴이 나폴레옹과 달랐던 점은, 그들의 사례를 실제로 마음에 새겼다는 것이다. 나아가 워싱턴은 고대 로마의 정치인 킨킨나투스의 이야기에서도 영감을 받았다. 킨킨나투스는 로마에 끔찍한 위기가 닥쳐왔을 때 부름을 받고 정계로 나와 거의 무제한의 권한을 부여받았지만, 조국을 구한 뒤에는 그 권한을 모두 내려놓고 자신의 조용한 농장으로 돌아갔다.

야망을 관리하는 것은 중요하다. 스스로 책임지는 것 역시 중요하다. 하지만 권력을 거절하는 것은 어떠한가? 절대적으로 부패할 수밖에 없다고 하는 그 힘을 기꺼이 내려놓고 남과 나누는 것은 어떠한가?

그것은 세상에서 가장 드문 일이다. 절제 자체를 구현하는 행동이다. 인간은 힘을 획득하고, 갖고 또 갖고 또 갖도록 조건화되어 있다. 우리는 정상에 도달할 때까지 전투적으로 싸우라는 말을 듣는다. 우리 중에는 거기 도달할 만큼 운 좋은 이도 있다. 그들은 수석 코치, 최고 경영자, 소유주, 대통령, 우두머리가 된다.

일단 정상의 자리를 차지했다면 왜 그것을 내놓으려 하겠는가? 자기 것인 그것을 왜 남들과 나누겠는가? 그래야 할 가장 설득력 있는 이유는 그렇게 하지 못한 사람들의 모습에서 고스란히 드러난다.

로마의 역사는, 아니 사실상 인류의 역사는 거의 예외 없이 권력 탓에 타락한 사람들의 이야기다. 네로부터 나폴레옹까지, 티베리우스부터 트럼프까지 권력은 단순히 부패하기만 하는 것이 아니라 그들의 진짜 모습을 드러내게 한다. 권력은 한 사람에게 상상할 수 없는 스트레스를 주고, 믿을 수 없을 정도의 유혹을 퍼부으며, 가장 강인한 사람조차 무너뜨린다.

캐나다의 기업인 도브 차니는 '공정 노동'과 '윤리적 경영'을 실천하는 아메리칸어패럴을 세웠다. 그러나 성공을 이루고 유혹이 넘실거리자 차니는 천천히 지속적으로 그 원칙을 배반했다. 극한의 스트레스와 모두의 감시를 받으면서도 그는 통제와 권력에 집착했다. 모든 투자자와 조언자, 마케팅 이사로 있었던 나를 포함한 여러 직원이 이 난제를 해결할 유능한 경영자를 데려오라고 조언했지만, 차니는 그러지 못했다. 차니는 권력을 공유하고 남들에게 권한을 부여하기보다는 자기 권력을 행사할 수 있는 아첨꾼이나 젊은 여자를 더 좋아했다.

차니의 무절제를 보다 못한 이사회가 마침내 그를 내보내기 전에 그에게 마지막 대안을 제시했다. 최고 경영자에서 사임하고 외부의 조언자가 되어서 주식 매입권과 100만 달러의 연봉을 유지하라는 것이었다. 그러나 차니는 자기가 건설한 것에 대해 다른 누군가가 약간의 통제권이라도 갖게 되는 미래를 맞이하기보다는 그것을 완전히 파괴해버리는 쪽을 선택했다.

미국 건국의 아버지들이 내놓은 훌륭한 혁신 중 하나는 권력 분립이다. 그들은 한곳에 집중된 권력은 위험하며, 통솔력이라는 짐은 널리 분산하는 것이 최선이라는 점을 알고 있었다. 워싱턴은 국민이 적절하다고 여기는 방식으로 권력을 분배하고 국민에게 권력을 돌려줘야 한다는 것을 잘 알고 있었다. 야망이 큰 대부분 지도자는 세이렌이 부르는 유혹의 노래를 무시하지 못한다. 그러나 워싱턴은 그럴 수 있었다.

권력의 유혹에 저항하지 못하는 사람은 자신에게도, 자신이 속한 조직에도 위험하다. 권력을 장악하려는 욕구를 지닌 사람, 자기가 독단적으로 권력을 휘두르지 못하는 상황을 참지 못하는 사람은 위대한 일을 성취했다고 하더라도 위대한 인물이 아니다. 그들은 중독자다! 그들이 권력을 가진 것이 아니라 권력이 그들을 가진 것이다. 이들은 절대 지속해서 성공을 이루거나 잠재력을 실현하는 조직의 지도자는 될 수 없다. 왜냐하면 자기 후계에 대한 계획을 세울 수도 없고, 다른 사람들에게 권한을 부여하지도 못하며, 자신의 중요성을 감소시킬 수 있는 일이라면 그 무엇도 할 수 없기 때문이다.

자신 앞에 놓인 기회를 온화하고 차분한 철학의 관점에서 바라본 워싱턴은 킨킨나투스의 길을 선택하고 마운트버넌으로 돌아갔다. 워싱턴은 혼자 조용히 시간을 보내고, 힘든 노동으로 자신을 낮추기를 원했다. 또한 민간 권력과 군사 권력의 분립을 지켜보며, 국가를 자기 자신보다 우위에 두었다. 세상이 어떻게 돌아가는 것이 올바른 방식인지에 확고한 의견이 있는 야심가로서는 하기 쉬운 일이 아니었다. 그래도 워싱턴은 그렇게 했다.

하지만 워싱턴은 결국 대통령이 되지 않았는가? 그렇다. 워싱턴은 대통령이 되었지만, 두 번의 보통선거 결과에 따라 마지못해 그랬다. 그렇게 두 번의 임기를 보내고 은퇴했는데, 그런 워싱턴을 따라 150년 동안 대통령 임기를 두 번만으로 제한하는 절제의 전통이 지켜지다가 1951년에는 수정헌법 제22조로 그 전통이 헌법으로 제정되었다.

로마에서 황제는 어마어마한 권력을 쥐고 있어서 그들이 요구하기만 한다면 원하는 거의 모든 일을 할 수 있었다. 그러나 마르쿠스 아우렐리우스와 안토니누스는 두 사람 다 황제 재임 기간에 집정관의 명예와 권력을 당연한 권리로서 요구하지 않고, 사적인 개인으로서 집정관직에 출마해서 민회의 투표에 결정을 맡겼다.

'내가 그들과 같은 자리에 있었다면 나는 돈을 차지하고 권력을 장악했을 텐데…' 하고 생각할지도 모르겠다. 어쩌면 그들도 그런 생각을 했을지도 모른다. 그들이 우리 같은 사람이었다면 말이다.

플라톤은 가장 훌륭한 지도자는 권력을 원하지 않는다고

말했다. 사실을 말하자면 그들에게는 권력이 필요하지 않다. 왜냐하면 그들은 자기 욕구와 자아를 정복했기에 더 강하며, 더 독립적이고, 덜 타락하고, 더 침착하고, 더 온화하며, 더 중요한 일에 집중한다.

전쟁이 끝난 뒤 엘리자베스 2세는 처칠에게 공작의 신분을 제안했다. 처칠은 너무나 감동하고 영광스러워서 거의 눈물을 터뜨릴 뻔하지만, 곧바로 자신을 다잡고 정중히 거절했다. 나중에 처칠은 이렇게 전했다. "내가 언제나 그래왔던 대로 윈스턴 처칠로서 죽어야 한다는 게 기억났지 뭔가."

중요한 것은 칭호가 아니다. 권력도 아니고, 부도 아니며, 통제권도 아니다. 위대함은 우리가 가진 것에서 나오지 않는다. 위대함은 우리가 어떤 사람이 되거나 어떤 사람으로 남기를 선택하는가에 따라 판가름 난다.

48

비폭력이 폭력보다 더 강력하다

1962년 버밍엄에서 열린 남부기독교지도회의에 참여한 마틴 루서 킹 주니어 목사는 흑인과 백인이 뒤섞인 대규모 청중 앞에서 폐회 연설을 하고 있었다. 킹이 청중에게 감사를 전하고 이듬해의 계획에 대해 다시 정리하고 있을 때, 미국나치당 당원이었던 로이 제임스라는 백인 남자가 무대 위로 걸어가 잔인하게 킹을 구타하기 시작했다.

킹의 얼굴을 때린 첫 번째 주먹은 그의 몸이 빙그르르 돌아갈 정도로 셌다. 연이어 킹의 머리와 등에 재빠른 주먹질이 이어졌고, 이제 완전히 조용해진 강당에는 살과 뼈가 구타당하는 끔찍한 소리가 퍼져나갔다.

미국의 교육자이자 민권운동가 셉티마 클라크는 청중석에

있었는데, 갑자기 발생한 폭행에 너무 놀란 나머지 처음에는 이것이 어떤 공연의 일부인가 하는 착각이 들었다고 회고했다. 그런데 다음 순간 킹은 처음의 맹공격에서 자신을 추스르더니 자신을 공격한 폭행범을 마주 보고 두 손을 "갓난아기처럼" 떨어뜨리고 구타를 그대로 받아내는 것이 아닌가. 수백 명 앞에서 얻어맞는 동안 킹은 그 공격자에게 자신을 열고, 글자 그대로 반대쪽 뺨까지 내밀었다. 이는 비폭력과 기독교적 사랑이라는 원칙을 보여준 궁극적 예시였다.

그런 킹의 반응은 구타를 이어가던 제임스까지 한순간 당황하게 했고, 그 틈을 타 사람들이 둘 사이로 뛰어들었다. "그를 건드리지 말아요! 그 사람한테 손대지 마세요. 우리는 그를 위해 기도해야 합니다." 킹이 격분한 군중에게 소리쳤다. 청중이 기도하고 노래하기 시작하자 킹은 방금 자기를 구타한 그 남자에게 친절하게 말을 걸며 그가 다칠 일은 없을 것이라고 그를 안심시킨 다음 어느 사무실로 데려가 이야기를 나누었다. 그러고 나서 얼마 뒤에 아스피린 두 알을 먹고 다시 무대로 돌아온 킹은 얼굴에 얼음 팩을 댄 채로 연설을 마무리했다.

킹이 즐겨 쓴 표현대로 "비폭력을 나의 합법적 아내로 받아들이고" 조롱과 도발을 무시하려고 애쓰는 것과, 가까운 친구와 지지자 앞에서 나치에게 구타당하는 동안에도 그럴 수 있는 것은 차원이 다른 일이다. 또한 실제 주먹다짐이 벌어지는 상황에서 가해자를 향해 더욱 다가가고, 그를 고발하지 않겠다고 함으로써 버밍엄 경찰까지 놀라게 할 정도로 용서하는 것 역시 전혀 다른 일이다. 그 정도로 연민이 가득한 사람에게 주먹질은 할 수 있을지 모르나 그런 사람은 절대로 꺾을 수 없다.

킹은 그 점을 알았다. 그는 고통을 감내하는 능력으로 미국을 조금씩 설득해갔고, 자제로써 미국인에게 경외심을 불러일으켰다. 맞서 싸우는 것은 예상할 수 있는 행위다. 누구나 이해할 수 있는 이런 자기 보호 본능을 초월하는 데는 절제가 필요하다. 그 본능을 완전히 넘어서는 것이 진정한 극기다.

킹에게 비폭력은 정치적 방편을 넘어서는 것이었다. 비폭력에는 한 사람을 고양하는 뭔가가 있었다. 비폭력은 가장 평범한 사람, 심지어 결함이 있는 사람조차 위기나 저항의 순간에는 초월적이고 영웅적인 수준에 도달하게 할 수 있다. 그만큼 강한 것이 사랑과 자비와 용서의 힘이다.

반대쪽 뺨을 내미는 것은 분명 정의라는 덕목에 뿌리내린 영적인 원칙이지만, 또한 의지로 실천하는 행위기도 하다. 아프더라도 그렇게 해야만 한다.

1952년에 샌드라 데이 오코너는 남편 존 제이 오코너와 혼인 서약을 맺었다. 거의 40년에 걸쳐 여러 해외 파견직을 수행하고 정치 운동에 참여하며 미국 최초의 여성 대법관으로 일하면서, 샌드라는 서약대로 기쁠 때나 슬플 때나 남편을 아끼고 사랑하며 보냈다. 그런데 1990년에 존이 알츠하이머병 진단을 받으며 아플 때나 건강할 때나 한결같겠다는 약속이 현실적인 시험대에 놓이게 되었다. 처음에 샌드라는 남편이 외롭지 않도록 매일 남편을 대동하고 출근했다. 그러다가 결국에는 자기를 잘 알아보지도 못하는 남편을 돌보기 위해 꿈에 그리던 직업을 포기했다. 사망하기 전까지 유지되는 종신직인 대법관 자리에서 은퇴한 것이다.

2007년에는 존 오코너가 다른 알츠하이머병 환자와 사랑에 빠졌다는 사실을 한 기자가 폭로했다. 비극적이지만 알츠하이머병 환자는 때로 자기 배우자와의 결혼 생활을 완전히 잊고 새로운 사람을 사랑하게 되기도 한다. 샌드라는 마음을 추스르며 그 상황을 받아들이고, 자신의 상당한 영향력을 활용해서 무시무시한 알츠하이머병에 대한 인식을 높이기로 결심했다. "그 일로 존이 행복하니 나도 행복해요." 가슴이 아팠을 것이 분명하지만 샌드라는 용감한 표정으로 그렇게 말했다. 헌신이란 바로 이런 모습이다.

결혼과 인간관계 그리고 공적인 자리에 나서는 일은 우리를 상처에 취약하게 한다. 자기 자신을 보호하기는 쉽다. 열린 문을 다시 닫으면 그뿐이다. 그런데 오코너처럼 50년 이상 그럴 수 있으려면 끊임없이 반대쪽 뺨을 내밀어야 하고, 취약한 상태를 유지하며, 상대를 자기보다 우선시하는 것은 물론 용서하고 사랑하고 인정하며 소중히 여겨야 한다. 그럴 수 있겠는가? 그럴 만큼 강인한가? 그럴 정도로 사랑하는가?

우리가 헌신하는 대의에 대해서도 똑같다. 우리는 대의를 충실히 달성하지 못할 것이고, 그럴 때마다 일어나서 다시 노력해야 한다. 우리의 헌신은 납득할 수도 없는 정도의 시험에 들 것이다. 우리는 희생할 것을, 그런 다음 더 희생할 것을 요구받을 것이다.

하지만 우리가 그 일을 계속 해낼 수 있다면 어떨까? 나가야 할 자리에 나가고, 끊임없이 상대에게 무언가를 주고, 절대로 도달할 수 없을 정도로 높은 기준에 맞추고자 노력한다면 어떻게 될까? 그런다면 마틴 루서 킹 주니어의 말대로 우리는 산의 정상에 도달할 것이다. 특별하고 고차원적이고 신성한 무엇에 닿게 될 것이다.

49

후퇴할 때는 소크라테스처럼

제2차 세계대전에서 가장 인상적인 작전은 노르망디 상륙 작전이 아니었다. 오히려 모든 면에서 그와는 정반대인 작전이었다.

노르망디 상륙 작전에는 거의 16만 명의 연합군 병력이 참여했다. 반면 그보다 거의 4년 전에 있었던 됭케르크 철수 작전 때는 34만 명의 병력을 철수해야 했다. 몇 년 동안 철수 계획을 세운 것도 아니고, 예행연습도 없었다. 차분하고 침착하게 나서서 필요한 일손을 보태준 수많은 민간인과 병사의 도움을 받아 급히, 즉흥적으로 해내야 했다.

물론 모든 영광은 노르망디 상륙 작전에 쏟아졌지만, 됭케르크 철수 작전 때의 너무나 대단한 영웅적 행위와 절제가 없었다면 그 작전은 불가능했을 것이다. 전자는 위풍당당했다면, 후자는 당시 당사자들도 알고 있듯이 기적이었다.

됭케르크 철수 작전은 분명 적과 싸우지 않고 도망가는 것이었지만, 그 철수작전에서 발휘된 질서와 절제는 영국인에게 영감을 불어넣었다. 며칠 뒤 처칠이 해변에서도, 상공에서도, 땅에서도, 거리에서도 끝까지 계속 싸우는 일에 관해 이야기한 연설은 아주 유명하다. 영국은 왜 자신들이 그 싸움을 해낼 수 있을 거라고 생각했을까? 그것은 바로 처칠이 됭케르크에서 보았던 것 때문이다. 처칠은 알았다. "철수를 통해 전쟁에서 이길 수는 없지만, 이 구조 작전에는 승리가 담겨 있었다."

때로는 서둘러 쳐들어가야 할 때가 있다. 때로는 발사를 멈춰야 할 때도 있다. 그러나 대부분 가장 어려운 일은 방향을 돌리는 것이다.

우리 본능은 앞으로 밀고 나아가려고 한다. 우리 내면에는 패배를 인정하기보다는, 달아나기보다는 죽는 것이 낫다고 느끼는 부분도 있다. 동화책과 역사책에서 '후퇴'는 영웅적 행위, 용기, 절제의 반대말이다. 하지만 바로 그 후퇴야말로 침착성과 용기를 끌어내 반드시 해내야만 하는 일이 될 때가 있다.

소크라테스는 델리움 전투에서 자신이 바로 그런 상황에 부닥쳤음을 알았다. 우리가 잘 잊어버리곤 하지만 소크라테스도 한때는 군인이었는데, 그것도 아주 훌륭한 군인이었다. 아테네군의 전선은 무너지고 병사들은 달아나고 있었다. 하지만 소크라테스는 달아나면서도 자기 절제를 유지하며 무기나 방패를 절대 내던지지 않았다. 소크라테스는 전쟁터를 떠나는 동안에도 계속 싸웠다고 한다.

소크라테스의 제자이자 소크라테스가 그의 목숨을 구해주었다고 전해지는 알키비아데스의 기록에 따르면, 소크라테스는 탈출하느라 계속 싸우면서도 지킬 가치가 있는 것은 그 무엇도 그 누구도 포기하지 않았고 무엇보다 자기 존엄성을 유지하고자 했다. 나중에 알키비아데스는 이렇게 말했다. "이런 종류의 사람은 전쟁에서 절대 표적이 되지 않으며, 앞다퉈 달아나는 자만이 적들에게 쫓긴다."

앞으로 나아가는 일은 언제나 영감을 주지만, 때로는 뒤돌아서 후퇴해야 할 때도 있다. 그때도 존엄을 지킬 수 있으려면 다른 수준의 절제가 필요하다.

훌륭한 사람들이 전투에서 지는 일이 절대 없다면, 용기와 노력만으로도 언제나 충분하다면 정말 멋지겠지만 그것은 현실이 아니다. 다음 날도 싸우려면 오늘 살아남아야만 한다. 문제는 그렇게 해야만 할 때가 언제인지가 아니라 그날이 왔을 때 그 상황에 어떻게 반응할 것인가다.

그리스인에게 후퇴는 수치스러운 일이 아니었다. 후퇴했다는 사실보다 더 중요한 것은 어떻게 잘 후퇴했는가 하는 점이었다. 가장 통탄할 죄는 '립사스피아', 바로 정신없이 달아나는 와중에 방패를 잃어버리는 일이었다. 그것은 전투대형 전체를 무너뜨리고 전우들을 위험에 빠뜨리는 일이기 때문이다. 스파르타인은 전투에서 패배하고 돌아올 수는 있어도, 감히 그 누구라도 전우를 버리고 오는 일은 생각도 할 수 없었다. 그것이 바로 방패를 갖고 돌아오거나 방패에 실려 돌아오라는 말이 의미하는 바다.

패색이 보일 때 어떤 사람은 그냥 포기해버린다. 이렇게 의지가 무너지면 끔찍한 일이 일어난다. 무질서와 무관심 때문에 문제가 악화하고, 상황을 해결할 길이 막히며, 심지어 다른 사람들에게까지 부수적 피해를 줄 수 있다. 소크라테스와 됭케르크의 영웅들이 보여주었듯이 그것은 우리가 갈 길이 아니다.

그런가 하면 고집이 미덕이라 생각하고 포기를 거부하는 사람도 있다. 하지만 이 역시 미덕이 아닌 악덕이다. 앞으로 가는 것밖에 모르는 사람은 쓰러지면 절대 다시 일어나지 못하는 사람이며, 탈출 계획이 없는 사람이고, 용감한 것이 아니라 무모한 사람이다. 그들은 자신을 통제하는 것이 아니라 한 가지 방향에만 매몰된 것이다.

전쟁에서도 인생에서도 사업에서도 항상 이길 수는 없다. 후퇴하거나 손실을 줄이거나 탈출할 줄 모르는 사람은 취약한 사람이다. 지는 법을 모른다고 해서 지지 않는 것은 아니다. 단지 더 고통스럽게 질 따름이다.

링컨은 자기 부친이 "불리한 흥정을 하고 있다면, 더 단단히 붙잡아라"라는 속담의 논리에 갇혀 있다고 생각했다. 놓아버리지 못하고, 전술을 바꾸지 못하며, 실수를 인정하지 못하는 것은 이미 투입한 비용과 노력이 아깝다고 경제성 없는 일을 중단하지 않고 지속하여 손실을 더 키우는, 이른바 매몰비용의 오류가 구현되는 양상이 아닐까? 그것은 불리한 일에 소중한 돈을 쏟아붓게 해서 수십 년 동안 실패하고 아등바등하는 저주스러운 운명을 불러온다.

우리는 어떨까? 우리라고 과연 다르게 행동할까? 우리는 멍청하게도 이미 했던 일을 계속 똑같이 반복하면서 언젠가는 다른 결과가 나올지도 모른다는 환상을 품는다. 포기하지 않는 것이 강인한 인격의 증거라고 생각하지만, 사실 그것은 어리석음이나 나약함일 것이다. 또는 자신은 영원히 앞으로만 나아갈 수 있다고 생각하지만 적이 파놓은 함정으로 들어가게 하는 것도 바로 그 만족할 줄 모르는 마음이다.

희망은 중요하지만 희망이 전략은 아니다. 거부는 결단이 아니다. 망상은 충동이다. 결국에는 탐욕이 우리를 집어삼킬 것이다.

몸에 문제가 생겼다는 것을 감지하고 싸움을 그만둔 미국의 권투선수 로키 마르시아노의 자기 통제를 생각해보자. 마르시아노는 너무 늦기 전에 빠져나간 보기 드문 권투선수다. 마르시아노는 1956년에 플로이드 패터슨과 싸운다면 100만 달러를 주겠다는 제안을 받았다. 1955년에 아치 무어를 상대로 여섯 번째이자 마지막인 타이틀 방어전을 했을 때 받은 것보다 두 배가 넘는 액수였다. 하지만 마르시아노는 자기 시대가 끝났다는 것을 알았다. 그리고 자부심이나 지갑보다 자기 몸을 더 소중히 여겼다.

루 게릭의 경기 수행이 팀에 해를 입히기 전에 그를 벤치에 앉힌 것은 결국 게릭 자신이었음을 기억하자. 자기가 가장 사랑했던 것을 잃는 일이었는데도 게릭은 그렇게 훌륭하게 존엄과 평정을 지키며 야구를 그만둘 수 있었다. 그렇게 할 수 있으려면 아주 강인해야 한다. 게임이 끝났을 때를 인지하려면, 떠나야 할 때가 언제인지 알 수 있으려면 말이다.

대공황 때 재무부 차관이었던 딘 애치슨에 관한 훌륭한 이야기도 전해진다. 애치슨은 통화에 관한 어떤 문제에서 프랭클린 루스벨트 대통령과 의견이 상당히 어긋났다. 애치슨이 루스벨트에게 법이 아주 명백하다고 말하자 루스벨트는 자신의 법률가들이 그 법을 우회할 방법을 찾아줄 것으로 기대한다고 말했다. 합의점을 찾지 못한 열띤 논쟁 끝에 애치슨은 정중하고 우아하게 사직서를 제출했다. 그 후 자기 후임자의 취임식에 참석한 애치슨은 자신을 보고 얼떨떨해하는 루스벨트에게 그 일을 할 기회를 주었던 것에 대해 진심 어린 감사의 말을 전했다. 그 모습에 루스벨트는 큰 감명을 받았다. 애치슨은 제2차 세계대전 중에 다시 공직으로 복귀했을 뿐 아니라 루스벨트는 그를 모범으로 추켜세웠다. 언젠가 누군가가 참을성 없이 사직서를 제출했을 때 루스벨트는 "그에게 신사가 퇴임하는 방법에 관해

던 애치슨에게 물어보라고 하세요"라고 말했다.

자존심을 옆으로 밀어놓고 패배를 인정할 수 있는가? 타협할 수 없는 차이를 받아들일 수 있는가? 때가 되면 떠날 수 있는가? 떠나지 않는 방법이 더 유혹적일 때조차 그럴 수 있는가? 모든 것이 무너지고 있을 때, 우리도 그와 더불어 무너지기를 모두가 지켜보며 기다리고 있을 때, 그때도 자신을 온전히 유지할 수 있는가?

후퇴는 일시적일 뿐임을 기억해야 한다. 후퇴는 승리를 위해 우리가 다시 공세를 펴고 용감하게 다시 공격을 시작할 때까지 시간을 벌어준다. 우리는 자기 빚을 갚아야 하고, 자기 실수를 인정해야 하며, 자기 의도를 전달해야만 한다. 다음에는 무엇을 할 것인지 계획이 있어야 한다. 다음 사업이든, 새로운 장이든, 또 다른 공격이든 말이다.

50

삶의 끝자락에서 붙잡아야 할 것

1802년 10월 베토벤은 하일리겐슈타트의 자기 방에서 생애 가장 어두운 순간을 지나고 있었다. 건강이 몇 년째 악화일로를 걷고 있었고, 열병과 이질에 시달렸다. 지독한 두통도 그를 고문했다. 귀족이 아닌 신분 때문에 누차 결혼에 실패하면서 실연의 상처도 깊었다. 그때까지는 베토벤의 천재성도 아직 완전히 인정받지 못하고 있었다. 그가 많은 평론가의 입에 오르내리고 있었어도 음악 분야는 아직 보수적 세력이 장악하고 있었고, 나폴레옹전쟁은 그의 조국을 파괴하고 있었다.

이 암담한 시기에 베토벤은 모든 것을 끝내버리려고 했다. 그는 동생들에게 보내는 편지에서 이렇게 호소했다. "6년 동안 절망 속에서 고통받았다. 해마다 나아지리라는 희망으로 나를 기만한 어리석은 의사들이 상황을 더 나쁘게 했지. 그러나 결국 병에 계속 시달릴 것이라는 전망을 받아들일 수밖에 없구나. 열정적이며 활동적으로 살았고 사교적인 모임도 즐겨 참석했는데 이제는 어쩔 수 없이 세상 뒤로 물러나 혼자 살아야 한다. 청력이 나빠지고 있다는 두 배로 슬픈 사실이 얼마나 잔인하게 나를 내동댕이치던지. 그런데도 나는 사람들에게 '더 크게 말해요, 소리쳐요. 나는 귀가 먹었으니까'라고 말할 수도 없었다."

운명이 단체로 몰려와 베토벤을 괴롭히는 것 같았다. 병세에는 차도가 없었고, 여러 사건이 베토벤을 무너뜨리려고 공모라도 한 듯이 일어났다. 사실 다른 사람이 그에게 일어난 일들을 겪었다면 이미 무너졌을 것이다.

하지만 베토벤은 무너지지 않았다. 그 모든 고통과 고뇌에도 불구하고 베토벤은 검은 심연 위 절벽에 서서 그 너머, 자기의 가장 위대한 재능이 펼쳐질 미래에 시선을 둔 채 계속해나갈 힘을 끌어 올렸다. "나를 붙잡은 것은 오직 나의 예술이었다. 나 자신이 만들어낼 수 있다고 느끼는 그 모든 것을 만들어내기 전에는 이 세상을 절대 떠날 수 없다. 그리하여 나는 이 비참한 생을 연장했다. (…) 나의 이 결단이 죽음을 결정하는 가차 없는 운명의 세 여신을 만족시킬 때까지 굳건히 유지되기를 바랄 뿐이다. 내 상태가 호전될 수도 있고 그러지 않을 수도 있지만 나는 준비가 되었다."

이루 말로 표현할 수 없는 비참함 속에서도 미덕은 베토벤을 지탱했다. "그것과 나의 예술 덕분에 나는 자살로 생을 마감하지 않을 수 있었다."

베토벤에게 목숨을 앗아갈 뻔했던 그 격정적 발작에 저항할 자기 통제력이 있었다는 것은 우리에게 얼마나 큰 행운인가. 그렇지 않았다면 우리는 「엘리제를 위하여」와 「피아노 협주곡 5번」, 베토벤의 교향곡들을 비롯하여 수백 편에 달하는 작품을 듣지 못했을 것이다.

물론 인생의 모든 일은 어떤 형태로든 인내를 요구한다. 참을성, 강인성, 만족의 유예 같은 그 모든 것 말이다. 그렇다면 인생 자체는 어떨까? 지독한 병과 유배 생활을 겪은 세네카는 "때로는 산다는 것 자체가 용기를 요구하는 행위다"라고 썼다. 산다는 것은 또한 절제 그 자체기도 하다.

인생은 공정하지 않다. 친절하지도 않다. 인생은 우리에게 몸과 마음의 강인함뿐 아니라 영혼의 강인함도 요구한다. 고대 그리스인이 '카르테리아'라고 불렀던 굴하지 않는 끈기 말이다. 그러한 강인함이 없다면 우리는 용감하게 계속 나아갈 수 없다. 용기를 꺾어놓으려고, 자신을 포기하게 하려고, 제정신과 원칙과 철학을 저버리게 하려고 퍼붓는 운명의 주먹질 앞에서 살아남을 수 없게 된다.

"인내가 인간 미덕의 정수다"라고 위트니스 리 목사는 말했다. 인내는 단지 폭풍우 한두 번을 견디는 정도가 아니다. 나쁜 한 해 또는 나쁜 10년 또는 더 오래 나쁜 시간을 보낸 사람이라면 알 것이다. 하지만 이 사람들이야말로 분투하는 사람, 난관과 고통과 의심에 둘러싸인 사람, 그러면서도 포기하기를 거부하고 시도하기를 멈추지 않았던 사람이다. 이것은 용기를 넘어선 것이다. 그들은 자신을 가장 힘들게 하는 것이 바로 자기 몸과 마음일지라도 그 몸과 마음을 정복했다.

고대 그리스의 철학자이자 의학자인 섹스투스 엠피리쿠스는 인내를 "우리를 견디기 어려워 보이는 것들보다 더 우월한 존재로 만들어주는 미덕"이라고 정의했다. 폴 갤리코는 친구 루 게릭에 관한 글을 쓰면서 게릭의 영웅성을 정의하려고 시도했다. 그리고 "무엇보다도 불평하지 않고 조용히 고통을 견뎌내는 역량, 고통을 인내하며 절대 드러내지 않는 능력, 세상에 자신이 고통을 인내하고 있음을 알리지 않는 능력"이라고 말했다. 하지만 이를 도움을 요청하지 않는 것과 혼동하지는 말자. 영국의 일러스트레이터 찰리 매커시가 아름답게 표현했듯이, "도움을 구하기를 포기하는 것이 아니라 포기하기를 거부하는 것이다."

세네카는 8년 동안 유배 생활을 했다. 안누스 호리빌리스, 즉 끔찍한 해를 보냈던 엘리자베스 2세를 생각해보라. 스물다섯 달 동안 다락방에서 숨어 지내며 쾌활하게 일기를 썼던 유대인 소녀 안네 프랑크를 생각해보라. 근위축성측삭경화증으로 40년 동안 휠체어에 묶여 살아간 스티븐 호킹을 생각해보라. 평생 위장병과 전쟁과 홍수와 역병에 시달리면서도 못 견딜 것은 없다고, 견디지 못할 단 한 가지, 바로 우리의 유한성이 결국에는 우리 문제를 해결해줄 것이라고 자신에게 상기시켰던 마르쿠스 아우렐리우스를 생각해보라.

산후 우울증을 견뎌낸 어머니, 파산과 싸우고 굴욕스러운 실패와 싸워서 이겨낸 사람, 금단증상과 싸우고 결국에는 밑바닥에서 다시 일어난 중독자, 세대를 이어 괴롭히던 가난에서 벗어나려고 처절하게 노력했던 사람, 인간이 다른 인간에게 할 수 있는 최악의 행위에서 살아남은 노예를 생각해보라.

그들은 계속 나아갔다. 그들은 그만두지 않았다. 미국의 작가 마이아 앤절로가 쓴 「여전히 나는 일어선다」의 시구처럼, 그런데도 여전히 그들은 일어났다. 그럼으로써 인내와 조용한 기개로 자신의 고통을 고귀하고 존엄하게 했다.

그들은 자신을 덮친 역경보다 자신이 더 위대한 존재임을 스스로 증명하고 계속 나아갔다. 우리도 그럴 수 있다. 절망하지도 포기하지도 말고 신념을 지키자. 언젠가는 우리도 이 괴로움을 건너 저편에 도달해서 다시 지금을 돌아보며, 멈추지 않고 계속 나아간 것을 기뻐할 날이 있을 테니까. 우리는 모두 그럴 것이다.

51

인격을 완성하면
성공은 저절로 따라온다

고대 로마의 군인이자 정치가 폼페이우스는 서기 66년에 이미 '위대한'이라는 뜻의 '마그누스'라는 칭호를 얻어, 명실상부 '위대한 폼페이우스'가 되었다. 폼페이우스는 에스파냐를 다시 정복했고, 두 번이나 로마의 집정관을 지냈으며, 스파르타쿠스노예폭동을 일으킨 스파르타쿠스를 물리쳤다.

그다음으로 폼페이우스는 지중해를 공포에 몰아넣던 길리기아 해적을 소탕하라는 임무를 받고 파견되었다. 떠나기 전에 폼페이우스는 고대 세계의 위대한 사상가인 그리스의 스토아 철학자 포시도니오스에게 들러 조언을 구했다.

포시도니오스의 조언은 하나 마나 한 말처럼 들렸을 수도 있다. "최고가 되고, 항상 남보다 우월한 존재가 되시오." 포시도니오스는 야심 찬 장군 폼페이우스에게 『오디세이아』의 한 구절을 인용해주었다. 하지만 그것은 적보다 더 많은 승리를 거두라는 뜻이 아니라 자신을 정복하라는 말이었다. 가장 중요한 것은 명예가 아니라 명예로운 존재가 되는 것이다.

고대 그리스의 철학자 플루타르코스가 우리에게 들려주는 이야기도 이와 비슷하다. 그리스의 장군이자 정치가였던 에파미논다스에 대한 이야기다. 그는 전쟁터 안팎에서 보여준 뛰어난 능력에도 불구하고 굴욕스럽게도 테베의 아주 사소한 직책에 임명되었다. 에파미논다스에게 테베의 하수구를 책임지는 일이 맡겨진 것은 바로 그가 뛰어났기 때문이었다. 에파미논다스에게 질투와 두려움을 느끼는 경쟁자들은 그 임명이 그의 경력을 사실상 끝내버리리라고 생각했다. 그런데 에파미논다스는 사소한 일을 맡은 데 분노하거나 절망하는 대신, 새로운 직책을 충실하게 수행하면서 '직책이 사람을 특별한 존재로 만드는 것이 아니라 사람이 직책을 특별하게 하는 것'이라고 선언했다. 플루타르코스에 따르면 에파미논다스는 근면하게 성심을 다해 "이전에는 배설물을 치우고 거리에 물이 흐르지 않게 물길을 돌리는 정도에 지나지 않았던 보잘것없는 일을 위대하고 존경받는 명예로 바꿔놓았다."

가장 훌륭한 이는 절제로써 자기 업적에 빛을 더하는 사람이지 업적 때문에 빛나는 사람이 아니다. 이것이 바로 포시도니오스가 폼페이우스에게 말하고자 한 바였다. 중요한 것은 결국 우리가 무엇을 하는가가 아니라 그 일을 어떻게 하는가, 더 나아가 우리가 어떤 존재인가 하는 점이다.

훌륭한 인간이 되기보다 자기 직업에서 훌륭해지는 것이 더 중요하다고 생각하는 사람이 너무 많다. 다른 모든 것을 제쳐두고라도 성공이나 기술이나 명예나 권력을 추구해야 한다고 믿는 이도 많다. 정말 그래야만 하는 것일까?

엘리자베스 2세는 국왕의 직책을 물려받았다. 마르쿠스 아우렐리우스는 소년 시절에 미래의 황제가 될 재목으로 선택되었다. 하지만 두 사람을 왕다운 존재가 되게 한 것은 왕좌가 아니라 그들의 행동이었다. 그들은 지위 못지않게 인격도 자신들의 높은 신분에 부합하는 사람이었다. 마르쿠스가 말했듯이 그의 목표는 가장 강력한 왕이 되는 것도, 가장 넓은 영토를 정복하는 것도, 가장 아름다운 건물을 짓는 것도 아니었다. 대신 마르쿠스는 "생의 마지막 날까지 광란이나 나태나 겉치레 없이 매일을 살아가며 인격의 완성을" 추구했다. 엘리자베스와 마르쿠스가 이룬 경이로운 외적 성취는 알고 보면 내면의 노력에서 나온 것이다. 즉, 목표가 아니라 부산물이다.

우리가 자신을 완전히 정복했다면 세계를 정복하는 것은 쉬운 일이라고 할 수 있다. 확실한 것은 세계를 정복한 사람보다 자신을 정복한 사람이 더 적다는 것이다.

어떤 직업에서든 진정한 대가를 연구하다 보면 바로 이런 사실을 발견하게 된다. 그들은 승리, 돈이나 명예 등 성공의 결과로 따라오는 것 대부분에 별 관심이 없다. 그들의 여정은 언제나 더 큰 무엇을 향해 나아가는 것이다. 그들은 경쟁자가 아닌 자신과 싸운다.

자기 절제는 절대 벌을 주거나 박탈하는 것이 아니다. 자기 절제에서 중요한 건 자신이 될 수 있는 최고가 되는 일이다.

최고가 되려는 투쟁은 남을 이기는 일보다는 모든 인간에게 있는 충동, 결함, 이기적 본능을 극복하는 일과 관련이 깊다. 마이클 조던은 1997년 NBA 결승전의 그 유명한 '독감 경기' 날에 힘든 몸 때문에 뛰기 싫은 욕망을 이겨내고 팀의 승리를 이끌었다. 그러나 그보다 더 위대한 결승전의 순간은 2021년에 있었다. 쉽지 않은 인생을 살아온, 프로농구팀 피닉스 선스의 코치 몬티 윌리엄스는 방금 자기 팀에 패배를 안긴 새로운 우승 팀 밀워키 벅스의 탈의실로 들어가 말했다. "한 사람이자 코치로서 여러분에게 축하의 말을 전하고 싶어서 왔습니다. 여러분은 우승자가 될 자격이 있어요. 이번 경기의 경험에 감사하는 마음입니다. 여러분이 내가 더 나은 코치가 되고, 우리 팀이 더 나은 팀이 되게 해주었어요. 축하합니다."

폼페이우스에게는 만족이란 없고, 신성한 것도 없었다. 폼페이우스는 포시도니오스가 '영광에 대한 그의 미친 사랑'이라 표현했던 끝없는 야심 때문에 카이사르와 동맹을 맺었는데, 이는 한때 그가 사랑했던 공화정 몰락의 시초가 되었다. 결국 폼페이우스는 그 동맹이 파우스트처럼 영혼을 판 계약이었음을 깨닫고 나서 로마를 지키고자 장렬히 싸웠지만 이미 때는 늦은 뒤였다. 어느 날 파루살루스에서 카이사르의 군대에 패배하여 그때까지 쌓아온 모든 것을 잃고, 얼마 지나지 않아 목숨까지 잃고 말았다. 폼페이우스가 마지막으로 남긴 말은 극작가 소포클레스의 문장을 인용한 것이었다.

누구든 독재자의 궁정에 들어가는 자는
자유로운 사람으로 들어갔다고 해도
이내 그 노예가 되고 마느니.

폼페이우스는 명성, 부, 권력, 승리 등 잘못된 '최고'를 좇느라 자신을 '최악'의 사슬에 묶어버리고 말았다. 그것은 폼페이우스에게서 모든 것을 앗아갔다. 타협할 때, 절제를 느슨하게 할 때, '예외'를 두고 옳은 일 대신 편리한 일을 할 때, 우리에게도 그런 일이 일어난다.

역사에는 위대한 정복자가 넘쳐난다. 하지만 인간적으로도 훌륭한 장군의 수는 그보다 훨씬 적다. 재능 있는 작가와 획기적인 과학자, 경이로운 운동선수, 대담한 기업가는 모두 드문 사람이다. 그보다 더 드물고 훨씬 더 대단한 사람은 자신을 통제하는 힘을 잃지 않고, 야망과 경력과 충동의 노예가 되지 않으면서 그런 업적을 이뤄낼 수 있었던 사람이다.

어떤 사람이 될 것인가? 어떤 경주에서 뛸 것인가? 그 경주에서 누구를 이기려고 노력할 것인가? 그리고 그것이 최선인가? 우리가 마음속에 두고 항상 생각해야 하는 질문이다.

52

유연함이 강함이다

에도시대의 무사 무사시는 실질적인 위험에 처했다. 무언가를 집중적으로 훈련하는 사람이라면 누구나 그렇듯이 무사시에게는 경직성의 위험, 그러니까 특정 방식과 특정 접근법에만 갇힐 위험이 있었다. 이는 어떤 분야에서 전문가가 되면 자연스럽게 따라오는 부수적 결과다.

어떤 일을 한 가지 방식으로 천 번 연습하고 나서 또 똑같이 천 번을 연습한다면, 우리는 늘 그 일이 그렇게 처리될 것으로 예상하게 되고, 어쩌면 그렇게 되어야만 한다고 생각하게 된다. 규칙적인 일상을 따르고, 체계를 세우고, 자기만의 방식을 만든다면 그 안에서 자유를 발견하지만, 동시에 거기에 예속될 수도 있다.

무사시가 진정으로 대가다운 실력을 갖추려면 스스로 채운 그 사슬에서 벗어나야만 했다. 그렇게 하는 데 어떤 대가가 따를지도 알고 있었다. 무사시는 이미 적의 흐름을 끊거나 균형을 무너뜨림으로써, 늦게 도착하거나 이상하게 행동하거나 검 대신 긴 노로 싸우는 등 자신을 죽이려는 전사를 당황하게 함으로써 가공할 만한 적수를 많이 이겼다.

자기 방법의 포로가 될 것인가, 아니면 그 방법을 뛰어넘을 것인가? 무사시는 후자를 택했다. 미술과 시를 공부했다. 안락한 안전지대에서 의도적으로 자신을 밀어냈다. 성장을 멈추기를 거부하고, 그 무엇에도 갇히기를 거부했다. 무사시는 다시 만들고 변화하며 나이가 들수록 더 새롭고 더 뛰어난 검객이 되었다.

무사시는 이렇게 썼다. "무기든 다른 무엇이든 구분을 짓지 말아야 한다. 장군이든 병사든 하나를 선호하고 다른 하나를 싫어하는 것은 잘못이다. 목숨을 내걸었을 때는 모든 무기가 유용하기를 바랄 것이다." 또는 될 수 있으면 많은 무기를 갖기를 원할 것이다.

"가진 것이 망치뿐일 때는 모든 것이 못처럼 보인다"라는 말을 아는가? 이는 경직성을 경고하는 말이자 자신과 자기 일을 특정한 방식으로 보는 일과 거기에 내재한 한계를 경고하는 말이다.

이것이 까다로운 이유는 경직성이 절제에서 중요한 부분이기도 하기 때문이다. 우리에게는 신성하게 여기는 어떤 것이 있다. 체계를 세우고, 일정한 방식을 만들며, 정체성을 구축하고 나서 그것들을 고수한다. 다른 사람은 모두 바람에 날리는 깃털같을 때 굳건히 자신을 유지하는 것이다.

훌륭한 일이다. 하지만 그것만으로는 충분하지 않다. 톰 브레이디가 미식축구 역사상 가장 위대한 선수가 된 것과, 그가 40대에 들어설 때까지 그에게 여러 번의 최종 우승을 안겨주며 선수로서 긴 수명을 누리게 해준 덕목은 서로 다른 것이다. 브레이디는 헌신과 노력에 힘입어 일찌감치 뛰어난 선수가 되었다. 하지만 브레이디의 몸을 오래 유지할 수 있게 해준 것은 그의 유연성이었다. 다른 선수들은 힘이 더 세지고 몸이 더 커지는 데만 집중했지만, 브레이디는 탄력성에 집중했다. 브레이디의 몸은 나긋나긋하고 가벼웠다. 하지만 여기서 말하는 유연성은 비유적인 의미기도 하다. 브레이디는 특정한 방식을 강요하지 않았다. 경기가 변해가는 방식에, 새로운 규칙에, 새로 온 새세대의 선수들과 새로운 도시에서 새로운 팀과 함께하는 일에 맞춰 항상 적응했다.

2019년에 미국의 미식축구팀 로스앤젤레스 램스는 슈퍼볼에 패배하면서 바로 이 교훈을 얻게 된다. 그들은 너무 경직되어 적응하지 못했다. 현재 숀 맥베이 코치는 과도한 훈련보다는 긴장을 풀고 평온에 도달하는 일에 집중하고 있다. 이제 우리는 변화하는 방법도 알아야 하는 것이 아닐까? 물론이다.

언젠가 처칠의 한 동료는 처칠이 "전통은 공경하지만 인습은 조롱한다"라는 말로 그 균형을 완벽하게 표현했다. 과거는 중요하지만 그렇다고 과거가 감옥이 되어서는 안 된다. 로마인이 '조상의 관습'이라고 불렀던 옛 방식은 중요하지만 그것이 완벽한 방식이라고 착각해서는 안 된다.

유구한 제도를 수호하는 사람이면서도 시대에 어긋나는 것을 절대 자신에게 허용하지 않았던 엘리자베스 2세를 한번 생각해보라. "여왕 폐하는 아주 괜찮은 여자지 / 하지만 매일매일 달라진다네." 비틀스가 「여왕 폐하」라는 노래에서 말하려 한 바도 바로 그것이었다. 그리고 1965년 여왕이 비틀스를 '대영제국훈장 구성원'에 서훈했을 때 스스로 증명한 바기도 하다. 그것은 당시 전통주의자들에게는 심한 반발을 불러일으켰지만, 돌이켜보면 왕실이 영국의 문화에 참여하는 데 아주 필수적인 한 걸음이었다.

물론 원칙을 비롯해 바뀌면 안 되는 것도 있다. 하지만 그 나머지는 어떠한가? 분노와 원한이 가득한 사람, 절대로 함께 일할 수 없는 사람이 되지 않으려면 자신을 조정하고 상황에 적응할 만큼 충분히 강해져야 한다.

미국의 대학 농구팀 코치 샤카 스마트는 텍사스에서 코치 생활을 하다가 위스콘신주 밀워키의 마켓으로 옮겨갔을 때, 그가 추운 날씨에 잘 맞는 사람인가 따뜻한 날씨에 잘 맞는 사람인가 하는 질문을 받았다. "나는 날씨에 맞춰 옷을 입는 사람입니다"라는 것이 스마트의 대답이었다.

우리는 유연해지는 법을, 날아오는 주먹이나 날씨나 현재의 현실에 맞춰 몸을 움직이는 법을 배워야 한다. 절제를 하나의 정해진 접근법으로 고정해서는 안 된다. 그것은 자연스레 우리에게 유리하게 작용하는 쪽으로 기울어지기 때문이다. 우리를 그렇게 굳어지게 하는 것은 성공뿐만이 아니다. 누구나, 특히 나이가 들수록 특정한 방식으로 굳어지기 쉬운데 그 방식이 도움이 되지 않을 때조차 그렇다.

미국의 작가 수전 치버는 소로에 관한 비극적인 글을 남겼다. "소로는 나이가 들어가고 자신이 선택한 분야에서 아무런 성공도 거두지 못한 채 자기를 둘러싼 세상이 무너져가자 점점 더 경직된 사람으로 변해가는 것 같았다. 소로에게 남은 것은 원칙이 전부였다. 소로는 그 원칙을 믿는 것이 아니라 그 원칙에 지배받는 것 같았다." 그것이 정신이상의 정의다. 자신이 만든 정서적·예술적 함정에 갇혀 효과가 없는 짓을 고수하는 것이다.

이는 항상 강력한 의지로 남들보다 높이 우뚝 섰던 무하마드 알리에게 어느 트레이너가 했던 경고를 떠올리게 한다. "참나무는 높이 우뚝 자라지만, 구부러지고 흔들릴 줄도 알아야 꺾이지 않는다. 또한 참나무는 관의 재료로도 훌륭하다."

많은 사람이, 그것도 생이 다 하기도 전에, 자기가 만든 관에 스스로 들어간다. "자신이 항상 일해왔던 방식"이 더는 먹히지 않는다는 것을, 또는 "자신이 길러진 방식"이 더는 받아들여지지 않는다는 것을 이해하지 못했기 때문이다.

우리는 변화할 수 있는 역량과 유연성, 적응성을 키워야 한다. 계속해서 끊임없이 말이다. 엘리자베스 2세가 그랬던 것처럼 큰 것을 지키고 보호하고자 하루하루 작은 것은 바꿔 가야 한다. 그것이 항상 재미있는 것도, 항상 쉬운 것도 아니다. 하지만 그러지 않는다면 대안은 무엇일까?

자기 통제는 종신형이 아니다. 그것은 살아가는 하나의 방식이다. 유연성이란 중요한 것을 내버리는 것을 의미하지 않는다. 어떻게 하면 자신도 살고 남도 살게 하는지, 자기가 속한 전통 속에 편히 머물면서도 전통이 새롭게 창조될 수 있음을 이해하는 것이다. 또한 세상이 변하고 세상 속 우리의 위치도 바뀔 때 그에 맞춰 어떻게 적응해야 하는지, 우리가 반감을 느끼거나 쓸데없이 실패하거나 배제되지 않으면서도 어떻게 하면 우리의 원칙에 충실할 수 있을지 그 방법을 찾아내는 것을 뜻한다.

경직성은 취약성이다. 무형식은 절대 깨지지 않는다. 우리는 이 둘 중 하나를 선택할 수 있다.

53

절제는 더 많은 절제를 요구한다

베를린장벽이 무너진 날 밤, 앙겔라 메르켈은 맥주 한 잔을 마시고 나서 집으로 갔다. 군중은 주체할 수 없이 격렬한 안도와 흥분에 거리로 쏟아져 나왔다. 메르켈은 일찍 잠자리에 들었다. 메르켈에게는 다음 날 처리해야 할 일이 있었다.

메르켈은 유럽에서 아주 중요한 직위인 독일 총리로 선출된 뒤에도 그때까지 23년을 살았던, 임대료 상한제가 적용되는 평범한 아파트에 계속 살았다. 연주회에 갈 때는 다른 관객 사이의 일반석에 앉았고 반드시 입장료를 내겠다고 고집했다. 또 보좌관들이 자기 농담에 너무 크게 웃으면 꾸짖기도 했다. 그리고 베를린 시민은 "자유세계의 지도자"라고 불리는 메르켈이 몸소 상점에서 장을 보는 모습에 오래전부터 익숙해져 있었다.

언젠가 한 기자는 메르켈에게 그 모든 성취를 이루었는데도 여전히 고향 사람들에게 '목사 딸'이라고 불리는 것이 기분 나쁘지 않으냐고 물었다. "난 목사 딸이 맞는걸요"라는 것이 메르켈의 답이었다. 메르켈의 삶에 어떤 변화가 일어나든 그 사실은 변하지 않을 것이다.

대(大) 카토 역시 그랬다. 카토는 일찍이 극도의 검소함으로 로마의 타락한 지도자들과 극명한 대조를 이루었다. 그러나 플루타르코스에 따르면 "더욱 대단한 점은 카토가 젊고 야망이 넘칠 때뿐만이 아니라 나이가 들어 흰머리가 성성해지고 집정관으로 재임하며 승리를 축하할 때조차 똑같은 습관을 유지하고, 최고의 운동선수가 그러듯이 자기 단련의 규칙을 끝까지 계속 지켰다는 점이다."

이런 것이 바로 성공의 역설이다. 절제를 좀 느슨하게 해도 될 권리를 획득했다고 생각하는 바로 그때가 가장 절제해야 할 때다. 그때까지 해온 모든 노력에 대해 무슨 보상이 주어질까? 훨씬 더 많은 유혹에 노출되고, 훨씬 더 집중을 방해하는 것이 많아지고, 훨씬 더 기회도 늘어날 뿐이다. 여기에는 해결책이 딱 하나 있다. 바로 더 많이 절제하는 것이다!

성취하는 것은 훌륭하다. 그런데 성취를 이루었다고 해서 이기적인 인간이 되어도 괜찮을까? 갑자기 자신이 다른 사람들보다 더 낫다거나 더 중요하다고 생각하는 것은 어떨까? 이런 생각에서 벗어나야 한다. 카토가 플루타르코스를, 메르켈이 우리를 감동시키는 점은 그들이 수많은 사람과 달리 자기 자아를 부풀리거나 규칙에서 면제되는 데 권력이나 지위를 남용하지 않았다는 점이다.

2021년 중반에 있었던 필립 공의 장례식 사진 중 가장 인상적인 것은 거의 95세가 되어 왜소해진 엘리자베스 2세가 세인트조지예배당에서 홀로 앉아 있는 모습을 담은 사진이다. 물론 왕가는 더 많은 사람을 장례식에 초대하라고 제의받았다. 친절한 제안이긴 하지만 여왕은 코로나19 팬데믹 기간의 안전 방침을 지키고 존중해온 수백만 명의 영국과 영연방 시민에게 부당한 일이라며 즉각 거절의 의사를 표했다.

평생 의전을 따르며 살아왔던 엘리자베스는 예외를 둘 생각이 없었다. 그랬더라도 그것 때문에 어떤 대가를 치르지는 않았겠지만, 불명예는 피하지 못했을 것이다. 그 결정으로 여왕은 자기 인생에서 매우 힘든 날 하루를 혼자 보내야만 했다. 하지만 아무 도움도 받지 못한 것은 아니었다. 의무가 엘리자베스의 척추를 꼿꼿이 세워주고, 절제가 그 일을 버텨내도록 도와주었다. 또한 그 수도자 같은 헌신이 여왕을 더욱 드높여주었다.

"날 들어 올려 어디든 네가 원하는 곳으로 집어 던져라. 거기서도 내 혼은 자비와 만족으로 나를 대할 것이다." 마르쿠스 아우렐리우스가 『명상록』에 쓴 말이다. 마르쿠스가 이렇게 말한 것은 그가 자신에게 좋은 친구여서만이 아니라 중도를 걷고 스스로 통제한 결과로 회복 탄력성을 갖추었기 때문이다. 마르쿠스의 준엄성과 자족성은 성공 속에서든 역경 속에서든 평안할 수 있는 마음을 선물했다. 이런 마음은 우리가 다른 사람들이 하는 말이나 행동에 신경 쓰는 것을 멈추고 오직 자신이 하는 일에만 관심을 둘 때, "흔들리지 않고 결승선을 향해 곧바로" 나아가는 일에만 집중할 때 누구나 품을 수 있다.

이 말은 시리아 위기 당시 논란에도 불구하고 유럽 어느 나라보다 많은 수인 백만 명의 난민을 독일에 받아들이는 결정을 내렸을 때의 앙겔라 메르켈에게도 그대로 적용된다. 메르켈은 점점 악화하던 악몽 같은 인도주의적 위기를 무시해버리거나 다른 어느 나라의 지도자가 해결할 문제로 난민 문제를 치부해버릴 수도 있었다. 대부분 성공적인 정치가처럼 선거에 당선될 가능성만 신경 쓰며 옹졸하게 굴 수도 있었을 것이다.

하지만 메르켈은 한 목사의 딸로서, 한 인간으로서 그 문제에 접근하고 자기가 옳다고 생각한 바를 실행했다. 메르켈은 두려워하지 않았다. 비판받을지 말지도 신경 쓰지 않았다. 메르켈에게서 성공하고 나서 바뀐 부분은 세계적인 사건의 방향을 이끌 수 있는 능력 그리고 그가 쥔 권력뿐이었다.

겸손할 거리가 많을 때 겸손하기는 쉽다. 하지만 이제는 자기 열정을 마음껏 채울 수 있는 지위에 있다. 자신이 규칙 위에 존재하지 않을 때 규칙을 따르기는 쉽다. 하지만 지금은 사람들이 기꺼이 자신을 위해 핑계를 만들어주려고 한다. 이럴 때 정말 중요한 것이 바로 자기 절제다. 다른 것은 모두 사라졌기 때문이다.

가장 정신이 맑아야 할 때는 권력의 정점에 있을 때다. 재력이나 우월감으로 분별을 잃어서는 안 된다. 세네카는 말했다. "지위가 낮은 사람은 무력을 사용하거나 소송을 제기하거나 성급히 싸움을 걸거나 화를 마음껏 터뜨려도 이해받을 여지가 좀 더 크고, 같은 힘으로 오가는 주먹질은 서로에게 큰 해를 입히지 않는다. 하지만 왕은 목소리를 높이고 과격한 말을 하는 것조차 그의 위엄을 해친다."

극기는 더 많은 극기를 요구하지만, 극기한다고 해서 반드시 더 많은 것을 얻을 수 있는 것도 아니다. 극기가 극기를 더 수월하게 해주지 않는데도, 극기의 보상으로 주어지는 것은 극기를 느슨하게 할 100만 가지 유혹적인 이유와 돈이다.

그러나 우리는 그런 유혹에 느슨해지지 않을 만큼 더 훌륭하고 더 큰 존재라는 것을 보여줄 것이다. 우리 승리는 요행수가 아니고, 우리는 그 승리를 누릴 자격이 있으며, 승리를 쌓고 유지하는 데 필요한 요소를 갖추고 있다는 것을 말이다.

우리는 중요한 것에만 정신을 집중할 것이다. 우리 운에 일어난 변화 때문에 우쭐대지는 않을 것이며, 성공이 우리를 바꿔놓지 않았음을 보여줄 것이다. 물론 성공으로 우리가 더 나은 존재가 되기는 하겠지만 말이다.

54

평온에 이르는 유일한 길

미덕은 음악과 같아서, 더 높고 고상한 높이에서 진동한다.

— 스티븐 프레스필드(미국의 작가)

괴테는 『파우스트』에서 "태초에 말씀이 있었다"라는 말을 꺼내놓고는 다시 그 말을 정정한다. "아니, 태초에는 행동이 있었지."

이 책은 네 가지 기본 미덕을 주제로 한 시리즈 가운데 두 번째 책으로 자기 절제를 다룬다. 이 책이 끝을 향해 가는 이 지점에서 '말은 중요하지 않다'라는 점을 짚고 넘어가는 것이 좋겠다. 중요한 것은 '행동'이다. 이 사실을 다른 세 가지 미덕인 용기, 정의, 지혜와 절제의 관계보다 더 정확히 증명해주는 것은 없다. 행동에 옮길 자기 절제가 없이는 용기와 정의와 지혜는 전혀 실현할 수 없고, 심지어 무가치하다고도 할 수 있다.

조지 워싱턴부터 벤저민 프랭클린, 존 애덤스, 패트릭 헨리까지 미국 건국의 아버지들은 대부분 그들의 새로운 정부 체제는 국민의 미덕 없이는 절대로 확립할 수 없다는 주장을 각자의 방식으로 내놓았다. 주로 그들이 말한 것은 절제의 미덕으로, 자유는 개개인이 절제로써 다스리지 않는다면 지탱될 수 없다는 것이었다. 실제로 애덤스는 자기 통제력이 없는 사람은 "그물을 뚫고 지나가는 고래처럼 우리 헌법의 가장 강력한 줄을 끊어버릴 것"이라고 말했다.

우리는 권리를 위해, 자기 주인이 될 수 있는 권력을 위해 용감하게 싸울 수 있다. 우리에게는 그럴 권한이 있다. 하지만 자기 주인이 된다는 것은 궁극적으로 자신을 책임져야만 한다는 것을 의미한다. 우리가 책임지지 않으면 다른 누군가 또는 다른 뭔가가 그럴 것이기 때문이다. 자기 절제가 없다면 자신이 어느 정도나 이룰 수 있을지, 자기 성공이 얼마나 오래 지속될 수 있을지, 용기와 정의는 물론 심지어 지혜까지도 도가 지나칠 때 얼마나 빨리 악덕으로 변질될 수 있을지 생각해보라.

유일한 길은 자기 절제다. 그것은 모든 충동에 맞서 조절하는 힘이다. 키케로는 말했다. "자기 통제로써 용기를 보완하라. 그러면 행복한 삶을 위한 모든 재료가 네 것이 되리니. 그러면 용기가 괴로움과 두려움을 막아주고, 자기 통제가 쾌락과 무절제한 갈망으로부터 너를 자유롭게 한다."

미덕을 말하기란 쉽다. 그 이야기는 이 책의 책장들 위로 순조롭게 흘러왔고, 수 세기 동안의 시와 문학과 기억이 뒷받침해주었다. 그러나 내가 이 책을 쓴 의도와 여러분이 이 책을 읽는 데 쓴 시간은 단순한 여흥이 아니다. 철학이란 그러라고 있는 것이 아니다.

우리가 여기서 하려는 것은 실제로 자신이 더 나은 사람이 되게 하는 것이다. 자기 소명에 답하고, 헤라클레스의 선택에 맞먹는 우리만의 선택을 하려는 것이다. 오늘, 내일 그리고 모든 순간에 말이다.

어떤 미덕이든 책장 위에만 존재한다면 아무 소용도 없다. 실행에 옮길 용기가 없다면, 혼자서 마음에만 품고 있다면, 반대 방향으로 살아가면서 얻은 수많은 보상을 누리는 채로 말로만 미덕을 주장한다면 그런 미덕에 무슨 의미가 있겠는가? 우리는 진리를 숙고하고, 그런 다음에는 그 진리를 기반으로 행동해야만 한다.

네 가지 기본 미덕은 인격, 훌륭하고 굳건한 인격을 함양하려는 것이므로 결정적 순간이 오면 그 사람의 진짜 본성이 드러날 것이다. 자기 절제는 그냥 생기는 것이 아니라 갈고닦는 것이다. 오직 글을 써야만 작가가 되고, 읽을 가치가 있는 글을 써야만 훌륭한 작가가 되듯이, 절제하는 사람이라는 것은 살아가는 삶으로써 증명된다.

루 게릭부터 마르쿠스 아우렐리우스, 엘리자베스 2세, 조지 워싱턴, 마사 그레이엄, 해리 트루먼, 조이스 캐럴 오츠, 부커 T. 워싱턴, 플로이드 패터슨까지 우리가 지금까지 살펴본 이들은 완벽한 사람이 아니었다. 때때로 그들은 우리가 살펴보고 있는 미덕과 정반대의 모습을 보이기도 했는데, 이 점은 반드시 짚고 넘어가야 한다. 그래도 핵심적이고 결정적인 순간에 그들이 자신의 진짜 인격을 드러내며 대단히 위대한 어떤 일을 해냈다는 사실은 부인할 수 없다. 당대에 그들이 도움을 주었던 사람들과 그들이 추구했던 대의를 위해서 한 일뿐 아니라 오늘날 그들의 성취에서 영감을 얻는 우리에게도 위대한 어떤 일 말이다.

중요한 것은 그들이 한 말이 아니라 그들의 본질에서 기인한 그들의 행동이었다. 그것이 링컨이 게티즈버그에서 말하고자 한 바다. "여기서 우리가 하는 말은 중요하지 않지만, 거기서 그들이 한 행동은 중요하다." 양키스의 자랑인 루 게릭이든 자기 운명과 안토니누스의 모범에 부합하는 삶을 살려고 애썼던 마르쿠스 아우렐리우스든 약 20세기 뒤 그와 유사한 압박 아래서 애쓰며 살아간 엘리자베스 2세든 또는 빼앗긴 챔피언 타이틀을 되찾고자 안간힘을 다한 플로이드 패터슨이든 자살의 문턱에서 힘을 내 다시 돌아온 베토벤이든 간에 그들의 자기 절제, 그들의 자제, 그들의 인내가 우리를 부른다.

그들의 미덕이 빛을 발한다. 그들의 미덕은 우리가 신처럼 떠받들어서가 아니라 그 자체로 영원히 홀로 우뚝 서 있을 것이다.

그 미덕을 기릴 방법은 딱 하나다. 거기에 우리의 행동을 추가하는 것, 그들이 마무리하지 못한 일을 이어서 하는 것이다. 알든 모르든 우리는 그 전통의 일부이므로, 이제 그 전통을 계속 이어가야 한다. 그것은 자신의 미덕을 닦는 일에서 시작된다. 미덕이 있다고 알리기만 하는 것이 아니라 미덕을 실천하는 삶을 사는 것이다. 우리는 원하는 만큼 미덕에 관해 얼마든지 배울 수 있다. 하지만 갈림길에 도착했을 때는 거기서 선택해야만 할 것이다.

성경과 존 스타인벡의 말로 이번 책을 열었다. 이제 그 둘을 한데 모으는 것으로 마무리하자. 『에덴의 동쪽』에서 스타인벡은 기독교에서 가장 중요한 말이 팀셸(timshel)이라고 단언한다. 영어로 번역된 「십계명」은 말 그대로 명령문으로 표현되어 있다. 그러나 스타인벡은 히브리어 '팀셸'은 "하지 말라"가 아니라 "할 수도 있을 것이다"로 옮기는 것이 더 정확하다고 생각한다.

스타인벡은 그 부분을 쓸 때 담당 편집자에게 이런 생각을 전했다. "여기에 '개인의 책임'과 '양심'이 개입하게 됩니다. 마음만 먹는다면 할 수 있지만 할지 안 할지는 자신에게 달린 일이에요. 이 짧은 이야기는 알고 보면 세상에서 가장 심오한 내용을 담고 있죠. 나는 늘 그렇게 느껴왔지만 이제는 그렇다는 것을 압니다."

성경에 나온 이야기든 헤라클레스의 이야기든 『에덴의 동쪽』이나 『파우스트』든 간에 이 우화들이 전하는 메시지는 하나다. 바로 우리에게 선택권이 있다는 것이다. 우리는 자기 통제와 무절제 사이에서, 미덕과 악덕 사이에서 고를 수 있다.

자기 통제는 물리적으로 실현해야만 하고, 정신적으로 구현해야만 한다. 그리고 중요한 순간이 닥쳐왔을 때 당당하게 나타내야 한다. 그것이 어떤 모습이 될지는 우리의 결정에 달렸다. 단 한 번이 아니라 평생 수천 번에 걸쳐 그 순간이 찾아올 것이다. 과거와 미래만이 아니라 오늘, 바로 지금도 말이다.

어떻게 하겠는가? 의존할 것인가, 독립할 것인가? 위대해질 것인가, 몰락할 것인가? 절제는 운명이다. 절제가 모든 것을 결정한다. 그렇다면 절제를 선택할 것인가? 선택은 우리의 몫이다.

해방이자 기쁨의 절제

이 책을 쓰려고 2년 정도 준비하면서 나는 넘을 수 없는 거대한 벽에 부딪혔다. 출판사에서는 너무 빠듯한 출간 기한을 제시했고, 그 기한을 맞추려면 6월 초에는 글쓰기에 착수해야 했다. 하지만 작업실에 앉아 자료를 모아둔 상자를 살펴보니 그것은 거의 불가능한 일처럼 여겨졌다.

자리를 잡고 앉아 첫 문장을 타이핑할 때면 거의 언제나 해야 할 이야기가 무엇인지는 정확히 알고 있었다. '즉흥적 작업'은 비전문가나 하는 짓이다. 전문가에게는 계획이 있다. 하지만 아찔하게도 나에게는 계획이 없었다. 물론 전체적인 책의 방향은 잡아두었지만, 불확실한 부분이 아직 너무 많았다. 구조, 등장인물, 예시 등 모든 것을 전혀 잡지 못하고 있었다. 게다가 절제처럼 모두가 어려워하는 주제를 흥미롭게 전하려면 도대체 어떻게 해야 좋을지 그 방법을 알지 못했다. 설상가상으로 내가 그 방법을 과연 찾아낼 수 있을까 하는 의구심마저 싹트기 시작했다.

내가 느끼던 감정을 표현할 단어는 절망뿐이었다. 의심은? 사람은 언제나 의심을 품는다. 두려움은? 뭔가 어려운 일을 시작하기 전에 사람은 누구나 약간의 두려움은 느낀다. 내가 느낀 감정은 그보다 더 깊은 것이었다. 아니, 그것은 자신감의 위기였다. 내가 잘못된 주제를 골랐다는, 나에게 자료가 충분하지 않다는, 내 시간이 나를 버렸다는 생각에 불안이 엄습했다. 그래서 출판사에 전화해서 출간 기한을 연기해달라고 요청할지 말지 고민하고 있었다.

피곤하기도 했다. 그냥 너무 피곤했다. 착상을 떠올리는 작업은 창조적인 일이다. 책에 들어갈 글을 창작하는 일은 너무나 힘든 육체노동이다. 의자에 앉아 몸을 갈아 넣으며 이어지는 모든 문장을 하나하나 만들어내는 이 작업은 시간이나 날짜 단위가 아니라 달과 해의 단위로 측정된다. 그것은 정신적·육체적 인내를 요구하는 마라톤이다.

지난 10년간 나는 이런 마라톤을 두어 번 정도가 아니라 열두 번을, 그것도 쉬지 않고 이어서 달렸다. 그 기간에 내가 출간한 책, 내가 쓴 기사, 매일 발송한 이메일 소식지를 합하면 대략 250만 개의 단어를 썼다. 그리고 네 가지 미덕을 다룬 스토아 철학 시리즈 중 두 번째가 되는 이 책은 전 세계적으로 파괴적인 위협을 떨쳤던 코로나19 팬데믹이 3년째로 접어든 때에 집필했다.

오랜 기간 준비하던 서점을 열었던 것도 불안하고 초조했던 이 시기였다. 지금 나는 19세기에 지어진 오래된 건물 2층 작업실에 앉아 있는데, 바로 아래층이 내가 운영하는 서점이다. 오늘 아침에도 평소와 마찬가지로 7시에 일어나서 아직 어린 두 아이들과 함께 산책하며 소 방목장의 울타리를 점검했다. '중요한 일을 중요하게 해야 한다'는 말을 나도 아직 제대로 지키지는 못하는 것 같다.

모든 일이 내가 가장 여유가 없는 시기에 한꺼번에 닥쳐온 듯했다. 나는 하늘의 도움 같은 것을 믿는 사람은 아니다. 하지만 내게는 도움이 필요했다. 텍사스의 숨 막히는 더위가 기승을 부리던 어느 날, 작업실 탁자에 앉아 이 책을 위해 기록한 수천 장의 쪽지를 뒤적이고 있었다. 모든 글쪽지가 나를 압도했다. 거기 적힌 내용을 정리해 한 권의 책으로 조합해낼 방법을 도저히 알아낼 수 없을 것만 같았다.

나는 손을 뻗어 그중 한 장을 집어 들었다. 빨간색 유성 펜으로 스무 단어 정도가 적혀 있었다. 언제 쓴 거지? 내가 왜 이걸 썼을까? 무엇이 나에게 이 글을 쓰게 한 거지? 알 수 있는 것은 거기 적힌 내용뿐이었다.

과정을 믿어라. 종이 쪽지를 계속 채워나가라. 내가 할 일을 다 했다면 6월에 글쪽지를 점검할 때는 거기에 한 권의 책이 있을 것이다.

그것은 딱히 기적이라고는 할 수 없었다. 하지만 그 글귀는 어떻게 해서인지 시간과 공간을 뛰어넘었다. 과거의 내가 미래로 와서 자기 절제의 메시지를 전한 것이다. 그래서 어떻게 되었을까? 결국 그 말이 나를 구했다.

물론 일 자체로부터 구한 것이 아니라 포기하려던 나 자신으로부터 나를 구한 것이다. 책과 칼럼, 모든 요청 사항의 늪을 헤어날 수 있게 도와준, 내가 세운 모든 체계와 절차를 내던져버리는 일을 막아주었다.

『명상록』에는 마르쿠스 아우렐리우스가 아마도 깊은 신념의 위기에 봉착했을 때 쓴 것으로 보이는 매우 훌륭한 구절이 하나 있다. 거기서 아우렐리우스는 자신에게 이렇게 말한다. "네가 아는 절제를 사랑하고, 그 절제가 너를 지탱하게 하라." 그것은 그 글쪽지가 내게 말하는 바기도 했다. 그래서 나는 그 말을 따랐다.

나는 매일 더 일찍 작업실에 나가 자료를 정리하기 시작했다. 쪽지를 한 장 한 장 살펴보며 여러 개의 작은 더미로 분류하고, 이어갈 수 있는 맥락을 찾아내 연결하고, 그때까지 방법을 찾을 수 없던 책의 자물쇠를 열 열쇠를 찾았다.

걱정하는 대신 '차분하고 온화한 철학의 빛'을 활용했다. 하다가 막히면 오래 산책하고, 규칙적인 일상을 지키려고 노력하며, 주의를 산만하게 하는 것들은 걸러내고 집중했다. 그리고 앉아서, 그냥 자리에 앉아서 생각했다. 나는 나의 모든 과정을 믿었다. 내가 아는 절제를 사랑하고, 그 절제에 나를 맡겼다.

그러고 얼마 지나지 않아 이 책이 그냥 찰칵 맞아 들어 완성되었다고 말할 수 있다면 얼마나 좋을까. 하지만 글을 쓰는 일이란 또는 삶이란 그런 식으로 돌아가지 않는다. 실제로 일어난 일은 더 느리고 더 반복적이다. 그리고 결국에는 그만큼 변화를 일으켰다.

내가 절망의 긴 복도를 걷고 있을 때 한 줄기 빛이 새어들기 시작했다. 루 게릭이 그늘에서 앞으로 걸어 나왔다. 거의 4000쪽에 달하는 엘리자베스 2세의 전기를 읽고 나니, 그가 절제의 초상으로 내 머릿속에 입장했다. 한 인물에 이어 또 다른 인물이 서서히 드러났고, 한 장 한 장이 힘겹게 모양을 갖춰갔다. 그 쪽지가 장담했던 대로 정말 거기에 그 책이 있었다. 이제는 글을 쓸 차례였다.

코로나19 팬데믹 기간을 지나며 나의 글쓰기 일과를 가다듬고 개선했다. 경계 없이 흐릿하게 한데 뭉뚱그려져 흘러가던 평범한 하루가 사라지자 남는 것은 오늘 내가 써야만 하는 단어들뿐이었다.

그때부터 시작된 나의 하루는 이렇게 흘러간다. 일찍 일어나 아이들의 옷을 갈아입힌다. 해가 서서히 떠오르고 아내가 모자란 잠을 보충하는 동안 아이들을 유모차에 태워서 안전띠를 채운 다음 밖으로 나가서 유모차를 밀며 걷거나 달린다. 아이들과 나는 들판에서 한가로이 거니는 사슴의 수를 세고 쏜살같이 달려가는 토끼들을 바라보며 이야기를 주고받고 이것저것 눈에 띄는 것들에 눈길을 준다. 우리는 어떤 방해도 없이, 함께하는 서로의 존재를 완전하고 온전하게 누릴 수 있다.

나는 오래전부터 아침에 일어나 한 시간 동안은 절대 스마트폰에 손을 대지 않는 것을 규칙으로 삼아왔다. 그것은 단지 화면을 들여다보는 시간을 관리하는 일일 뿐만이 아니라 이런 순간을 누릴 여유를 확보하려는 것이었다. 또한 일에 관해 전혀 생각하지 않는 순간에 마치 베토벤의 황홀경처럼 새로운 발상이 마술처럼 떠오를 여지를 남겨두는 일이기도 했다.

집에 돌아오면 아이들이 놀 수 있도록 준비해주고 씻는다. 나는 직장에 다니지 않고 혼자 일하기 때문에 외모를 꾸미기 위해서가 아니라 산뜻한 기분을 느끼기 위해 매일 면도한다. 내게는 일이 정말 중요한 의미를 지니므로 꾀죄죄한 모습으로 일하는 자리에 나가는 것은 스스로 용납할 수 없다. 불필요한 선택의 부담을 줄이고자 거의 매일 비슷한 단순한 옷을 챙겨 입고 자리에 앉아 일기장을 펼친다. 5분이 걸리든 25분이 걸리든 매일 일기를 쓰는 것이 나의 중심을 잡아준다. 안네 프랑크는 자기 일기장에 사람보다 종이가 참을성이 더 강하다고 썼다. 그 말이 맞았다. 불편한 감정을 다스리는 아주 좋은 방법 하나가 종이 위에 그 감정을 풀어놓고 그냥 그 종이 위에만 남겨두는 것이다.

일기 쓰기가 끝나면 이제 일할 시간이다. 가장 중요하며 가장 어려운 일을 제일 먼저 한다. 서점 위층 작업실에 가서 필요한 자료를 펼쳐놓고 글을 쓴다. 늑장을 부리는 것도, 일을 미루는 것도, 주의를 분산하는 디지털기기도 허용하지 않는다. 그저 글을 쓴다. 이 책을 쓰던 초기의 힘겨웠던 어느 시점에 나는 마사 그레이엄의 말을 쪽지에 써서 벽에 붙여놓았다. "책에 담을 소재를 절대 두려워하지 말라. 네가 겁을 먹고 있을 때 소재는 그것을 알아차리고 나 몰라라 할 것이다." 용기가 없으면 자기 절제는 무의미하고 용기의 결정적 특징은 당연히 자기 절제, 즉 해야만 하는 일을 하도록 자기 자신을 강철처럼 단단하게 다잡는 일이다.

책 한 권을 쓰는 데는 아주 긴 시간이 필요하지만, 그 시간은 비교적 짧은 시간이 쌓여 채워진다. 만약 내가 8시 반에 작업실에 도착했다면 11시에는 마무리할 수 있다. 필요한 것은 겨우 두어 시간 정도. 오랫동안 전해지는 어느 글쓰기 규칙이 말하듯이 하루에 형편없는 한두 쪽의 글이면 된다. 글쓰기의 절제에서 중요한 것은 그 자리에 가서 앉는 것이다.

계절이 몇 번 바뀌고, 언제나처럼 세계 곳곳에서는 믿기 힘든 사건과 사고가 정신없이 일어났다. 늘 그렇듯이 새로운 기회가 찾아오고, 주의를 산만하게 하는 것과 유혹이 떠나질 않고, 휴대폰은 '땡' 하는 알림을 보내고, 잡생각이 집요하게 떠나가지 않으며 나를 꾀어내려 했다. 그렇게 하루가 가고 또 하루가 지나가는 동안 나는 묵묵히 계속 일을 해나갔다.

컴퓨터 모니터의 오른쪽에는 아들 둘의 사진 사이에 미국의 스포츠 심리학자 조너선 페이더가 선물해준 사진 하나가 놓여 있다. 영국의 유명한 신경의학자 올리버 색스 박사의 모습과 그가 자기 연구실에 붙여둔 아니오!(No!)라고 적힌 종이가 담긴 사진이다. 인터뷰나 회의 참석 요청과 "잠시 당신의 시간을 좀 빌릴 수 있을까요?"라는 질문에 '아니오'라고 말하는 것은 내 가족, 내 일, 나의 온전한 정신 등 내게 중요한 것에 '네'라고 말하는 것이다.

그리고 일이란 단지 글을 쓰는 것만이 아니다. 처리해야 할 사업상의 일과 해결해야 할 문제는 언제나 있다. 오후에는 전화 통화와 인터뷰 일정을 잡는다. 「데일리 스토익(Daily Stoic)」과 「데일리 대드(Daily Dad)」 팟캐스트에 올릴 콘텐츠를 편집하고, 대본을 읽고, 녹음한다. 서점이나 다른 업무 프로젝트를 진행한다. 그렇지만 아무리 바쁜 날이라도 매일 저녁 집에 와서 식사하며, 여유가 있을 때는 식사 전 아이들과 신나게 놀아줄 수 있게 일찍 도착한다. 저녁에는 가족과 함께 또 한 번 산책하러 나가고, 그런 다음 내가 아이들을 침대에 눕힌다.

나에게는 그 어떤 일도 아이들이 생긴 것보다 나의 절제를 더 많이 요구하고 강화한 일은 없었다. 이 불확실한 시대에 어린아이로 살아가는 것은 특히 어려운 일이다. 잠을 재우는 일이든 차에 태워 학교에 데려가는 일이든 급하게 서두르는 것은 우리가 함께하는 시간, 다시는 돌아오지 않을 그 시간을 성급히 흘려보내는 일임을 잊지 않으려고 노력한다. 아이들과 함께할 때 내가 답답한 마음에 짜증이나 화를 내고 있음을 알아차리면 그 자리에서 즉시 나를 멈춰 세운다. 아이들은 그저 피곤해서, 배가 고파서, 의사소통하는 법을 몰라서 그러는 것뿐이다. 아이들과 함께 침대에 누워 있을 때 나는 속으로 생각한다. "정말 굉장한 일이야. 이보다 더 좋은 건 없어."

나 자신과 아이들을 위해 나는 삶의 모든 측면에서 절제를 유지하려고 노력한다. 건강에 좋은 음식을 먹으며, 보통 하루에 열여섯 시간 동안은 음식을 섭취하지 않는다. 또한 내가 무슨 일이든 강박적으로 하는 경향이 있음을 인지하고 있기에 술을 마시거나 담배를 피우지 않으며 어떤 종류의 약물도 기분 전환용으로 쓰지 않는다. 점점 더 부정적으로 변해가는 뉴스 매체의 끊임없는 북소리를 피해 긍정적인 상태를 유지하고 이 엉망이 된 세상에서 회의주의자가 되는 대신 계속 애쓰고 노력한다. 또한 내가 할 수 있는 최대한으로 나의 자아와 성미도 계속 점검한다. 좋은 남편이자 상대를 지지하는 배우자가 되고자 최선을 다한다. 잠도 충분히 잔다. 책상은 깨끗하게, 적어도 깨끗한 편으로 유지한다. 필수적이지 않은 일은 제거하고, 다른 사람이

할 수 있는 일은 그에게 위임한다.

이 책을 쓰는 동안 나는 네 차례 NBA 최종 우승과 한 번의 NBA 올스타전 우승을 기록한 올림픽 금메달리스트인 마누 히노빌리와 만나 점심을 먹었다. 마침 마누는 2012년에 그레그 포포비치가 그 논쟁적인 경기 당일 휴식하게 했던 선수 중 한 명이기도 하다. 마이클 조던이나 타이거 우즈 같은 챔피언은 논쟁의 여지 없이 위대하지만, 내게는 세계적 수준의 선수이면서 개인적 삶에서도 균형과 품위를 유지하는 이가 더 대단하게 느껴진다. 마누에게 내가 겪었던 몇 가지 힘든 일을 말하자, 그는 2013년 NBA 결승전 이야기를 들려주었다.

6차전 경기가 5초 남은 시점에 샌안토니오 스퍼스가 3점 차로 앞서고 있을 때, 마누는 리바운드를 잡으러 뛰어올랐다. 마누가 잡는다면 결승전 시리즈를 마무리할 기회였다. 그러나 상대 팀의 좀 더 키가 큰 크리스 보시가 약간 더 높이 뛰어올라 공을 잡아서 레이 앨런에게 패스했고, 앨런은 결정적인 3점 슛을 성공하며 게임을 연장전으로 끌고 갔다. 연장전에서 스퍼스가 1점 뒤지고 있던 상황에서 골대를 향해 달려가던 마누의 손에 다시 공이 들어왔다. 마지막 공격 기회였다. 그것은 마누의 순간이고, 마누의 슛이었다. 하지만 상상했던 대로 현실이 펼쳐지지는 않았다. 마누는 공을 빼앗겼고, 마이애미 히트가 승리를 가져갔다. 결승전은 7차전으로 이어졌지만, 그 역시 히트의 승리였다.

마누는 그전에도 늘 패배를 힘들어했다고 말했다. 그런데 이때 패배하고 나서는 어땠을까? 마누의 집은 장례식장처럼 원한과 분노와 고통과 절망으로 가득했다. 마누는 챔피언 벨트를 잃은 뒤의 플로이드 패터슨 같았다. 먹거나 마실 수도 없었다. 비참했다.

거기서 이어질 만한 감정은 몇 가지가 있다. 억울해하고 후회하고 체념할 수도 있겠지만, 더 열심히 훈련하고, 더 맹렬히 의욕을 불태우고, 더 승리를 진지하게 여길 수도 있을 것이다. 그러나 의기소침한 상태로 그 경기를 곱씹고 있던 어느 순간 갑자기 어떤 생각이 그의 머리를 때렸다. "나는 막 NBA 결승전에서 뛰었어, 그런데도 어째서 전혀 즐기지 못한 거지?"

이듬해에 스퍼스는 재기했다. 전해의 충격적인 7차전 패배 이후 마누와 스퍼스는 다섯 경기 만에 히트를 누르고 그로서는 네 번째, 팀으로서는 다섯 번째의 NBA 최종 우승을 거머쥐었다. 마누의 가장 대단한 성과는 자신이 경기와 승패를 대하는 방식을 바꾼 것이었다.

마누를 몰아가는 힘은 분노나 복수심이 아니었다. 그는 실제로 자기가 하는 일을 즐기고 있었다. 마누는 더 균형이 잡히고 더 감정을 잘 통제하는 사람이 되었다. 현재에 더욱 깨어 있고 재미를 더 잘 아는 사람이 되었다. 그리고 그 결과 더 좋은 아버지이자 남편, 팀 동료가 되었다.

마누는 그 충격적인 패배 이후 NBA에서 다섯 시즌을 더 뛰었고, 스퍼스에서 3점 슛과 가로채기를 가장 많이 성공한 선수로서 은퇴했다. 마누의 기록은 놀랍다. 그는 스퍼스를 거쳐 간 모든 선수 가운데 참가한 경기 수에서 3위, 도움에서 4위, 득점에서 5위를 기록했다. 2019년에 스퍼스는 마누의 등번호 20을 영구결번으로 처리했다. 현재 마누는 명예의 전당에 헌액되어 있다.

이 역시 자제와 관련이 있다. 자기 절제가 우리를 구한다고 말할 때, 그것은 일정 부분 우리 자신으로부터 우리를 구하는 것을 의미한다. 때로는 우리의 게으름이나 나약함으로부터 우리를 구하는 것이기도 하다. 그에 못지않게 야망으로부터, 과도함으로부터, 자신과 타인에게 지나치게 엄격하게 굴려는 충동으로부터 구할 때도 있다.

자기 절제는 우리가 하는 일에서 우리를 훌륭하게만 해주는 것이 아니라 그 단어의 더욱 완전한 의미에서 '최고'가 되게 해준다. 절제에 관한 글을 아주 많이 썼던 아리스토텔레스는 미덕의 핵심이 권력, 명예, 부, 성공을 얻는 것이 아님을 되새겨준다. 미덕이 우리에게 선사하는 것은 바로 인간으로서 충만하고 의미 있는 삶이다. 무엇이 그보다 더 중요하겠는가?

이 책을 쓰느라 씨름하는 동안 나는 내 삶의 또 다른 영역, 그러니까 내 일과 자기 절제가 가정에서 펼쳐지는 방식도 개선하려고 최선을 다했다. 몇 년 전에 나와 어떤 책의 출판 계약을 맺은 뒤 담당 편집자가 내 아내에게 전화를 걸었다. 축하하려는 것이기도 하지만 사과를 전하려는 의도기도 했다. 그 작업이 내 아내에게 무엇을 의미할지, 나에게 어떤 영향을 미칠지, 책 한 권을 쓰는 깊고 어두운 시간 동안 내가 어떤 존재가 될지를 알고 있었기 때문이다.

이 책이 앞으로 어떤 일을 하게 되든, 심지어 많은 사람에게 변화를 일으키게 되더라도, 내가 가장 자랑스러워할 것은 이 책을 쓰는 동안 변했던 나의 모습일 것이다. 예전보다 사과해야 할 일이 훨씬 적어졌다. 심지어 책이 잘 안될지도 모른다는 느낌이 들 때도 그랬다. 출간 기한을 연기해야 할지도 모른다고 생각했던 그 순간조차 이렇게 생각한 것이 기억난다. '그래서? 그래서 뭐 어쨌다는 거야? 때로는 연기할 수밖에 없는 일도 있는 거잖아.'

'천천히 서둘러라.' 책을 시작하는 일도 어렵지만 가장 힘든 것은 마무리하는 단계다. 대개 그때가 되면 허둥지둥하는 사이 마감 기한이 닥쳐오고 그 와중에 100만 가지 문제점이 드러난다. 그럴 때 나는 늘 그리 곱지 않은 예민한 모습을 보였다. 그런데 내가 집에서 일하며 이 책의 마지막 부분을 쓰고 있을 때 다섯 살 먹은 아들이 그림을 그리다가 고개를 들고는 내게 이렇게 말했다. "아빠, 책 쓰는 직업이 없어져서 참 유감이에요." 아이 눈에 내가 글을 쓰고 있지 않은 것으로 보일 만큼 차분한 상태였던 모양이다.

더 절제할 줄 몰랐던 젊은 시절의 나라면 어땠을까? 훨씬 스트레스가 적은 책을 쓰면서도 그 스트레스에 무너지고, 쌓인 스트레스를 행동으로 표출하고, 극심한 스트레스에 집어삼켜졌을 것이다. 그리고 그 스트레스를 집까지 가져왔을 것이다. 일에 관한 한 나에게 차분하고 온화한 빛은 없었다. 나는 야망과 성취욕으로 가득했고, 무언가로 일이 막힐 때도 굴하지 않은 채 공격적으로 나갔다. 그것은 내가 무언가를 이루는 데 도움이 되었지만, 나를 불행하게 하기도 했다. 이 책을 쓰는 동안 내가 그런 태도를 보였다면 내게 도움이 되지 않을 뿐 아니라 나아가 나는 위선자가 되었을 것이다.

이렇게 책을 마무리하는 지금도 나는 여전히 피곤하다. 너무 피곤하다. 그러나 동시에 기분이 정말 좋다. 인생이란 살아가는 일을 위한 것이다. 우리는 활발하게 활동하며 살아가는 존재다.

'책이 자연스럽게 아무 노력 없이도 써지는 것이라면 누구나 책을 쓰려고 할 것이다.' 이 문장에서 책의 자리에 우리가 하는 어떤 일이든 대입할 수 있다. 그 일이 어렵다는 것은 좋은 일이다. 그 일이 기를 꺾어놓는다면 그것도 좋은 일이다. 우리 마음에 상처를 내고 머릿속을 복잡하게 한다면 그것도 좋다. 하지만 우리는 그 일을 지속할 수 있는 방식으로, 균형을 잡아가며, 무엇보다 자제하며 해나갈 수 있다. 그것이 바로 절제하는 사람과 그렇지 않은 사람, 강인한 사람과 나약한 사람, 비전문가와 전문가를 가르는 것이다.

운명이 쉬울 것이라고 말한 사람은 아무도 없었다. 쉬운 것이 운명이라면 거기에 무엇이든 걸어볼 가치가 있겠는가?

옮긴이 정지인

번역하는 사람. 『자연에 이름 붙이기』, 『경험은 어떻게 유전자에 새겨지는가』, 『물고기는 존재하지 않는다』, 『우울할 땐 뇌과학』, 『욕구들』, 『마음의 중심이 무너지다』, 『불행은 어떻게 질병으로 이어지는가』, 『내 아들 은 조현병입니다』 등을 번역했다.

내 안의 충동에서 자유로워지는

절제 수업

초판 1쇄 발행 2023년 12월 6일
초판 2쇄 발행 2023년 12월 26일

지은이 라이언 홀리데이
옮긴이 정지인
펴낸이 김선식

부사장 김은영
콘텐츠사업본부장 박현미
책임편집 옥다애 **디자인** 황정민 **책임마케터** 오서영
콘텐츠사업4팀장 임소연 **콘텐츠사업4팀** 황정민, 박유아, 옥다애, 백지윤
마케팅본부장 권장규 **마케팅1팀** 최혜령, 오서영, 문서희 **채널1팀** 박태준
미디어홍보본부장 정명찬 **브랜드관리팀** 오수미, 김은지, 이소영
뉴미디어팀 김민정, 이지은, 홍수경, 서가을, 문윤정, 이예주
크리에이티브팀 임유나, 박지수, 변승주, 김화정, 장세진, 박장미, 박주현
지식교양팀 이수인, 염아라, 석찬미, 김혜원, 백지은 **브랜드제휴팀** 안지혜
편집관리팀 조세현, 백설희 **저작권팀** 한승빈, 이슬, 윤제희
재무관리팀 하미선, 윤이경, 김재경, 이보람, 임혜정
인사총무팀 강미숙, 지석배, 김혜진, 황종원
제작관리팀 이소현, 김소영, 김진경, 최완규, 이지우, 박예찬
물류관리팀 김형기, 김선민, 주정훈, 김선진, 한유현, 전태연, 양문현, 이민운
외주스태프 교정교열 김계영

펴낸곳 다산북스 **출판등록** 2005년 12월 23일 제313-2005-00277호
주소 경기도 파주시 회동길 490 다산북스 파주사옥 3층
전화 02-702-1724 **팩스** 02-703-2219 **이메일** dasanbooks@dasanbooks.com
홈페이지 www.dasanbooks.com **블로그** blog.naver.com/dasan_books
용지 스마일몬스터 **인쇄** 상지사피앤비 **코팅 및 후가공** 평창피앤지 **제본** 상지사피앤비

ISBN 979-11-306-4920-7(03100)

다산북스(DASANBOOKS)는 독자 여러분의 책에 관한 아이디어와 원고 투고를 기쁜 마음으로 기다리고 있습니다.
책 출간을 원하는 아이디어가 있으신 분은 다산북스 홈페이지 '원고투고'란으로 간단한 개요와 취지, 연락처 등을
보내주세요. 머뭇거리지 말고 문을 두드리세요.